경희대학교 인문학연구원 여성문화총서

여성문화의 새로운 시각 6

김진영, 연점숙 외

월인

경희대학교 인문학연구원 여성문화총서

여성문화의 새로운 시각 6

2008년 4월 25일 인쇄
2008년 4월 30일 발행

발행인 최 상 진
발행처 경희대학교 인문학연구원
서울시 동대문구 회기동 1번지
전화 (02) 961-0212
인쇄처 도서출판 월인
서울시 강북구 흰구름길 19-3
등록 제6-0364호 / 등록일 1998년 5월 4일
전화 (02) 912-5000 · 팩스 (02) 900-5036

ISBN 978-89-8477-401-8 93810

값 11,000원

‖ 머리말 ‖

"나는 지금까지 내가 여자라서 차별받은 적 없어요." 빛나는 머리카락과 경쾌한 스커트자락을 나부끼며 여자 대학생이 말한다. "그러니 나는 페미니스트일 필요가 없어요." 고약하기로 소문난 한국 입시제도의 긴 초중고의 터널을 지나는 동안 무수리를 자청한 어머니들의 희생은 현실을 모르는 공주마마 딸들의 탄생을 가져왔다. 공부 잘하고 똑똑하면 원하는 모든 것을 잡을 수 있다는 환상에 사로잡힌 소위 '알파 걸'들에게 페미니스트는 성차별에 대해 불만을 가진 못생기고 극성맞은 매력없는 여자들의 이미지일 수 있다. 공적역역과 사적영역 모두에 성차별적인 요소로 가득했던 70년대 말 엄청난 에너지로 시작한 여성관련 프로그램은 사회의 저변에 그간 많은 변화를 가져왔음은 모두가 주시하는 사실이다. 그 변화의 정점에 2005년에 이루어진 '호주제 폐지'가 있었다. 이제 한국여성은 한국인 최초의 우주인이 될 수 있을 만큼 원하는 모든 것을 가질 수 있어 보인다. 게다가 언론은 20대 여성의 취업률이 처음으로 남성을 추월했다고 호들갑을 떤다(4월 21일자 중앙).

그러한 착시적 현상에서인지 페미니즘은 이제 효용가치가 다하여 용도폐기 될 그 어떤 것으로 간주된 듯 싶다. 새 MB 정부아래서 여성가족부는 폐기직전의 운명에 처했다가 간신히 여성부로 대폭 축소되어 가까스로 존속하게 되었다. 어떤 대학은 10년 이상 유지했던 여성학과를 경영난을 이유로

학생들과의 대화시도도 없이 폐기하여 원성을 샀다. 필자가 재직하고 있는 경희대학교의 교양과목에서 '여성학'이나 '성과 문학' 혹은 '여성과 문학' 같은 교과목들도 현격히 그 강좌수가 줄었거나 폐강이 되기도 한다. 진정 포스트 페미니즘의 시대는 도래했는가? 그리하여 성차별없는 새롭고 평등한 문화의 시대는 이미 와 있는 것일까?

인터넷과 대중매체에서 유행시키는 여성을 지칭하는 신조어들이 범람하고 있다. 알파 걸, 골드 미스, 줌마렐라, 킹콩 걸, 헤라(Housewives, Educated, Reengaging, Active) 나우(New Older Women)족, 나오미(Not Old Image)족. 일일이 기억하기도 힘든 이러한 용어들 근저에는 신자유주의의 부작용에서 나오는 음험함이 숨어있다. 성공한 여성들을 일컫는 이러한 용어들의 이면에는 저소득층 여성의 빈곤이 그들의 나태함과 능력부족 때문이라는 우월적 조소가 깃들어 있기 마련이다. 특정한 여성들의 경제적 능력과 그들이 가진 (미모상품과 산업을 포함한) 구매력을 강조한 이러한 용어를 생산, 유포하는 사람들에게 여성은 통합된 인격체가 아닌 관리와 조정의 대상인 타자이다. 여성의 분열과 계급화를 부추기는 이러한 사회에서 무엇보다도 여성의 몸은 타자화를 넘어 비체화(abject) 되기 쉽다. 원튼 원치 않든 다문화 사회가 이미 되어버린 우리 사회에서 최근 한국남편에 의해 무참히 살해된 베트남 이주여성 후앙마이의 살해된 몸, 가장 힘이 없는 어린 소녀들의 몸인 혜진, 예슬의 현실은 몸 특히 여성의 몸이 얼마나 계급으로서의 몸인가를 드러낸다. 앞의 신조어가 지칭하는 여성들의 몸도 여기에서 무관하지 않음은 물론이다.

여성학 혹은 페미니즘의 화두는 소수자의 시각에서 주류문화를 구성하는 사고방식과 행동양식을 거슬러 읽어내려는 시도라고 볼 수도 있다. 페미니즘은 이론과 실천의 병행을 미덕으로 하고 있지만 지식인의 책읽기, 이론생산도 거시적으로 볼 때 실천의 한 영역일 것이다.

페미니즘의 위기 (?)라고 하기에 동서고금을 통한 텍스트를 바탕으로 한 여성의 삶과 문제를 조망하는 차분한 연구작업은 더욱 필요할 지도 모른다. 그러므로 여러 소장학자들의 글들이 주축이 되어 발간되는『여성문화의 새로운 시각 6』은 그 의미를 갖는다. 여학생들이 대학을 나와 사회에 뛰어들 때 어떠한 형태의 성차별도 느낄 필요가 없는 진정한 평등의 사회가 도래할 때 까지 이러한 류의 노력은 필요할 것이다. 성평등지수가 OECD 국가중 아직 바닥에 있는 우리나라 현실에서 '성차별을 한번도 받은 적 없었다'는 우리 여학생들의 언술은 몹시 불안하게 들리기 때문이다.

어려운 가운데 귀한 글을 주신 여러 선생님들과 책이 나올 수 있도록 버팀목이 되어 주시는 김진영교수님, 귀찮은 일 도맡아 해주신 서유석 선생님 그리고 도서출판 월인에 깊이 감사드린다.

2008년 4월

인문학연구원 여성문화연구실장
연 점 숙

차례

제1부

♥

21세기와 여성문화

레이첼 카슨의 『침묵의 봄』과 젠더정치학

연 점 숙*

1. 들어가며

1962년 출판된 레이첼 카슨(Rachel Carson)의 『침묵의 봄』(*Silent Spring*)은 현대 환경운동을 탄생시킨 최초의 녹색선언서라고 할 수 있다. 환경과 지구 온난화에 대한 진정한 관심과 노력으로 2007년 노벨평화상을 수상한 알 고어 전 미국 부통령은 『침묵의 봄』을 자신에게 지대한 영향을 끼친 저서로 천명한 바 있다. 그는 1994년판 『침묵의 봄』 서문에서 "이 책이 없었으면 오늘날의 환경운동은 훨씬 더 많이 지연되었을 것"이라며 이 책의 중요성을 강조했다.[1] 『침묵의 봄』이 등장했을 때(연방대법원 판사 윌리엄 더글러스와 작가 E. B. 화이트)는 이 책이 19세기 노예해방 기폭제가 되었던 해리엇 비쳐 스토우 여사의 『톰 아저씨의 오두막집』(*The Uncle Tom's Cabin*) 못지않은 반향을 일으키게 될 지도 모른다고 예견했었다. 그들의 선경지명대로 1992년 저명 미국인사 위원회는 『침묵의 봄』을 과거 50년 동안 가장 영향력 있는 책으로 선정하였으며, 1999년 『타임』지는 20세기 100대 인물에 레이첼 카

---

* 경희대학교 영어학부 교수

1) 그는 자신의 집무실에 레이첼 카슨의 초상을 다른 저명한 정치가의 것과 함께 걸어두고 있다. 그리고 그 유명한 인물중 레이첼 카슨을 가장 존경하는 인물로 꼽고 있다.

슨을 수록하였다.

오늘날은 수개국의 언어로 번역되었으며 출판 40년인 2002년까지 200만부 이상이 판매된 이 영향력 있는 책은 그러나 이 책을 무력화 시키려는 수많은 시도와 억압의 기록을 가지고 있다. 작가와 책에 대한 여러 가지 비난과 흑색선전은 다른 무엇보다도 책의 저자가 남성이 아니고 여성이었다는 점에 상당부문 기인했다. 이 글은 20세기 후반이 낳은 걸작 『침묵의 봄』의 녹색선언서로서의 의미를 분석하고 이 책을 침묵화 시키고자 했던 남성중심적 젠더문화정치학을 조망하고자 한다. 레이첼 카슨은 한국에서는 아직 널리 알려지지 않은 작가이기에 여기에서 레이첼 카슨에 대한 간결한 전기와 『침묵의 봄』 집필배경을 살펴보도록 한다.

2. 레이첼 카슨과 『침묵의 봄』 집필배경

1) 레이첼 카슨의 생애

현대 환경문제의 중요성을 일깨운 『침묵의 봄』의 저자이며 미국 환경운동의 상징적 인물인 레이첼 카슨은 활달한 사회성과 억척스런 활동력을 지닌 환경운동가는 아니었다. 그녀는 수줍은 성격이었으며 혼자서 시간보내기를 좋아하는 조용한 성격의 생물학자였다. 1907년 5월 27일 펜실바니아주의 시골마을 스프링데일에서 태어난 카슨은 어렸을 적부터 열정적으로 책을 좋아했으며 자연에 대한 사랑을 일찍 계발한 소녀였다. 글쓰기에 재능을 보인 카슨은 열 살부터 글을 써서 아동문예잡지에 글을 발표할 정도로 문학적 소양이 뛰어난 학생이었다. 가정은 경제적으로 어려웠으나 교육열이 높은 어머니 밑에서 자란 그녀는 고등학교를 수석으로 졸업한 후 문학에 대한 열정으로 펜실바니아 여자 대학 (현재의 채텀대학) 영문과에 장학생으로 입학한다. 그러나 필수과목인 메리 스콧 스컹커 교수의 기초생물학을 접하고 이 전공에 매료된 카슨은 주변사람의 반대를 무릅쓰고 동물학으로 전공을 바꾼다. 1929년 우수졸업생으로 대학을 졸업한 카슨은 존스 호프킨스 대학에서 동물학 석사학위를 받는다. 이후 박사과정을 시작하게 되나 재정적 압박으로 이 과정을 중단한 카슨은 수산청에서 연방공무원으로 일하게 된다. (카슨은 어린 조카와 어머니를 경제적으로 떠 안아야 될 환경에 있었다.) 이곳에서 그녀는 어류에 관한 보고서나 소책자를 작성하는 일을 하며 과학자로서 그리고 어류야생동물국의 출판물의 편집자로서의 경력을 쌓게 된다. 또한 그녀는 해양생물에 관한 라디오 프로그램시리즈를 담당하여 과학과 관련된 글들을 썼다. 한편으로 그녀는 『발티모어 썬』이나 『애틀랜틱 먼슬리』지에 정부차원의 연구내용을 서정적으로 써서 기고한다.

어릴적 부터 열망했던 작가로서의 성공은 그녀가 꾸준히 써왔던 바다에 관한 글을 통해서 실현되게 된다. 1941년 처음으로 발간된 해양 자연사를 다룬 『해풍 아래에서』(*Under the Sea Wind*)라는 책은 호평을 받았으나 이 때의 태평양전쟁 특히 진주만사건의 여파로 판매에는 성공하지 못한다. 10년 후인 1951년 발간한 두 번째 책 『우리를 둘러 싼 바다』(*The Sea Around Us*)는 성공적인 반응을 얻게 된다. 이 책은 바다의 역사와 생물학, 지리, 생태, 환경 등에 대한 저자의 해박한 지식으로 독자들을 매료했다. 기존의 과학도서와 달리 해양과학적인 내용을 매혹적인 묘사로 연결시켜 성공한 이 책은 카슨에게 부와 명성을 동시에 안겨 주었다. 이 책의 성공으로 카슨은 집필에 전념하기 위해 연방공무원직을 사직하여 해변에 관한 생태학적 안내서인 『바다의 가장자리』(*The Edge of the Sea*)를 출판한다. 1955년 출간된 이 책으로 카슨은 3권의 바다 시리즈 저서를 완성한다. 100만부 이상 판매를 기록한 이 책을 통해 카슨은 자연에 대한 인류의 파괴성을 경고했다.

그녀의 이러한 관심은 이 무렵 급속도로 확대되고 있던 자연보호운동에 발을 들여놓게 했다. 작가로서의 그녀는 환경보호에 대한 대중적 관심을 환기하고자 했다. 그중의 한 이슈가 미국에서 사용되는 살충제사용의 실태와 위험성에 관한 것이었다. 한 여성이 보내온 편지에서 제기된 살충제인 DDT의 폐해에 관한 문제가 계기가 되어 세상에 나온 책이 『침묵의 봄』이다. 1962년 9월에 단행본으로 출간된 『침묵의 봄』은 살충제의 무분별한 살포가 노래새에게 어떻게 파멸적으로 작용되는가에 대한 내용을 담고 있었다. 당시에 DDT는 해충을 한순간에 없애주는 기적의 살충제로 무제한 사용되고 있었으나 내성을 가진 해충이 생겨나자 더욱 강력한 살충제가 개발되곤 했다. 이런 악순환적 구조를 규명하며 카슨은 생태학적 불균형이 궁극적으로는 새의 멸종을 예고하고 있다고 경고하였다. 이 책이 발간되자 관련 산업계와 과학계는 저자와 책에 대해 무자비한 공격을 퍼부었는데 특히 작가의 젠더가 여성이라는 점에 근거한 가부장적이며 여성혐오적인 공격이 주를 이루었다. 거대자본을 소유한 관련 화학산업계는 이 책의 영향력을 무화시키기 위한 패로디를 제작하여 언론을 이용해 유통시켰다. 이러한 공격으로 『침묵의 봄』은 오히려 더욱 유명한 책이 되었으며 마침내 케네디 대통령재임시절 대통령직속 과학자문위원회에서 살충제 사용에 관한 실태를 조사하는 임무를 갖게 하였다. 그 결과 1972년 말까지 주 의회들은 살충제 사용을 규제하는 40여 가지의 법안을 제정하게 이른다.[2)]

카슨은 자신의 대표작 『침묵의 봄』 출판 2년 후 56세 되던 1964년 유방암으로 사망한다. 자연을 지배하려는 인간의 오만에 대해 근본적인 경고를 했던 그녀의 목소리는 환경위험이 점점 더 절박해지는 오늘날의 기성세대와 미래세대에게 환경보호의 아이콘이며 영감으로 자리하고 있다.

2) 『침묵의 봄』 탄생 배경

침묵의 봄이라는 제목은 카슨의 문학가로서 면모를 입증하듯 영국 낭만파시대 시인인 존 키츠의 시에서 영감을 받은 것으로 알려진다. '무정한 여인'(La Belle Dame Sans Merci)이라는 낭만시의 한 구절은 "호수가의 들풀은 마르고 새는 노래하지 않는"(The sedge is wither'd from the lake, / And no birds sing.) 황량한 풍경의 묘사로 유명하다. 카슨은 인간에게 두통거리인 해충을 퇴치할 수 있어서 신기한 발명으로 환대받는 하얀 가루인 DDT가 결국은 새를 노래하지 않게 할 수 있다는 사실에 주목했다. 살충제로 죽은 벌레를 먹은 새들 역시 죽게 됨으로 봄이 와도 새가 노래하지 않는 침묵 세상의 가상

2) 이후 환경오염이 될 공장들은 선진국가에서 저개발국가로 옮겨진다. 1984년 인도 보팔에서 일어난 유니언카바이드사 화학공장 폭발사고는 대형 인명피해를 가져왔다. 1986년 체르노빌 원전사고와 함께 이 사건은 세계최악의 산업재해의 하나로 꼽힌다.

현실로 『침묵의 봄』은 시작한다.

DDT를 연구개발한 스위스의 공업화학자 파울 헤르만 뮐러는 인류에게 지대한 공헌을 했다는 이유로 1948년에 노벨생리학 및 의학상까지 수상한 사람이다. 실제로 DDT의 효과는 뛰어난 살충제로 증명되었으며 제2차 세계대전 때는 수많은 인명을 앗아가는 발진티프스의 원인이 되는 이를 제거함으로써 이 병의 창궐을 막을 수 있었다. 그 후 DDT는 전쟁기간뿐만 아니라 종전 후에도 남태평양의 섬들과 말라리아가 기승하던 지중해 일부 지역의 미군을 위해 모기를 퇴치하는 용도로도 사용되었다. 그의 공적에 대해 스웨덴의 왕립 과학아카데미 회원은 다음과 같이 말했다.

> DDT는 파리를 죽이고, 말라리아를 옮기는 모기를 죽이고, 발진티푸스를 옮기는 이를 죽이고, 페스트를 옮기는 벼룩을 죽이고, 열대병을 올기는 나방파리를 죽이지요. 보통사람들의 마음속에서 당신은 인류에게 커다란 은혜를 베푼 사람으로 각인돼 있습니다.(맥길리브레이 26)

그러나 DDT에 대한 의혹은 과학계 일부에서 제기되고 있었다. 1945년에 어류및 야생동물국의 연구원들은 DDT 살포후 물고기와 새들이 죽었다는 보고서를 작성했다. 그러나 일곱 가구 중 한 가구가 농업에 종사했던 1950년대의 미국전반에 DDT가 원료가 된 살충제는 미국을 풍요의 땅으로 약속해 주는 매개체였다. 당연히 일부 연구원들의 살충제에 대한 근심어린 보고서의 목소리는 실용과 부를 약속하는 목소리에 묻혀버렸다. 풍요로 가는 길에 훼방꾼인 해충 박멸의 기술적 해결책은 국민적 갈망이기도 했다. 이 무렵 『사이언티픽 아메리칸』지에 발표된 프랜시스 와이스의 글은 이러한 정서를 잘 대변하고 있다.

> 화학적 영농은 아직 초기 단계에 머물러 있지만, 결국에는 기계가 최소한 지난 150년 동안 이룬 것과 맞먹는 수준으로 농업의 효율을 높여줄 것이다. 새로운 비료, 살충제, 살균제, 제초제, 고엽제, 토양촉진제, 식물 호르몬, 무기염류, 항생제, 돼지를 위한 합성 우유 등으로 영농에 혁명이 일어나고 있다. (맥길리브레이 41)

이러한 '화학적 영농'의 화려한 수사에 우려와 의심의 눈길을 보내고 있던 카슨에게 1958년 1월에 배달된 한통의 편지는 『침묵의 봄』을 탄생시키는 계기로 작용한다. 카슨의 친구 올가 허킨스는 그녀가 살고 있는 매사추세츠 보스톤 근교 조류보호구역에 죽은 새가 널려 있음을 보고했다. 그녀는 새들의 대량죽음이 이전 해에 있었던 DDT의 대량살포인 것 같다며 유명인사가 된 카슨이 영향력을 발휘해 DDT 살포를 중단하도록 부탁했다. 허킨슨은 이 독성물질의 무분별한 살포가 '사람과 야생동물에게 즉각적으로 그리고 장기적으로 어떤 결과를 가져오는가에 대한 생물학적, 과학적 증거가 알려질 때까지만이라도' 중지되어야 한다면서 일련의 관련 직원들의 이름을 첨부했다. 카슨은 이 직원들에게 DDT의 부작용에 대해 설명하기를 요청했으나 이들은 모두 응답하기를 꺼려했다. 할 수 없이 카슨은 이 살충제의 위험성에 대해 글을 써야하는 것이 자신의 운명이라고 작정한다. 애초에 그녀는 이 문제를 다루는 글 한편을 쓰기로 했었다. 카슨은 1959년에 책을 출판하기로 계획했었으나 건강악화로 계획은 유보된다. 막대한 양의 기초 자료수집과 관련 준비는 유방암과 투병하는 그녀에게 커다란 도전이었으나 그녀는 자신의 병을 비밀로 한 채 작업을 착수한다. 그녀를 베스트셀러 작가로 만들었던 바다의 해양 생태와 관한 글과 달리 이 작업은 관공서와 도서관에서 온갖 자료를 수집하는 방대한 양의 시간과 노동을 요하는 작업이었다. 이와 관계된 화학 관련 민원을 읽어내고 종합하여 이 결과를 살충제 전문가들에게 확인을 받아야 했다. 카슨은 연방공무원 시절 수산자원국의 상사였던 클래런스 커텀에게 도움을 청한다. 텍사스 자연보호협회의 책임자로 있던 그는 살충제문제와 관련된 연방정부의 정책과 화학산업의 현황에 대한 중요한 정보를 주었다. 이런 다각적인 노력이 바탕이 된 그녀의 논지는 50페이지에 걸친 주와 함께 17장에 이르는 355페이지의 책이 되었다. 그녀가 수집한 막대한 정보는 자칫 딱딱하고 건조한 내용일 수 있지만 카슨은 가장 효과적인 방법으로 책의 서장을 시작한다. 카슨은 이미 문학적으로 성공한 작가였지만 글을 쓸 때 수없이 고쳐 썼으며 한 줄 한 줄을 소리내어 읽으며 운율과 두운을 맞추려 노력한 작가였다. 유려한 문체와 수사법을 구사하는 작가로서의 카슨의 능력이 『침묵의 봄』 대한 성공적 반응을 뒷받침했음은 이론의 여지가 없다.

3) 『침묵의 봄』 개요

『침묵의 봄』에서 가장 유명한 장인 첫째 장 '내일을 위한 우화'(A Fable for Tomorrow)는 카슨의 섬세한 필치로 하얀 죽음의 가루가 어떻게 아름다운 마을을 죽음의 세계로 만드는지를 상징적으로 보여준다. 감각적이며 시적인 문체로 '하얀 가루' 강림 이전과 이후를 그려낸 대조적 세계는 독자들의 감성에 강력하게 다가온다.[3] 나머지 열여섯 장은 우리가 사는 환경에 해를 끼칠 잠재력을 가진 물질들로 자연을 오염시키는 일이 얼마나 심각한 문제인지를 다양한 방법으로 설파하는 내용이다. 두 번째 장 '견뎌내야 할 의무'에서는 화학살충제를 절대로 써서는 안된다는 것이 아니라 이 물질의 무분별한 남용에 대해서 아무런 정책과 철학이 없음을 지적하고 있다. 그렇지 않으면 '모든 생명을 존속시키고 있는 자연계에 대한 신중한 생각이 없었던 것에 대해 미래세대가 우리를 용서하기 힘들 것'이라고 역설한다. 3장 '죽음의 만능약'에서는 화학살충제의 성분에 대한 과학적 기술을 분석한 후 '역사가 시작된 이래 인간은 잉태된 순간부터 죽을 때까지 위험한 화학물질과 접촉하지 않으면 안되게 된 운명'이라고 탄식하고 있다. 이러한 언술은 지금으로부터 45년 전인 1962년 당시에는 대단히 충격적인 것이었다.

이 이후 14장까지에서는 살충제와 제초제가 환경에 미치는 영향에 대해 다루고 있다. 물과 토양에 끼치는 오염이 어떻게 다시 자연계의 세밀한 생명의 사슬에 해악을 끼치게 되는가에 대한 분석으로 이 장들은 이루어져 있다. 특히 13장과 14장에서는 화학살충제가 인간의 몸에 작용하는 방식 특히 암과의 관련성에 대해 조심스럽게 규명하고 있다. 나머지 장들에서는 곤충들이 화학살충제에 대해 내성을 지니게 되어 더욱 강력한 독성화학 살충제가 살포되게 된다는 사실과 아울러 그녀 나름의 대안을 제시한다. 로버트 프로스트의 시를 인유한 제목의 마지막 장 '가지 않은 길'에서 카슨은 화학살충제에 대한 대안으로 환경친화적인 살충제 개발가능성에 대해 다양한 예

---

3) 경희대학교 영어학부가 필수이수과목인 '읽기 작문' 강좌의 교재로 채택한 2004년 발간된 『롱맨 읽기』(*The Longman Reader*)에는 카슨의 '내일을 위한 우화'가 글쓰기의 대조-대비법의 훌륭한 예시로 수록되어 있다.

를 제시한다. 그녀는 "자연의 정복이란 자연이 인간을 위해서만 존재한다고 생각하는 인간의 오만한 생각에서 나온 말"이라며 "원시적인 과학이 가공할 현대 무기로 무장을 한 채 곤충을 향해 총부리를 겨누는 데 사실은 그것은 지구를 향해 들이대는 것에 다름 아니다"라며 인간의 오만과 무지를 경계하는 말로 책을 맺는다.

3. 여성과학자와 젠더정치학

최초의 페미니스트 매니페스토라고 할 수 있는 메어리 월스톤크래프(Mary Wollstonecraft)의 『여성권리의 옹호』(*A Vindication of the Rights of Woman*)는 여성의 제한된 교육기회에 대한 문제를 제기한다. 월스톤크래프트는 젠더로 차별되는 학문영역의 도식화를 문제시하며 왜 여성에게는 철학, 과학, 수학과 같은 영역은 배제되고 시, 음악, 수예, 외국어, 댄스 등만을 배워야 하는가라는 이견을 일찍이 18세기 말에 제기했다. 여성 교육기회의 박탈과 학문영역의 차별은 19세기 엘리베쓰 배렛 브라우닝(Elizabeth Barrett Browning)의 『오로라 리』(*Aurora Leigh*), 조지 엘리엇(George Eliot)의 『플로스강의 물방아간』(*The Mill on the Floss*), 20세기 초 버지니아 울프(Virginia Woolf)의 『혼자만의 방』(*A Room of One's Own*) 등에서 면면히 이어져 왔다.

학문의 영역에서 과학이라는 영역은 여성이 매진하기에는 지금보다 훨씬 더 부자연스러운 것으로 인식되었던 20세기 초중반을 살았던 카슨의 교육도 이러한 분위기에 영향을 받게 된다. 문학적 재능이 뛰어난 카슨이 대학시절 영문학전공에서 자연과학인 생물학으로 전공을 바꾸고자 했을 때 그녀는 그녀를 아끼는 가족과 교수들의 반대에 부딪힌다. 그들은 실험과 탐사가 주를 이루는 과학은 여성의 소양과 여성의 체력에 부적합한 것이라는 점과 졸업 후 부딪힐 취업의 불리함을 반대의 근거로 들었다. 아직 여성운동이 본격적으로 일어나지 않았던 당시의 미국에서 과학전공자인 여성이 연구직이나 과학교사 직업을 갖기에는 젠더의 벽이 매우 높았던 때였다. 뿐만 아니라 카슨이 문제시하던 살충제 문제는 1950년대 미국의 거대 기업들인 화학관련회사와 관련된 문제였다. 나일론을 발명하고 수영복원료인 라이크라를 만드는 데 성공한 뒤퐁과 같은 화학회사는 화학을 통해 삶의 질을 향상시켰기 때문에 소비자의 총애를 받는 회사였다. 과학발전은 미국의 번영과 진보의 견인차 역할을 하며 국민적 지지를 받고 있었다.

이러한 시대적 맥락에서 탄생된 『침묵의 봄』의 환경보호에 대한 정치적 함의는 거대자본과 남성중심 화학산업계의 맹렬한 반격과 비난에 봉착할 수 밖에 없었다는 것이었다. 비난과 반격의 핵심에 자리한 저자의 여성이라는 젠더는 한 시대와 사회가 형성하고 있는 젠더문화정치학을 여실히 노정하고 있다. 카슨 자신도 책집필 단계에서 화학산업계나 살충제관련 업계의 악의적인 분위기를 인식하여 최대한 자신을 보호하는 장치를 채택했다. 그녀는 회사명이나 제품명을 구체적으로 언급하지 않음으로써 화학회사가 불사할 소송에 연루되지 않도록 하였다. 카슨은 가족경제를 책임져야하는 입장이었으며 자신은 암과 투병하고 있었기 때문에 소송이 가져올 경제적 모험은 기피해야 했다. 그녀의 치밀하고 섬세한 글쓰기는 명예훼손이나 법적 하자의 빈틈을 허용하지 않았지만 카슨은 남성중심적 거대 자본의 화학회사가 그녀의 젠더를 빌미삼는 공격에는 무방비상태였다. 아직 미국에서 페미니스트 운동이 대중화되지도 않았으며 성차별적 폭언을 법적으로 방어할 '차별철폐조처'(affirmative action)는 법제화되지 않았던 시대였다. 치밀한 과학적 자료와 상식에 근거한 그녀의 책에서 소송구실 발견에 실패한 관련 화학산업계가 집중한 것은 저자에 대한 인신공격적 비난이었다. 저자에 대한 신뢰성을 추락시키기 위해 그들은 다분히 이원론적인 사상에 기초한 젠더정치로 『침묵의 봄』에 대한 무력화를 기도했다. 카슨 역시 자신의 책에 대한 적대적인 반응을 예견했었다. 그녀의 절친한 친구 도로씨 프리맨(Dorothy Freeman)에게 보낸 편지에서 카슨은 다음과 같이 말했다. "당신이 내 책이 나오게 되면 어쩔 수 없이 따를 악의적 비난을 걱정하고 있다는 것을 알아요. 그건 이미 내가 각오하고 있는 일이기 때문에 나는 그리 충격받지 않을 꺼에요." (Freeman 259)

침묵의 봄은 원래 책으로 출판되기 이전에 요약본이 뉴요커지에 3개월간

연재되었었기 때문에 책의 개요가 익히 알려진 터였다. 따라서 이 책을 정식 단행본으로 출판하게된 휴톤 미플린(Houghton Mifflin)사는 살충제회사들로부터 출판중단을 암시하라는 압력을 다각적으로 받게 된다. 책의 영향력이 살충제의 구매 축소로 연계될 것을 두려워했던 화학산업체들은 막대한 자금을 들여 책을 공격했다. 미국농화학협회 역시 살충제의 사용이 산업발전에 유익하다는 홍보를 여러 수출관련 저널에 게재함으로써 카슨의 책에 대해 맞불작전을 시도했다(Brooks 295). 특히 당시의 유력한 살충제회사의 하나인 시카고 벨시콜 회사(Velsicol Corporation of Chicago)는 휴톤 미플린사에 자신의 회사제품 원료에 대해 부정확한 사실이 있을 시 소송하겠다고 엄포를 놓았으나 소송거리를 찾는 데는 실패했다. 또한 미국의 DDT 대표제조회사인 몬산토 화학 회사는 『침묵의 봄』이 발행되자마자 이 책의 첫 번째 장인 '내일을 위한 우화'를 근간으로 한 패로디인 '황량한 해'(The Desolate Year)를 자신들의 잡지에 실었다. 이 패로디는 화학살충제가 사라져서 흉작과 질병으로 고통받게 된 세상의 참상을 드러내기 위해서였다.

> 그래서 달콤한 옥수수는 이삭이 하나도 패이지 않았다. 천공충의 공격을 겨우 피해 살아남은 옥수수대와 이삭에는 나방이가 밤색으로 낳은 알을 까고 나온 큰담배밤나방의 유충들이 연한 옥수수 알갱이부터 딱딱한 것까지 벌레들이 모두 먹어치웠다.(Monsanto Magazine, October 1962)

이 패로디는 살충제의 혜택을 강조하는 교훈적 서사와 함께 카슨의 『침묵의 봄』이 커다란 오류임을 강하게 시사하는 것으로 끝난다.

> 이 '황량한 해'가 끔찍하다는 사실은 이것이다-이 사건들은 환상에 기초한 것이 아니라는 것이다. 그것은 다 사실이다. 이 모든 것은 인간이 그러한 일을 예방할 수 있었기 때문에 다행스럽게도 어떤 한 해에 일어난 것이 아니다. 그러나 '황량한 해'의 대부분의 사건은 실제의 일이다. 이것들은 미국에서 발생했던 일들이다. 이런 일들은 이 나라에서 해충에 대한 화학무기를 사용하지 않으면 얼마든지 아니 보다 더 대규모로 재발할 수 있다는 것이다.(Monsanto Magazine, October 1962)

이들은 『침묵의 봄』의 첫째장이 우화의 형식을 취했기 때문에 사실이 아닌 환상일 뿐이며 환상은 증거를 요구하는 과학의 세계에 어울리지 않는 비사실적인 것임을 강조했다. 나아가 자신들의 과학성을 증명하기 위해 해충이나 쥐로 인한 막대한 곡물의 피해를 숫자로 나열했다. 뿐만 아니라 미국 농업자라는 저널의 사설은 또 다른 패로디를 통하여 카슨의 책을 공격하였다. 고아가 된 소년이 조부와 함께 도토리를 먹고 있는데 조부는 손자에게 『조용한 여름』이라는 책이 세상을 원시시대로 퇴보하게 만들어서 다시 기근, 말라리아, 해충병, 그리고 죽음이 만연하게 되었다고 설명하는 내용이다(Brooks 295). 이러한 패로디를 통하여 그들이 노정하고자 했던 것은 카슨의 『침묵의 봄』은 비과학적인 환상일 뿐이기 때문에 심각하게 받아드릴 가치가 없다는 것이었다. 심각하게 받아드릴 가치가 없는 것에 대한 화학산업계의 예민한 반응은 오히려 『침묵의 봄』을 대중들에게 유명하게 만드는 의도하지 않은 결과를 낳았음은 아이러니라 할 것이다. 책의 출판에 이은 이러한 인신공격적 비난에 대해 그녀는 전국여성언론클럽에서 자신의 견해를 차분히 한번 밝힌 바 있을 뿐이다.

> 이러한 문제를 제기하는 사람과 그의 명분을 약화시키기 위한 명백한 방법의 하나는 저자의 신뢰성을 잃게 하는 것입니다. 그래서 독설과 암시의 명수들은 아주 바빴지요. 내가 새와 고양이를 사랑하는 사람, 자연의 여사제, 우주의 법칙과 관련이 있는 신비교의 광신자라는 거지요. 또 그들이 많이 사용하는 방법은 나의 논지를 오도하거나 내가 하지도 않은 말을 가지고 공격하는 것이지요. 또 다른 방법은 『침묵의 봄』을 전적으로 무시하고 그리고 내가 대중들을 온화하게 설득하는 것에 대해 집중적인 신경을 쓰는 것입니다.(Brooks 303)

남성 중심적 서양과학전통의 강력한 토대에 뿌리를 둔 비평가들은 두 그룹으로 분류될 수 있다. 첫째는 과학자 커뮤니티에 속하는 남성들이었다. 둘째는 당시의 냉전체제아래 경제적 발전과 진보의 기치아래 활동하는 여러 언론사의 오피니언 리더들이었다. 이 두 그룹의 공통적인 요소는 카슨의 『침묵의 봄』을 비평할 때 그들이 취하는 입장이 기본적으로 성적 편견에 기초하고 있다는 것이다. 남성중심의 가부장 문화에서 전통적으로 남성과 여성을 구별하는 이분법 구조에 의하면 남성은 객관적, 논리적, 이성적인 반면에 여성은 주관적, 감정적, 비논리적이라는 일방적 사고방식이다. 과학의 세계는 냉정한 객관성을 요구하는 논리의 세계이기 때문에 저자의 젠더가 여성이라는 사실은 책의 신빙성에도 문제가 있다는 시각은 은연중에 드러난다. 많은 비평가들은 카슨을 지칭할 때 '카슨 양'(Miss Carson)이라며 54세의 그녀에게 "미쓰"(Miss)를 반복적으로 사용함으로써 과학자라면 권위있게 있어야 할 '박사'(Doctor)라는 타이틀의 부재를 은연중 문제시한다. (사실 카슨은 박사과정을 대공황시절 경제적 이유로 지속하지 못했다.) 이러한 리뷰중에서 가장 성차별적인 것은 제목 자체만으로도 두드러지게 나타난다. 『침묵의 봄』 출간 한 달 후 밴더빌트 의과대학의 윌리암 다아비교수가 화학과 공학뉴스지에 실은 서평 제목은 "카슨양, 조용히 하시오!(Silence, Miss Carson!)"였다. 이러한 제목의 함의는 카슨은 자신이 무엇에 대해 말하고 있는지 잘 알지 못하는 미숙한 여성저자일 뿐이라는 남성비평가들의 전반적 태도를 말해주고 있다. 남성중심적 과학의 세계는 셰익스피어의 페리클레스의 구절처럼 "여성의 주된 덕목은 남의 입에 오르내리지 않는 것"이라며 여성의 언술을 억압했던 것과 동일 선상에 있다. 다아비는 카슨의 논지는 까다로운 유기농법 정원사나 자연식 숭배자 혹은 사이비 과학자와 괴짜독자들에게나 설득력이 있을 수 있는 것이라고 일축했다. 그와 동시에 그는 살충제의 사용에 긍정적인 입장을 보인 과학계의 대부에 속하는 남성과학자의 이름을 거론함으로써 카슨을 주변부로 몰아낸다.

카슨의 책에 대한 또 다른 부정적 평가는 카슨의 글쓰기가 '감정적' 이라는 트집이었다. 특히 『침묵의 봄』 8장의 '그리고 새는 더 이상 노래하지 않고'(And No Birds Sing)에서 죽어가는 울새의 생생한 묘사 등을 들어 과학적이지 못한 감상적인 수필가수준이라고 폄하하였다. (주. 그러면서도 카슨이 미국의 상징새인 흰머리독수리가 위태에 처해 있다는 지적에는 민감하게 반응하였다. 1950년대에 독수리는 개척정신, 자유, 남성의 힘을 상징하여 화폐뿐만 아니라 미국의 미술, 민속, 음악에서도 쓰였다.) 의사인 프레드릭 스테어는 『영양 리뷰』라는 저널을 통하여 미래의 생태학적 파멸에 대해 그려내는 그녀의 글은 감상적이라며 부적합한 과학자로 카슨을 매도했다. 그는 '카슨

양의 경우는 독서가 너무 한 방향에 치우쳐 있으며, 또한 권위있는 위치에 있기에는 학문적 수련과 경험이 부족하다'(Smith, 재인용)라고 일축했다. 그러나 사실상 카슨은 훌륭한 생물학자로서 대학의 학문적 수련과 현장의 경험이 그 누구보다도 풍부했던 학자이며 작가임을 감안할 때 그녀에 대한 스테어의 여성혐오적 비난이 오히려 '감정에 치우친' 것이라고 할 수 있다. 『뉴스위크』지나 『라이프』지가 카슨과 그녀의 책 『침묵의 봄』을 소개하는 구절에도 이 시대에 만연했던 성차별적 언술은 그 기저에 깔려있다. 『뉴스위크』지는 그녀의 책이 비과학적인 암시로 가득차 있으며 산업계에 있는 동료과 학자들의 연구를 무시했기 때문에 그녀의 연구는 신뢰성이 약한 것으로 소개하고 있다. 『라이프』지는 그녀의 약력을 소개하며 "온화한 모습의 55세의 결혼하지 않은 그러나 페미니스트는 아닌" 사람으로 그려내고 있다. 그녀가 결혼하지 않았다는 사실은 하나의 결핍의 뉘앙스로 그려진다. 그녀가 결혼했다면 화학살충제에 대해 논란거리를 만들지 않고 오히려 평범한 주부로서 가사일 특히 부엌일을 할 때 화학산업 관련 제품의 혜택을 충분히 누렸을 것이라는 암시인 것이다. 연방해충방제 감독청의 관리는 "카슨은 결혼하지 않은 노처녀로 알고 있다. 도대체 그녀가 유전학에 대해 걱정할 필요가 왜 있는가?"라는 성차별적 발언을 하기도 했다(맥길리브레이 86). 『라이프』지는 때로 두통거리일 수 있는 '어머니 자연'처럼 카슨은 '허리케인 레이첼'로서 잘 참아내고 달래져야 되는 존재로 묘사했다. 그럼으로써 시민들의 건강에 현실적인 위험이 발생할 시 의료인(남성들)이 잘 진단해서 조절할 수 있을 것이라는 해설을 실었다.

뿐만 아니라 수많은 잡지들과 저널에 실린 그녀의 사진은 과학자 전문가로서의 카슨의 모습은 별로 없었다. 실험실에서 하얀 가운을 입은 과학자의 사진이나 현장에서 탐사를 하는 모습이 아니라 카슨은 그녀의 고양이와 함께 있는 사진이거나 혹은 숲에서 어린이들에게 자연의 신비를 설명하는 학교 교사의 모습으로만 투사되게 기획되었다. 이러한 사진들만을 수록함으로써 권위있는 과학자의 모습이 아닌 평범한 여성의 이미지인 저자의 모습은 그들이 의도했던 『침묵의 봄』 폄하와 조화를 이루는 장치가 되었다.

그러나 홍수처럼 봇물을 이루는 부정적 서평과 인신공격에 대해 카슨은 일일이 대응하지 않는 전략을 취했다. 악화일로를 걷고 있는 유방암 말기의 고통 속에서도 카슨은 자신이 주장하는 바가 진실이라는 것을 의심하지 않았다. 그녀는 거대자본을 대표하는 화학산업회사가 1950년대의 미국이 내건 번영과 진보하는 기치아래 막강한 국민적 총애를 받고 있다는 것에 대해서는 별로 신경쓰지 않았다. 일예로 뒤퐁과 같은 유명한 화학회사들은 가정주부들에게 "화학을 통해……더 나은 삶을 위해 더 나은 물건"을 약속하는 광고를 대대적으로 했었다(맥길리브레이 82). 카슨의 신분이 정부기관이나 특정기업에 소속되지 않은 작가라는 점과 카슨의 진리에 대한 소박한 그러나 강렬한 헌신 등은 부정적 공격에 대해 초연할 수 있는 입지를 제공했다. 카슨은 조용하고 수줍음이 많은 성격이어서 나서기 싫어했지만 살충제와 생태학에 대한 자신의 메시지를 전달하기 위해서는 언론홍보가 필요하다는 것을 마지못해 받아들였다. 삶의 말년인 1963년 4월 3일 카슨은 자신이 병으로 죽어가고 있다는 사실을 숨긴 채 CBS가 편성한 살충제 문제 토론프로그램에 참석한다. CBS의 편성프로는 당시 과학계의 대부인 로버트 화이트 스티븐스 외에도 카슨에 대해 비판적인 견해를 지닐 가능성이 큰 정부 고위관리의 인터뷰를 했다. 그러나 카슨을 지지하는 사람들과 인터뷰는 배제한 불공정한 것이었다. 화이트 스티븐스는 '만약 사람들이 카슨 씨의 가르침을 충실히 따른다면 세상은 다시 암흑시대로 돌아갈 것이고, 곤충과 질병과 해충이 다시 지구를 장악할 것입니다"라며 비난했다. 여러 출연자들의 비난에 맞서 카슨은 해박한 지식으로 조용하게 그리고 확신에 찬 태도로 답변함으로써 많은 시청자들을 설득시키는 결과를 낳았다. 카슨의 공격자인 남성들이 장기적인 안목을 결여한 반면 그녀의 입장은 생태학을 바라보는 하나의 패러다임 변화에 관한 것이었다.

우리 인류는 지금 역사상 유례가 없는 심각한 국면에 처헤 있습니다. 우리가 이겨야 할 대상은 결코 자연이 아니라 우리들 자신입니다. 이번 일은 매사를 경쟁관계로 보는 우리들의 극단적인 시각에서 비롯한 문제입니다.

이토록 미숙하고 유치한 자연관에서 하루 빨리 벗어나야만 합니다. 좀 더 성숙한 눈으로 자연을 바라볼 수 있도록 우리들 자신의 문제를 깨달아야 합니다. …… 인간과 자연, 둘 중 어느 한 쪽이 다른 쪽을 정복하거나 지배할 수 있는 게 아닙니다. 우리 인간은 엄청난 우주의 아주 작은 일부일 뿐입니다. 자연에 대한 잘못된 이해, 이는 우리 세대에서 반드시 해결해야 할 과제입니다.

카슨의 이 발언은 자연을 정복과 통제의 대상으로 바라본 서양의 남성중심적 철학에 대해 근본적인 이의를 제기했을 뿐만 아니라 생태학과 자연에 개입되는 젠더에 대해 성찰을 요구하는 새로운 담론을 제공하고 있다. 카슨은 자신을 페미니스트라고 생각한 적도 없었지만 1950년대의 미국이 기치로 내세우는 발전과 진보, 번영에 대해 이의를 제기했으며 거대한 화학관련 산업과 기업에 도전을 했다는 점에서 그 어떤 페미니스트보다도 더 커다란 위치를 차지한다고 할 수 있다. 생태학의 대모이며 환경재앙에 대해 경고했던 그녀의 목소리는 다행히 카산드라의 외침으로 끝나지 않고 환경관련법의 제정으로 이어졌다는 점에서 시의적절한 것이었다.

4. 나가며

과학의 세계는 객관적이라고 믿었기 때문에 20세기 중반 대부분의 사람들은 과학의 일부인 화학살충제의 출현이 문명의 이득이라고 생각했었다. 해충을 없애고 풍요한 수확을 돕는 신기한 제품이라고 간주되던 DDT는 전쟁시 포로들에게 이를 박멸시키기 위해 직접 사람들에게 살포되기까지 했었다. 레이첼 카슨은 어류야생국에서 17년간 일한 공무원의 경험으로 자연계의 오묘한 균형에 대해 익히 알고 있었다. 이러한 자연계의 균형을 말살하는 살충제의 무분별한 사용이 생태계의 균형을 파괴해 궁극적으로는 인간의 삶에 재앙을 가져 올 것이라는 『침묵의 봄』의 거듭된 메시지였다. 그러나 이 문명경고적 책은 상업자본의 이윤추구를 목적으로 하는 대기업과 화학산업, 정부관리의 농업방침등과 이해의 궤를 같이한 거대조직의 악의에 찬 반격을 무수히 받았다. 논리적이며 객관적이며 이성적이라는 남성논리에 근거한 남성과학자들이 『침묵의 봄』 출판 후 대대적으로 펼친 악의적 비판이 객관적 논리에 근거한 것이 아닌·성차별적 편견의 기록이라는 연구는 젠더연구의 흥미로운 자료이기도 하다. 분명한 것은 인간이 자연을 상대로 벌이는 전쟁에 대해 과학계의 남성중심적 사고방식이 카슨은 극히 위험하다고 진단한 것이다. 나아가 카슨은 서구의 남성중심적 과학계의 독선이 간과하고 있는 좋은 과학과 나쁜 과학을 구별하는 도덕성을 어떻게 규정할 것인가 하는 거대담론을 동시에 던지고 있다.

『침묵의 봄』은 미시적으로 볼때는 DDT와 살충제가 인간과 야생동물에 끼치는 해악에 관한 것으로 볼 수 있지만 거시적으로 볼 때는 과학기술의 발전으로 자연을 통제할 수 있다는 인류의 맹신에 대한 경고라고 할 수 있다. 그녀가 45년 전 주창한 인간을 포함한 생태계를 바라보는 획기적 사고의 전환은 생물다양성의 상실, 유전자 변형, 지구온난화의 재앙이 화급한 전지구적 현실로 드러난 오늘날 그 어느때 보다 유효하다.

참고문헌

김재희, 『지구의 딸, 지구 시인 레이첼 카슨』, eYoubooks, 2003.

알렉스 맥길브레이, 이충호 역, 『세계를 뒤흔든 침묵의 봄』, 그린비, 2004.

Brooks, Paul, *The House of Life: Rachel Carson at Work*, Boston: Houghton Mifflin Company, 1972.

Carson, Rachel, *Silent Spring*, New York: Fawcett, 1962.

Freeman, Martha, *Always, Rachel: The Letters of Rachel Carson and Dorothy Freeman, 1952~1964*, Boston: Beacon Press, 1995.

Gartner, Carol B., *Rachel Carson*, New York: Frederick Ungar Publlishing Co., 1983.

Lear, Linda J., *Rachel Carson: Witness for Nature*, New York: Henry Holt & Company, 1997.

Waddell, Craig, '*And No Birds Sing*': *Rhetorical Analyses of Rachel Carson's Silent Spring*, Carbondale: Southern Illinois University Press, 2000.

Lee, John M., "'Silent Spring' Is Now Noisy Summer", *New York Times* 22 July, 1962.

성차별적 호칭의 문화적 의미와 영향

이정영옥*

1. 언어에 반영된 문화적 특성

언어는 인간 행동의 가장 핵심적 부분이며 사회 속에서 다른 사람들과 상호작용을 하기 위한 의사소통 수단이다. 언어는 대상을 개념화하고 범주화하여 개념간의 조합을 가능하게 한다는 점에서 중요한 인지와 사고의 수단이기도 하다. 사람, 사물, 행동, 모습, 생각 등에 다양하게 이름을 붙여주는 기본적인 언어의 기능이 없다면 인간으로서 정상적인 사고나 인지가 불가능하였을 것이고 현재와 같은 고도로 발달된 문화도 존재할 수 없었을 것이다.

언어는 의사소통의 도구일 뿐만 아니라 사고의 도구이기도 하다는 사실은 Edward Sapir와 Benjamin Lee Whorf가 제창한 언어상대성이론(Sapir-Whorf Hypothesis of Linguistic Relativity)과 상통하는 것으로 언어상대성이론에 따르면 언어와 사고는 불가분의 관계를 갖고 있어서 한 사람의 언어가 그의 생각의 범위를 결정한다는 것이다. 언어는 사고를 반영할 뿐만 아니라 사고에 영향을 미치기도 한다는 것이다(Sapir 1949:162). 사피어-호프의 언어상대성

* 경희대학교 호텔관광대학 관광학부 교수

이론을 바탕으로 Sally McConnell-Ginet은 자연언어가 언어사용자의 생각과 태도를 기호화(encode)할 뿐만 아니라 특정 생각과 태도를 고착시키는 역할을 한다고 역설하고 있다. 이는 언어와 사고, 언어와 사회생활간의 연관성이 분명하게 인식되지 못하고 있는 상황에서 태도와 가치를 담은 언어를 습관적으로 사용하는 가운데 드러내서 표현하지는 않지만 일정한 태도와 가치를 전수하고 보존하는 결과를 초래하기 때문이라고 주장한다(1980:7). 즉, 우리가 주고 받는 메시지의 상당부분이 그 표면적 내용이나 화자의 의도한 바를 넘어선 추가적 의미가 담겨 있다는 것이다. 언어는 태도를 전달한다. 성차별주의자(sexist)의 태도는 개인의 능력이 아닌 성적 구분을 근거로 한 사람을 유형화하며 이와 함께 성차별주의자의 언어는 여성과 남성에 대하여 가지고 있는 고정관념을 기호화한다. 성적 구분에 따른 계층을 고착시킴으로써 여성과 여성의 행동은 평가절하 되는 사회에서 언어적 이미지에서 보여주는 불평등 사례들은 여성비하의 단적인 징표로 나타난다. 여성을 비하하는 단어나 표현들을 지속적으로 사용하는 과정에서 그러한 언어사용자는 무의식적으로 (또는 의식적으로) 부정적인 고정관념을 확대 재생산하는 것이다. 이와 같은 고정관념은 양성 모두에게 내재화된 상징이 되어 여성들에 대한 남성들의 태도는 왜곡되는 결과를 초래하게 되고 여성들은 자신을 부정적으로 평가하는 결과를 가져오게 된다. 결국은 커뮤니케이션 스타일상의 남녀 차이에 관하여 Deborah Tannen이 기술한 바와 같이 남녀간 대화는 동일한 커뮤니티인 같은 집이나 사무실 내에서 행해진다 하더라도 “이(異)문화 커뮤니케이션(cross-cultural communication)”의 특징을 보인다.

모든 문화권에서 남성과 여성은 사회적으로 구별되기 때문에 그들의 커뮤니케이션 행동에서 어느 정도의 차이는 어디에서나 존재하기 마련이다. 남녀간의 언어표현방식의 차이에 대해서는 남녀의 사회적 역할의 차이와 남녀간 관계에서의 불평등을 기반으로 설명이 이루어져야 한다. 남성이 여성보다 더 많은 특권과 권리를 누리는 사회에서 언어와 표현 양식은 남성 우위를 강화하는 방향으로 사용된다. 반면에 양성평등의 이상이 실현된 사회에서는 커뮤니케이션 행동과 의미가 양성에게 균등한 가치를 부여한다. 이와 같이 언어는 남성과 여성의 문화적 모델의 형성에 주축이 된다. 언어는 그 형식과 언어사용을 통하여 그 문화고유의 고정적 성적 상징을 강화함으로써 남녀에 "적합한" 지위와 행동에 대한 이미지를 담고 있다.

전 세계 주요국가의 문화유형을 비교분석한 Geert Hofstede(2001)에 의하면 개인주의 척도에서 한국은 조사대상 53개국 가운데 43위를 기록하고 있다. 즉, 한국은 국가, 공동체, 계급, 인종 등 집단이 생활의 최우선적 단위로서 개인의 욕구나 목표가 그보다 더 큰 집단의 욕구나 목표를 위해서는 희생을 강요받는 집단주의적 성격이 강한 사회로 분석되었다. 문화 간 비교연구를 통하여 사람들이 그들의 세계와 이념, 가치체계에 대하여 가지고 있는 인식의 차이를 규명할 수 있다. 특히, 호칭을 비롯한 친족 용어는 상대적인 사회관계에 대한 사람들의 인식을 드러내 줄 뿐 아니라 가족 내에서의 남녀간 성 역할에 관한 이념을 확인시켜 주기도 한다. 특히, 한국어의 많은 친족 용어들이 가정 내에서 여성은 남성에 종속된 존재라는 전제 하에 가정 내에서 뿐만 아니라 사회적, 정치적, 경제적인 각 영역에서 여성에게 가해진 전통적 차별의 관행을 반영하고 있다. 더욱이 자녀에게 아버지의 성을 부여하는 관행은 그것이 습관적으로 오래 이어져 왔기 때문에 의식을 하고 있지 않을 뿐이지만 이야말로 고질적인 남성우월주의 이데올로기를 반영하고 있으며 이를 지속시키고 강화시키는 역할을 하고 있다고 할 수 있다. 불공정하고 비안간적인 이러한 차별적 관행을 근절시키고 보다 공정하고 민주적인 사회를 이루는 데는 먼저 그러한 관행의 문제성에 대한 인식을 바탕으로 공동체 구성원들이 공감대를 형성하고 문제를 해결하기 위한 방안을 모색하도록 하는 것이 중요하다.

본 논문에서는 한국어의 호칭을 비롯한 친족용어를 중심으로 한국어의 각종 표현방식에 내재되어 있는 남녀차별 이데올로기를 규명하고 남녀를 차별하지 않는 평등사회, 평등가정을 이룰 수 있는 방안으로 자녀의 성씨를 부여하는 방법과 관련하여 평등원칙에 입각한 한 가지 대안을 제시하고자 한다.

2. 언어표현상의 성차별 관행

1) 친족용어

다른 분야에서는 매우 다양한 어휘가 발달되어 있는 영어에서 가족 구성원이나 친척을 직접 또는 간접적으로 지칭하는 용어는 한국어에 비하여 단순하다. 특히 영어에서는 화자의 성에 따라 상대 친족을 지칭하는 호칭이 달라지는 경우가 없는 데 반하여 한국어를 비롯한 많은 언어에서는 화자가 여성인가 남성인가에 따라 사용하는 어휘가 다른 경우가 많고, 한국어에서는 남녀간 사용할 수 있는 친족용어의 형태나 종류가 매우 다르다. 예컨대, 한국어는 형제자매를 지칭할 때 화자를 기준으로 연령이 많은가 적은가, 여성인가 남성인가의 기준 외에 화자자신이 여성인가 남성인가 하는 것이 호칭사용상의 중요한 기준이 되어, 영어에서는 남자든 여자든 자신의 여자 형제를 'sister'라는 호칭으로 통일하고 있지만 한국어에서는 남자는 손위여자형제를 '누나'라고 하지만 여자는 동일한 손위여자형제를 '언니'라고 부르게 되어 있다. '형/오빠'의 구분도 동일하다. 이렇듯 한국어에서는 화자의 성별이 언어표현방식을 결정하는 주요 기준으로 작용하고 있다.

결혼은 새로운 가족관계를 창출하며 이에 따라 새로운 호칭이 등장하게 된다. 여기서도 한국어에서는 남편과 아내 간에 서로 습득하여 사용하여야 하는 친족 호칭용어가 전혀 다르다. 여자에게는 시부모, 친정부모라는 용어가 새로이 습득해야 하는 중요한 단어가 되는데 이는 결혼 전 자신의 친부모 외에 친부모보다 더욱 효성을 보이고 봉양해야 할 의무가 며느리에게만 부과되는 관행을 반영하는 것이라 할 수 있다. 며느리가 시부모에게 효성을 보이는 것이 중요함을 강조하는 의식 중 하나가 '효부상' 시상제도라 할 것이다. 전통사회에서는 '열녀상' 다음으로 명예로운 상으로 여성에게 수여된 상이지만 '효자상, 효녀상, 효사위상'과 같은 명칭의 상은 성립되지 않는 것으로 여겨져 왔다. 이는 굳이 포상을 하면서까지 장려한 것은 오로지 여성이었다는 것은 결코 성우대 정책이 아니었음을 간과하지 않아야 할 것이다. 이러한 상은 여성으로 하여금 시부모를 잘 모시는 것이 최고의 미덕이라는 것을 강조하고 그러한 인위적인 관계형성을 강요한 결과라고 할 수 있을 것이다. 이는 남자에게는 결혼 후 새로이 형성된 처의 부모에 대하여 예컨대 '처부모를 모신다' 등과 같은 형식으로 보통명사화 된 '처부모' 등과 같은 용어를 사용하지는 않는 것과도 관련이 된다. 남자는 결혼 후 새로이 형성된 처가쪽 가족의 호칭과 구별해 주어야 할 만큼 처가부모나 그 가족과의 유대나 관계가 중요하지 않으므로 여성의 경우와 같이 결혼 후 형성된 새로운 부모와 구별해 주는 '친정부모'라는 호칭이 발달되지 않았다고 할 수 있다.

결혼 후 상대방 배우자의 형제자매를 지칭하는 용어에서도 남녀간 형태와 종류가 다르다. 남자의 경우는 처의 형제자매가 단순히 처형, 처제, 처남 등으로 간단하지만 여자의 경우는 남편의 형제자매에 대한 호칭이 직접호칭과 간접호칭으로 분화되어 간접호칭으로는 시아주버니, 시동생, 시누이, 시누님 등이 사용되고 이와 별도로 직접 대면시 사용하는 직접호칭용어로 아주버님, 도련님, 아가씨, 형님 등의 어휘를 익히고 사용하도록 강요받는다. 여자의 경우 손위 남자형제의 부인을 지칭하는 용어는 '새언니, 올케언니' 등으로 자신의 친여자형제를 지칭하는 '언니'와 유사한 용어를 채용한다. 손위여자형제의 남편을 '새오빠'라고는 하지 않는 것을 유의할 필요가 있다. 또한 부인의 가족들은 새로 결혼하여 가족이 된 사위를 지칭할 때 그 사람의 본래의 성에 '서방'이라는 단어를 추가하여 불러 주는 데 반하여 남편의 가족들은 새로 결혼하여 가족이 된 며느리를 지칭할 때 그 사람의 성을 지칭하기보다는 남자의 이름 뒤 또는 출신고향의 지명 뒤에 '-댁'이라는 접미사를 붙이는 용어를 채용하다가 자녀를 출한하면 자녀의 이름 뒤에 '어미/엄마/어머니' 등의 호칭을 덧붙여 불러 주었다.

현대에 들어서면서 이러한 관행은 서서히 사라지고 있지만 이렇듯 한국사회에서 결혼 후 남자는 본래의 성과 이름을 그대로 유지하여 지칭이 되는 반면 여자는 본연의 성과 이름이 사용되는 경우가 거의 없다. 남녀간 사용하는 친족용어의 이러한 차이는 한국사회에서 남자와 달리 여자는 결혼을 하면 남자의 가족에 새로운 가족의 일원으로 편입되어 새로운 정체성을 부여받게 된다는 성차별적 이데올로기를 대변하는 것이라 할 수 있다. 말하자면 여성자신의 정체성이란 존재하지 않으며 남편이나 자식을 매개로 해서만 그의 존재를 확인할 수 있다는 여성차별적 관념을 반영하고 있는 것이다. 이와 달리 남자는 결혼 후에도 자신이 출생시 부여받은 아버지의 성씨를 그대로 유지하며 그로써 자신의 정체성을 확인하고 자녀에게도 자신의 성만을 부여함으로써 여성을 배제한 '대잇기'의 이데올로기를 존속시킨다.

이와 관련하여 한국사회에서 서구의 경우처럼 여성이 결혼 후 남편의 성을 따르지 않는다는 것은 성평등의 이념과는 전혀 관계가 없다. 영미 선진국의 경우 결혼과 함께 여성이 남편의 성씨로 자신의 성씨를 바꾸는 예를 들면서 그에 비하면 우리나라 여성들은 고유의 이름을 바꾸지는 않으니 더 평등하다고 주장할 수 있다. 즉, 영미로 대표되는 서양 여러 나라에서는 여성이 결혼을 하면 처녀 시절의 고유의 이름은 유지하되 성씨는 남편의 것을 따르는 것이 전통적인 관습이었다. 부부가 하나의 가정을 구성하게 되면 그 가정을 지칭할 때 그 대표가 되는 남편, 즉 가장의 성을 사용한다는 의미이다. 영어에서는 부부동반의 행사가 많으므로 부부를 따로 지칭하기보다는 남편의 성만을 따서 예컨대 "The Smiths"라고 함으로써 간결하게 부부를 지칭할 수 있다는 편리성을 그러한 관습의 한 가지 이유로 생각할 수도 있을 것이다. 그러나 이러한 영어식 관행보다 우리가 더 결혼한 여성의 이름짓기에 관한 한 여성의 평등을 보장하고 있다고 주장하는 것은 전혀 타당성이 없다.

첫째, 영미 선진국의 관행이라고 해서 모든 사회규범이나 제도가 무조건적으로 다 우리보다 발달되고 우월한 것이라고 판단하는 것은 잘못이다. 그러나 미국에서도 전국적으로 여성의 선거권을 인정한 것이 1920년이고, 영국에서도 격렬한 저항운동 끝에 1918년에야 30세 이상의 여성에게만 선거권을 부여하다가 남성과 동등하게 20세 이상 여성이 선거권을 얻게 된 것이 1928년이었다는 역사적 사실이 보여 주듯이 영미 선진국에서도 최소한 법적으로나마 여성의 인권을 남성과 동등하게 인정하기 시작한 것은 극히 최근의 일이다. 이렇듯 영미 선진국의 사례가 성 평등의 이상적인 모범사례가 될 수는 없다는 사실을 잊지 말아야 한다.

둘째, 전통적으로 한국에서는 결혼한 여성을 따로 이름으로 지칭하는 경우가 거의 없다. 애당초 결혼한 여성을 어떤 명칭으로 불러야 하는지 하는 문제가 발생하지 않는다는 것이다. 여성은 결혼과 동시에 어느 집의 며느리, 부인, 올케, 형수, 제수 등의 친족명칭이 부여되고 후에 아이를 생산한 후에는 아무개의 엄마가 되므로 굳이 이름을 부를 일이 없다. 결혼한 여성은 자기 자신의 이름을 거명당할 기회가 거의 없고 가정 내에서는 남편의 이름을 딴 '-댁', 외부에서는 '-(씨)부인', 자녀를 출산한 후에는 자녀의 이름 뒤에 '어미/엄마/어머니' 등을 첨부하여 만든 관계호칭이면 족하였기 때문에 굳이 원래의 이름을 바꾸어 주어야 한다는 문제가 존재하지 않았다고 할 수 있다.

말하자면 결혼 후 여자가 남편의 가족들을 지칭할 때 사용하여야 하는 새로운 친족용어는 자기 자신의 결혼 전 가족 호칭과 유사하다. 이는 남자의 경우와 판이하게 다르며 고질적인 남성지배 전통의 한국사회에서 여성을 남성에게 종속시켜 온 관행이 반영된 것으로 여성의 역할을 가정, 특히 남편과 남편가족 중심의 가정에만 국한시킨 가부장적 문화를 표출시키고 있다 하겠다. 특히, 여성은 결혼 후 남편의 가문에 편입되어야 한다는 생각이 지배적이었다.

그렇다면 왜 여성만이 남편의 가문에 편입되어야 하고 그 반대로 남자는 자기 부인의 가문과는 별상관이 없다고 생각이 되었을까? 그 해답은 물론 전통적으로 고수해 온 유교적 가부장제의 기본이념으로 남자자손을 통하여 '대'를 이어야 한다는 맹신에서 찾아볼 수 있을 것이다. 한 예로 흔히들 사용하는 '가문의 영광'이라 할 때 가문은 남자의 가문을 지칭하지 여자의 가문을 지칭하고 있지 않다. 가문의 축인 대를 잇는 일은 남자 자손만으로 가능하다는 '대 잇기'의 이데올로기를 바탕으로 결국은 세계에 유례가 없는 '아들선호사상' 혹은 '딸 경시사상' 및 그와 관련한 각종 범죄적 성격의 비인간적이고 잔인한 관행이 이어져 왔던 것이다. 여기서 행적이나 정체도 분명하지 않은 과거의 어떤 한 조상의 성씨를 우연히 자신의 성씨로 부여받은 후 그 성씨를 계속 유지하는 것이 과연 자신의 정체성을 내던질 만큼의 의미가 있는 것인지 따져 봐야 할 것이고, 또한 대를 잇는다는 개념 자체에서 남자만이 대를 이을 수 있다는 관념이 합당한 것인가 따져 봐야 할 것이다.

먼저 대를 잇는다는 관념은 흔히 종족번식체계상 남자는 '씨'이고 여자는 '밭'이라는 극히 비과학적이고 미신적이기까지 한 오해에서 비롯된 것이라 할 수 있다. 남자가 씨이고 여자는 밭일 뿐이어서 후손의 특질은 남자가 좌우한다는 이러한 비과학적인 논리는 생물학자인 최재천 교수에 의하여 여지없이 반박된 바 있다. 최재천(2003)에 의하면 생물의 세계는 일반적으로 암컷이 지배한다고 한다. 그리하여 수컷이 암컷에게 선택받지 못하면 그 수컷은 제거되고 마는데 그것은 엄연한 자연의 법칙이라는 것이다. 더욱이 미토콘드리아의 DNA는 개체의 에너지를 생성하는 것으로 백퍼센트 암컷으로부터 전수받는다는 것이다. 하지만, 우리 인간사회, 특히 한국사회는 가부장제를 존속시키기 위하여 이러한 생물학적 진실까지도 왜곡하였다고 할 수 있다. 이러한 왜곡된 성인식과 성차별은 무의식적이고 습관적인 언어표현에 의해 계속 이어지고 고착화되어 과학적인 논리를 무색케 하고 있는 것이다.

2) 속담, 노래, 숙어 속의 성차별 및 편견

이상에서 살펴 본 가정 내 여성 차별을 반영하는 친족 호칭용어 외에도 한국의 많은 속담, 노래, 숙어표현에 여성의 역할을 남성의 성적 대상으로서의 역할만이 가장 중요한 것으로 규정하는 동시에 독립된 인간으로서의 여성을 비하하고 무시하는 내용이 담겨져 있는 것을 볼 수 있다.

가. 성차별적 숙어

먼저 한국어에서 성격이나 태도, 외모 등을 기술하는 어휘로서 여성에게만 적용되는 어휘들이 많다. '얌전한 색시같다', '정숙하다', '예쁘다', '곱다', '맏며느리감이다', '고분고분하다'와 같은 표현들은 남성과의 관계에서 여성에게만 적용되는 것으로 여성의 특성을 지칭하면서 결국은 남성은 면제되지만 여성은 지켜야 할 덕목을 열거하는 것과 같다. 반면 '씩씩하다', '용감하다', '장군감이다'와 같은 표현들은 남자에게만 적용되는 것으로 한국어에 스며있는 성차별 이데올로기를 대변하고 있다. '말괄량이, 독부, 요부, 악처' 등과 같이 남성과의 관계에서 바람직하지 않은 태도로 여겨지며 그러한 여성을 응징하는 부정적인 용어에 상응한 남성을 지칭하는 용어는 발달되어 있지 않은 것이 이제는 당연한 일이었음을 알 수 있다. 즉, 근본적으로 남성 위주의 관점에서 여성을 하나의 동등한 인격체가 아닌 남성을 위하여 봉사하고 굴종적으로 살아갈 것을 강요하는 극히 이기적인 태도를 반영하는 것이라 하겠다.

동일한 상황의 동일한 행동에 대한 언급에서도 여자에 대해서는 "여자가 어디라고 감히/여자가 누구 앞에서 감히 말대꾸야?", "여자가 왜 이렇게 얌전치 못하냐?", "여자가 나대기는……", "여자가 설쳐댄다", "여자가 아침부터 재수 없게" 등의 차별적인 언사가 아직도 보편적으로 사용되고 있는 실정이며 여자와 어린아이를 동급으로 보는 '부녀자, 아녀자, 처자식'이라는 어휘 역시 남성에 비하여 여성은 무시할 만한 존재임을 드러내는 어휘라 할 것이다.

나. 성차별적 속담

한 사회의 문화 전통을 기록하고 전수하는 대표적인 언어수단으로 속담, 민요, 설화 등이 손꼽힌다. 특히 속담은 일상적인 언어표현에서 자주 등장함으로써 그에 담긴 이데올로기를 암암리에 전수하고 있다. 속담은 다른 문화와 구별되는 생각, 감정, 믿음 등을 반영하고 있는 사회생활의 산물인 것이다(Kim D-K 1987:2). 기독교 문화를 배경으로 한 서양의 속담과 달리 한국의 속담들은 농업을 생활기반으로 하는 사회에서 유교적 남존여비 사상을 반영하고 있으며 이들 속담들이 반복적으로 그리고 무의식적으로 일상생활의 언어표현에서 사용되는 과정에서 그러한 사상들은 우리 사회에서 당연한 것으로 인식되게 된다.

여기서 수많은 한국어의 성차별적인 표현양태들을 나열하여 되풀이하는 것은 바람직하지 못하다. 실제 여기에 제시된 것보다 훨씬 여성비하 내지는 인격 모독적이고 비인간적인 성차별적 표현이 한국어에 다수 존재한다. 그러나 관행으로 인정된 표현이 사용되는 언어의 특징 때문에 그러한 표현들이 연구의 목적으로라도 한번이라도 사용되는 순간 일반 언중에게는 그 표현이 사용해도 무방한 인정되고 고정화된 표현방법이라는 잘못된 인식을 심어 줄 수 있기 때문이다. 따라서 여기서 성차별적인 언어표현으로서 출생시 남자조상 위주의 성씨부여 관행과 관련된 단적인 몇 가지 예인 '출가외인'이라는 표현의 심층적 의미를 살펴보기로 하겠다. 결혼하고 나면 여자는 친부모가족과는 남과 같은 존재로 위상이 변화하는 것이 당연하다는 의미의 이 속담은 여성에게 결혼이 얼마나 중요한 정체성의 변화를 수반하는 중차대한 의식임을 말해 준다. 이 속담은 여성으로 하여금 결혼 후에는 오로지 남편과 남편의 가족에게만 속하므로 친부모가족에게는 관심을 두거나 관여하지 말 것을 강요하는 극히 비인간적인 언사로서 여성에게는 자연의 법칙마저도 저버리도록 요구하는 격이다. 우리 인간의 최고의 덕목이자 생의 목표로도 흔히 제시되는 '고향, 귀향, 부모, 효' 등의 중요성이 한국 문화 곳곳에서 강조되고 있지만 이러한 관념 역시 남성에게만 적용되는 것으로 인식되는 것이다. 결혼을 기점으로 자신을 낳아 길러 주신 친부모나 고향을 버리라는 것을 강요하는 '출가외인'이라는 표현은 따라서 매우 불합리하고 비인간적이며 잔인하다고 할 정도의 자연의 법칙을 위배하는 성차별적인 언사의 대표라 할 수 있을 것이다. 이와 유사한 '암탉이 울면……'으로 시작하는 속담이나 '삼종지도', '칠거지악' 등은 그 표현이 너무 적나라하게 시대착오적이며 남성우월적인 점으로 해서 이제는 한국의 남성들 자신도 사용하기를 꺼리게 되었다.

다. 성차별적 노래가사

반면에 동요나 노래 가사에서도 성차별적 언어표현들이 자주 발견되는 바, 한국의 대표적인 가수 이미자의 유행곡 "동백아가씨"의 가사에 "여자이기 때문에 참아야만 한다고"라는 표현은 말할 것도 없고, "개구리"라는 동요의 가사 속에는 "개굴 개굴 개구리 노래를 한다. 아들 손자며느리 다 모여서"라는 표현이 있다. 부모와 어울려 온 가족이 화목하게 지냄을 빗댄 이 가삿말에 딸은 아예 제외되어 있고, 그나마 여성인 며느리는 손자보다 뒤에 열거해 줌으로써 모든 남성에 종속되는 여성의 열등한 위상을 단적으로 보여 주고 결과적으로 남성위주의 가부장적 이데올로기를 이상적인 모형으로 제시하고 있는 것이다.

3. 한국문화 속의 전통적 여성관

한국이 그 대표 격인 남성지배 내지 가부장적 사회에서는 여성이 아닌 남성의 경험만이 표준적 준거로 인식된다. 남성이 반드시 여성보다 우월하다고 내놓고 주장하는 것은 아니지만 남성이 정상적인 규범인 데 비하여 여성은 여타의(other) 주변적 존재라는 것이다.

이러한 편견은 하나의 권력체계를 형성하게 된다. 이러한 남성 중심적 사고를 바탕으로 한 사회에서는 여성과 남성을 분리하려는 경향을 보인다. 또한 사회화과정을 통하여 이러한 왜곡된 사고를 전수하고 고착 또는 강화시키게 되므로 이러한 고정관념을 변화시키는 것은 더욱더 어려워지게 된다.

전통적인 성역할을 바꾸기 힘든 이유로서 Hofstede(1991:16)는 이렇게 설명하고 있다. 즉, 여성은 전통적으로 남성들이 수행하던 직업을 수행하기가 부적절하다고 여겨지는데 이는 여성이 남성보다 기술이 부족해서가 아니라 여성은 그에 합당한 상징을 가지지 않고 있고, 영웅적인 이미지가 없으며, 남성의 문화를 지배하는 각종 의식에 동참하지 않기 때문이라는 것이다.

위에서 살펴 본 바와 같이 한국의 전통사회에서 동일한 성씨를 가지는 남자자손에 의하여 대를 잇는다는 개념을 바탕으로 남자의 성씨를 잇는 것은 대단히 중요하게 생각되었다. 전통사회에서 남자에게 대를 잇는다는 것은 너무나 중요한 일이었기 때문에 첫째부인 또는 본처가 아들을 생산하지 못하면 새로 부인을 얻거나 '첩'이라는 호칭의 성 상대를 이용하여서라도 아들을 생산하는 것이 의무라고 생각하였다. 여기서 '첫째부인, 본부인, 첩' 등의 용어가 자연스러운 한국어의 어휘로 등장하게 된 연유를 찾아 볼 수 있다. 여성을 중심으로 보는 '첫째남편, 본남편, ?' 등은 대단히 생소하게 여겨지거나 아예 존재하지 않으며 있다 해도 매우 부정적인 의미를 내포하고 있음을 알 수 있다.

남성의 역할과 대조적으로 여성의 역할이나 지위를 표출하는 다양한 언어적 표현의 분석을 바탕으로 한국사회에서 여성에 대해 규정하고 있는 고정관념은 다음과 같이 요약할 수 있다.

첫째, 독립된 인간으로서의 여성의 능력

체력 면에서 남성보다 약하다는 것을 확대 해석하여 여성은 지력, 판단력, 지혜 등의 정신적 능력도 남성보다 열등한 존재로 규정한다.

둘째, 여성의 역할

여성의 역할은 자손, 특히 아들을 낳아 양육하고 남편과 남편의 가족들을 봉양하고 그들을 위해 헌신하는 것이 가장 의미있고 중요한 역할이라고 강조한다.

셋째, 여성의 언행

여성의 언어생활이나 행동범위, 태도에 관하여 남성과는 다른 상당히 엄격하고 제한적인 기준을 강요한다.

이상의 성차별적 관념들은 무의식적으로 사용되는 일상의 언어표현으로 표출되어 그러한 관념을 고착화시키고 강화시키는 결과를 가져온다. 이러한 불공정한 관행을 바로잡는다는 것은 현실적으로 매우 어려운 작업이다. 아무리 불합리하더라도 이미 기득권을 누리고 있는 남성측에서 변화를 주도할 것을 기대할 수는 없으며, 여성들 또한 남성위주의 가부장문화에 길들여져서 성차별을 심각한 문제로 의식하지 못하는 경우가 많고 따라서 이를 시정하려는 적극적인 태도를 보이는 경우가 많지 않다. 그러므로 먼저 우리 여성들이 차별적인 의식과 관행의 희생자로 살아 왔으며 이를 시정하지 않는다면 우리 여성 후손들에게도 동일한 불합리하고 비인간적인 유산을 물려주게 된다는 점을 의식하고 이를 바로잡는 노력을 기울여야 할 것이다. 특히 각종 언어표현상의 성차별적 요소를 고발하고 이의 시정을 위한 대안으로서 평등원칙에 입각한 표현 방법들을 개발하고 주도적으로 사용해야 할 것이다.

이제 한국의 성씨라는 것이 이의 족보상의 존속이라는 대잇기를 위하여 그 자체로 여아살해, 낙태 등과 같이 무고한 생명을 희생시키는 비인간적인 범죄를 저지르고 부부로 이루어지는 일부일처 가정의 질서를 파괴하면서까지 유지하고 보존해야 할 가치가 있는 것인지 그에 대한 과학적 의미가 근거가 있는 것인지 음미해 보고 대안을 제안해 보도록 하겠다.

4. 성차별없는 이름짓기

현재 한국사회의 남성중심적 불공평한 관행을 시정하려면 성별을 근거로 차별하지 않으며 모든 개인을 평등하게 인정하고 존중하는 새로운 문화를 창출하기 위한 혁신적인 방안이 있을 때 이를 거부하거나 회피해서는 안될 것이다. 성씨를 부여하는 데에서 보인 성차별적 요소를 배제할 수 있는 새로운 방식은 사실 조금도 복잡하거나 어려운 것이 아니다. 그리고 무엇보다 먼저 성씨 부여 방식이 성차별적 관행이라는 인식을 확실히 가지는 것으로 출발해야 한다.

여기서 제안하는 혁신적인 방안은 다음 두 가지의 원칙을 기반으로 한다. 첫째, 인류의 반을 차지하는 여성에게도 인간으로서 정의와 존엄성을 부여할 때에만 만인평등이라는 대 원칙이 지켜질 수 있다는 것이고 다른 하나는 남성이 여성보다 우월할 것이 없다는 생물학적인 원칙이다. 이와 같은 평등의 원칙과 과학의 원칙에 입각하면 성씨를 부여하는 남성위주의 차별적 관행을 시정할 수 있는 새로운 대안을 발견할 수 있다. 새로운 생명이 출생하는 것은 생리학적으로 사랑하는 아버지와 어머니의 상호협력의 결과로서 자식은 부모 양성의 특질을 함께 전수받는다. 따라서 성씨를 부여함에 있어 양부모의 특징을 함께 보여주는 새로운 성씨를 창출하여 부여하는 것이 가장 이상적이라 할 것이다. 그렇게 되면 성씨에 자신의 양부모를 동일하게 표출할 수 있게 되므로 남성위주의 대잇기라는 굴레에서 자유로워지게 된다.

사실상 한국의 성씨는 약 1000년의 역사를 가진 것으로 개인이 속한 씨족을 다른 씨족과 구분할 수 있도록 그 지역의 귀족이나 왕에게 하사 받은 것에서 유래한다고 한다. 현재와 같은 성씨가 확정된 것은 조선시대 말기이다. 현재 한국의 성씨는 김, 이, 박 등으로 한 글자로 이루어진 경우가 대부분이며 2002년 현재 이들 중 김씨 성을 가진 인구가 8,785,554명, 이씨 성이 5,985,237명, 박씨 성이 3,435,640명인 것으로 조사되어 있다. 한국의 총 성씨의 수가 258개 정도인데 김, 이, 박의 세 성이 전국민의 반수 이상을 차지하고 있는 셈이라는 것이다. 이와 같이 많은 사람이 동일한 성씨를 가지고 있는 상황에서 성씨 자체만으로는 어떤 특정한 조상을 기점으로 한 가문을 나타낼 수 있는 수단으로서의 의미는 더 이상 가지지 않고 있다. 이는 또한, 아버지, 아들로 이어지는 남자자손위주의 성씨라는 점에서 성차별적 이념을 고착화시키는 관행이기도 하지만, 이상에서 살펴보았던 일반적인 언어표현 방법에서의 성차별적 관행을 시정하기보다 훨씬 이의 시정이 어렵다. 성은 자신이 마음대로 정할 수 있는 것이 아닌 제도였다는 것과 습관적으로 주위 사람들이 계속 어떤 주어진 성을 그의 고유의 성으로 불러주어 왔기 때문에 어느 순간 때로는 질시나 의혹의 눈초리를 받으면서까지 이를 바꾸려고 노력해야 한다는 것은 매우 힘든 것이 사실이기 때문이다.

그러나 앞서 논한 바와 같은 성차별적 관행을 시정하는 것이 우리 의식화된 여성의 의무라는 차원에서 새로 태어나는 아기에게 부모의 성을 조합하여 새로운 성씨를 부여하면서도 세대가 이어지면서 한없이 성이 길어지는 단점을 극복할 수 있는 방법을 그 대안으로 제안하는 바이다.

이와 유사한 "부모성 함께 쓰기"라고 지칭되는 운동은 1997년 3월 9일 제13차 세계여성의 날을 기념하여 우리나라의 선각자적인 여성운동가들이 주도하여 왔다. 이 방식의 문제는 부모의 성을 함께 붙인 남녀 두 사람에게서 새로 태어난 자녀에게는 양쪽 부모의 두 가지 성을 합하여 만들자면 두 글자씩 네 글자의 성을 만들어주어야 하고, 그 다음 세대에 이르면 네 글자씩 하여 여덟 글자로 늘어나고 그렇게 가다 보면 한없이 이름이 길어지게 된다는 것이다.

이 문제는 부모의 두 성중 한 성씩만을 취하여 아들과 딸에게 각각 서로 다른 순서로 붙여 줌으로써 간단히 해결될 수 있다. 예컨대, 딸에게는 아버지의 첫째성과 어머니의 첫째성 순서로, 아들에게는 어머니의 첫째성과 아버지의 첫째성 순서로 조합한 새로운 성을 부여해 주면 된다. 이는 같은 부모를 가진 형제자매들이 모두 동일한 성을 가져야 한다는 고정관념만 털어

버리면 쉽게 채택할 수 있는 이상적인 방법이라고 생각한다. 어차피 성의 차이가 아들과 딸의 상대적 특성인 바에야 굳이 아버지만의 성을 아들에게도 딸에게도 똑같이 부여해야 한다는 발상이 오히려 부모를 기초로 한 자녀 출생의 기본구도를 왜곡하는 것이 된다. 이로써 아들은 어머니의 성을 이어가게 되고 딸은 아버지의 성을 이어가게 되니 이야말로 완전한 양성평등의 본보기라고 할 수 있을 것이다.

이러한 성의 부여는 근본적으로 한 인간의 출생에서 남자와 여자의 결합이라는 극히 당연한 진리를 고스란히 반영한 결과일 뿐만 아니라 한국의 경우 동일한 성씨의 범람으로 인하여 성만으로는 서로 구별되지 않는 경우가 많은 문제점을 해결할 수 있는 방안이기도 하다. 예컨대, 동일한 성씨를 가진 것처럼 여겨지는 김, 이, 박씨 성에 부모의 성을 결합한다면 동일한 이름을 가진 동명이인 김아무개가 김이아무개와 김정아무개 등으로 되어 확실히 구별되며, 역시 동명이인 이아무개는 이정아무개와 이최아무개 등으로 서로 확실하게 구별될 수 있는 이점이 생긴다.

5. 결론

본 논문에서는 전통적 한국사회에 뿌리깊이 박혀 있는 성차별 이데올로기가 한국어의 언어표현에 표출되는 다양한 양상을 검토하여 보았다. Edward Hall(1966)이 언급한 바와 같이 커뮤니케이션이 문화와 인간생활의 핵심이라고 할 때, 언어사용 양식은 그 사회에 내재되어 있는 문화적 이데올로기를 가늠하는 바로미터라고 할 수 있을 것이다. 그 중에서도 한국에서 친족용어 및 성씨를 부여하는 관행은 전통적 가부장제의 성차별 이데올로기를 그대로 반영하고 강화하는 역할을 하여 왔다고 할 수 있다.

동일한 남자의 성을 부여할 수 있는 남자후손을 생산하여 가문의 대를 이어야 한다는 비과학적이고 유교적인 발상에서 탈피하여 평등주의적 관점에서 새로이 바라볼 때 합리적이고 평등원칙에 합당한 성씨 부여방법을 찾기는 어렵지 않다. 그러나 아무리 올바른 방법이라 하더라도 처음 시도할 때는 기존의 질서를 지켜온 기득권층, 여기서 기득권층이라 하면 남성과 그 남성에 의존하여 안일하게 살아가는 데 길들여져 다른 방법을 생각해 보지 못한 여성들을 포함하는데, 이 기득권층에게 새로운 방법을 수용하고 채택하기가 그렇게 쉽지만은 않을 것이다. 정의와 평등의 틀 속에서만 사랑으로 가꾸는 행복하고 평화로운 가정, 각 구성원이 남녀 구별없이 자신의 능력을 인정받고, 그 능력을 계발하기 위하여 노력하며 발전하는 건전한 가정과 사회를 이룰 수 있다는 것을 인정한다면 한국인 모두가, 아니 세계인 모두가 남녀평등으로 향하는 머나먼 길의 초석이 될 부모성 함께 쓰기 운동에 모두 동참하고 전파하여 주시리라 확신한다. 물론 부모성 함께 쓰기만으로 이제까지의 성차별관행이 일시에 제거되리라고 주장하는 것은 아니다. 그러나 문화에서 이름짓기가 가지는 중요성에 비추어 볼 때 일상생활에서 무의식적으로 남성우월주의를 가장 강력하게 주입시키고 강요하는 부계성씨부여의 관행을 타파하는 것은 매우 중차대한 일이라고 보는 것이다.

참고문헌

김재국, 『현대여성의 성씨에 관한 권리』, 대한민사법학회, 2000.

손현경, 「한국의 성씨와 부계혈통주의」, 『여성과 사회』 11, 한국여성연구소, 2000.

이정영옥, 『한영 문화간 커뮤니케이션: 한국어와 다른 영어의 핵심표현』, 21세기사, 2004.

통계청 자료(2002)

Beechey, V., *Unequal Work*, London: Verso, 1987.

Begguley, P., "Gender and labor flexibility in hotel and catering", *Service Industries Journal* 10, 1990, 105～18.

Bem, S. L., *The lenses of gender: Transforming the debate on sexual inequality*, New Haven, CT: Yale University Press, 1993.

Broadbridge, A., "Female and Male Earnings Differentials in Retailing", *Service Industries Journal* 15.1, 1995, 14～34.

Choe, Jae Chun, "A Biologist's View of Women's Value and Women's Studies", *Symposium for Women's Study*, Ewha Womans University, 2003.

Dex, S., *The Sexual Division of Labor*, Brighton: Wheatsheaf, 1985.

Eckert, Penelope and Sally McConnell-Ginet, *Language and Gender*, Cambridge: Cambridge University Press, 2003.

Ellis, A. and G. Beattie, *The Psychology of Language and Communication*, London: Weidenfeld and Nicholson, 1986.

Finnegan, Ruth, *Communicating: The Multiple Modes of Human Interconnection*, London: Routledge, 2002.

Hall, Edward T., *The Hidden Dimension*, New York: Doubleday, 1966.

Harrison, Lawrence and Samuel Huntington, *Culture Matters: How Values Shape Human Progress*, Basic Books, 2000.

Hofstede, Geert, *Culture's Consequences: Comparing Values, Behaviors, Institutions and Organizations Across Nations*, Sage Publications, 2001.

Kanter, Rosabeth M., *Men and women of the corporation*, New York: Basic, 1977.

Kim, Dong-Kyu, "The View of Nature Expressed in Proverbs", Kyung Hee University MA Thesis, 1987.

Korea Librarian Association, *Survey of Korean Family Names*, 1975.

McConnell-Ginet, Sally, "Linguistics and the feminist challenge", in Sally McConnell-Ginet, Ruth Borker, & Nelly Furman (eds.), *Women and language in literature and society*, New York: Praeger, 1980, 3～25.

Rogers, Everett M. and Thomas M. Steinfatt, *Intercultural Communication*, Illinois: Waveland, 1999.

Sapir, Edward, *Selected Writings in Language, Culture, and Personality*, Berkeley, University of California Press, 1949.

Shaw, Gareth and Allan M. Williams, *Critical Issues in Tourism: a geographical perspective*, Oxford: Blackwell, 2002.

Stata, Raymie, "What is Individualism?"(raymie@larch.lcs.mit.edu), 1992.

Tannen, Deborah, *You Just Don't Understand: Women and Men in Conversation*, New York: William Morrow, 1994.

Wood, Julia T., *Gendered Lives: Communication, Gender, and Culture*, Australia: Wadsworth, 2001.

라깡의 정신분석이론과 성차개념 연구

–뤼스 이리가라이의 성차개념과의 비교를 중심으로–

신 명 아*

라깡의 성차(sexual difference) 개념의 배경

성차가 신체적 기관상의 생물학적 차이인지 혹은 생물학적 기관의 차이가 야기시킨 정신문화적 담론의 산물인지 그 논쟁의 열기는 좀처럼 식지 않고 있다. 일반적으로 전자의 입장을 취하는 사람들은 프로이트가 '해부학은 운명이다'(Anatomy is destiny)라는 말을 썼다고 하여 그를 성차에 있어서 생물학적 결정론의 주범으로 삼는다. 반면에 후자의 입장은 푸코를 비롯하여 후기구조자들의 입장으로서 성차는 사회적 담론의 산물, 즉 일종의 사회적 구성물(social construct)로서 인식한다.

라깡의 성차개념을 연구하는 사람들은 성차가 전자의 생물학적 차이(sex)도 아니고 후자의 사회적 구성물(gender)로서의 차이도 아니라고 본다. 이 두 가지 입장의 이분법은 생물학적 차이로 인해 야기된 성별적 차이가 문화의 담론에서 규범으로 제시되는 다양한 성차적 이데올로기의 코드에의해 복합적인 구조로 주체의 정신에 각인되는 과정으로서의 성차의 개념을 이해하지 못한다. 수잔 바나드(Suzanne Barnard)에 의하면, "성-젠더(sex-gender) 구분은

* 한국외국어대학교 영미어학부 교수

다양한 방법으로 유용하지 않았다는 것은 아니지만, 성차를 말하려는 라깡의 이론틀의 이해에 적용되었을 때 이것은 명확함보다 더 많은 혼란을 야기시킨다."(Barnard, 6)고 말함으로써 라깡의 성차가 성/젠더의 차원을 넘어서는 것임을 암시한다.

수잔 바나드는 라깡의 유명한 명제인 "성관계는 없다"가 일반적으로 오해되듯이 두 성별간의 성적(육체적) 관계가 없다는 말이 아니라 "성관계를 기초시키는 것의 불가능성"을 의미한다고 말한다. 바나드에 의하면, "성관계를 기초시키는 것의 불가능성은 바로 성차의 수수께끼의 연장선상에 있다. 정말로 우리는 성차의 공식들을 성관계의 *불가능성*(*impossibility*)의 특별한 의미들을 형상화하고 발화하려는 라깡의 노력의 산물로서 제일 잘 이해할 수 있다"(6). 즉 라깡의 성차의 공식은 한편으로 생물학적 기관에 의존해 있고 또 한편으로는 사회적 담론이라는 문화적 코드에도 연결되어 있는 성차 담론의 불가해성을 표출하는 것이다.

따라서 "정신분석은 일반적으로 자연과학적이면서도 사회역사적인 분석방법 사이의 개념적 차이를 보증하여 주는 것으로 인식되었으면서도, 이 차이는 때때로 [라깡의 이론에서와 같이] 일종의 잡종적인 '부분적으로-생물학적이고/부분적으로-문화적인' 담론으로 처리되어 있어서, (이것이 충분히 '과학적이지' 않다라고) 생물의학계(biomedicine)로부터 불만이 터져나오고, (이것이 여성에 대한 자충족적인 정의를 제공해주지 못한다고) 페미니스트 본질주의자들로부터 불평당하는가하면, 이것이 지나치게 생물학적, 심리학적, 그리고/혹은 사회학적으로 결정론적이라고) 페미니스트 구성론자와 문화연구자들로부터 불평을 받아오게 되었다."(Barnard, 6) 이런 불만은 라깡의 정신분석이 "정신은 육체와 연결되고 그것에 의해 구성되어지는"(Ragland 1) 것이므로 지나치게 생물학적인 것이나 지나치게 사회구성론적인 담론을 거부하고, 정신이 이 양자의 관계에서 주체의 욕망의 변증법으로 형성되는 것을 다루기 때문에 초래되었다.

엘리 래그랜드(Ellie Ragland)는 다음의 진술로서 라깡의 성차개념을 대변한다. "동물세계에서는 본능에 기초하는 것으로 보이는 성적 관계가 존재하지만, 인간들은 환상과 언어가 팰러스(Φ)와 거세(-φ) 및 욕망의 원인인 대상물들과 연결되어짐으로써 야기되는 혼돈때문에 그런 관계를 갖지 못한다. 따라서 각 사람의 가장 기본적인 [성관계의] 파트너는 [실재] 관계의 타자[the other]가 아니라 그의 혹은 그녀 자신의 무의식적 타자[the Other]이다. 라깡계열 학자이자 분석가 제네비에브 모렐(Geneviève Morel)은 이것을 라깡에서의 등식이자 원칙적 명제라 부른다. '성 관계 없음'은 [불가능성의] 팰러스와 동등한 것이다. 프로이트와 반대로, 라깡은 '팰러스의 의미'가 페니스가 팰러스가 아니라는 사실과 관련있음을 강조하였다."(1-2)

래그랜드는 팰러스의 의미를 분석해보면, 라깡의 정신분석 이론이 프로이트의 이론과 차이가 있을 뿐 아니라, 왜 뤼스 이리가라이(Luce Irigaray) 같은 페미니스트들이 라깡의 팰러스를 생물학적 신체기관으로 오해하는지를 알게 된다고 한다. 래그랜드에 의하면, "라깡은 개인들이 어린 유년시절부터 계속 신체 기관으로서의 페니스, 상상적 대상물(an imaginary object)로서의 팰러스 그리고 '존재의 결여'(혹은 거세)의 원인으로서의 "금지(No)의 남근적 기능을 구분한다고 주장하였다. 이런 라깡의 생각은 광범위하여서 그는 서서히 성차에 대한 초기-최초 몇 개월 사이의-인식을 '정신이라는 변증법적 토대'(a dilaectical base of 'mind')가 구축되는 것[시기]으로 동일시하였다. 후자[정신]라는 요소는 이상하게도 한 대상물을 잃는 것과 그것의 회귀를 소망하는 것 사이에서 욕망이 구조화되어가는 것으로부터 생성되는 것이다."(2)

이런 구절은 라깡의 성차 개념은 신체적이고 생물학적 기관의 차이에서 오는 것이 아니라 최초의 타자이자 욕망의 대상인 어머니와 어머니 자신의 욕망의 대상인 '팰러스' 그리고 이 팰러스가 상징하는 불가능성 즉 '타자의 결여'와 거세(-Φ)라는 존재의 기본적 구조들과의 변증법적 관계에서 생성되는 정신적 산물임을 알게 된다. 이런 맥락에서 래그랜드는 "역설적으로 라깡의 생각에 대한 '본질주의자들의' 젠더에 입각한 오해는 정신적 현실을 생물학적 현실과 외부적인 감각적 자료와 구분하려는 프로이트의 계속되는 노력을 닮기 보다 프로이트의 생물학적 환원주의와 더 닮았다"(2)고 말한다. 이런 진술은 여성성이 생래적인 것이 아니라 만들어졌다고 인식한 프로이트조차도 팰러스를 페니스로 환원하는 자신의 습성으로부터 정신적 현실로서의 성차라는 개념을 완벽히 구해내지 못함을 보여준다.

래그랜드가 이미 지적한 바와 같이 간혹 있는 프로이트의 환원주의적 편견을 발설하는 '본질주의자'들 중에 뤼스 이리가라이가 있다. 이리가라이는 페미니스트들 가운데서도 그녀의 철저한 남녀간의 평등에 대한 페미니스트적 주장에도 불구하고 '본질주의자적 오류'를 저지르는 대표적 이론가로 인식되었다. 이리가라이는 성별간의 절대적인 평등을 주창하면서도 이 평등은 반드시 남성과 여성이라는 두 개체의 고유성이 말살되지 않고 보유된 상태에서의 평등임을 강조한다. 이리가라이는 남성이 주로 정신적이고 탈육체적인 초월성(transcendence)의 존재로 드러나고 여성은 육체를 대표하는 임재성(immanence)로 대표되는 이분법적 구도의 성차별 의식을 비난하는 점에서 시몬느 드 보봐르의 입장과 다를 바 없이 보인다. 그러나 이리가라이에게 보봐르는 여성의 평등을 요구하다가 세수대야의 구정물을 버리려다가 아이까지 버리는 실수, 즉 여성의 고유성을 버리고 남성의 속성만을 보유하는 잘못된 오류를 저지른 페미니스트 이론가이다.

이리가라이는 "여성해방에 대한 내 생각이 단순히 두 성간의 평등을 추구하는 것을 넘어섬을 의미한다. ……여성으로서의 평등을 주장하는 것은 내게는 진정한 반대[저항]의 잘못된 표현처럼 보인다. ……평등의 요구를 좀더 엄밀히 분석해 보면, 피상적인 문화비평의 차원에서는 이러한 요구들의 근거가 충분하지만, 여성을 해방시키는 수단으로서는 유토피아적이다. 여성의 착취는 성차별에 기초하고 있으므로, 그 해결책은 성차별을 통해서만 가능할 것이다"(『나, 너, 우리』, 11-12)고 말한다.

이리가라이는 페미니스트들이 평등만을 주장하는 것은 유토피아적이고 피상적인 차원의 여성해방이라고 간주한다. 이리가라이에게 있어서 진정한 페미니스트는 성차간의 억압이 차별의 주원인이었으므로 이 성차를 철폐하여 페미니스트적 목적을 성취하는 것이 아니라 이 성차 사이의 차별, 즉 한 성의 고유성이 다른 성의 고유성을 억압하거나 우위적인 것으로 간주되는 이 성차별 문화를 공격하고 여성의 고유성을 말살시키지 않는 문화를 다시 써서 두 성들간의 아름다운 결합을 진정한 목표로 삼아야 한다.

이리가리는 보봐르의 경우처럼 여성들이 고유성을 잃어버리고 소위 인간의 성품이라는 잘못된 인식하에 대표되어지는 남성성만을 획득하거나 양쪽 성의 고유성들이 무화되어 중성화 되는 것은 "인류의 종말을 의미하게" 되는 것이라고 한다. 이리가라이는 "인간 종족은 생산과 재생산을 책임지는 두 성으로 나뉜다. 성의 차이를 제거하기 원하는 것은, 이제까지 역사에 잇었던 그 어떤 형태의 파괴보다 더 과격한 계획적 대량 학살을 요구하는 것이다. 오히려 중요한 것은 남녀 양성에 각기 정당한 각 성에 속한 가치들을 정의하는 것이다. 양성을 각기 존중하면서 [진정한] 성의 문화가 아직은 존재하지 않지만 앞으로 공들여 만드는 것이 급선무이다"(『나, 너, 우리』, 11-12)라고 주장한다.

이번 논문에서는 여성의 성욕성을 규명하는 데 많은 지면을 할애한 프로이트의 정신분석의 핵심적 사상과 이리가라이의 이것에 대한 반격을 살펴보고, 외양적으로 가교가 없는 것으로 간주되는 정신분석과 페미니즘의 간극을 라깡의 성차개념 이론을 통해 메워갈 수 있는 가능성을 규명해보고자 한다.

정신분석과 가부장제(patriarchy)/모권제(matriarchy) 논쟁

일부 페미니스트의 시각에서 프로이트와 라깡은 페니스와 그것의 추상적 대체물인 팰러스를 강조하는 가부장적 이론가로 비추어졌다. 뤼스 이리가라이는 프로이트의 전체 이론이 여성폄하적인 전형적 가부장 담론이며, 그의 이론에서 여성은 완벽하게 거세되어서 그녀의 자아는 히스테리컬한 자아이며 "전반적으로 '무의식적이고' 그녀의 초자아로 기능하는 아버지들, 남자-아버지의 '양심'에 복종되어 있다"(*Speculum* 89)고 비판한다. 또한 "엄청난 억압으로 입법하는 아버지들은 '의식/양심'에 대한 독점을 점유하여 그들이 주된 은밀한 원인인 갈등들을 완화시킬 수 있는 법칙과 이성들을 통제한다"(*Speculum* 89)고 덧붙인다. 이리가라이는 "왜 여성의, 히스테리환자의 자아는 그리도 '비판적이고' 그리도 잔인한 것인가?"라는 질문을 스스로 던지고 그 이유는 바로 "여성 안에 내재된 공격성이 금지되었기 때문이다(*Speculum* 89)

고 대답한다.

프로이트가 법의 기원을 설명하는 “토템과 타부”(*Totem and Taboo* 1913)는 인류 사회의 기원을 가부장적 차원으로 재현한다. 프로이트 자신이 인정하였듯이, 이 글은 동물들의 무리를 목격하고 그것에 기초해서 세워놓은 “원시 인류의 사회상태에 대한 다아윈의 가설에 기초하였다”(*Totem* 125). 다윈은 동물들의 무리를 통해 인류 초기의 원시 부족들이 한 힘센 남자를 중심으로 여러 부인들과 자녀들이 무리를 이루어 있었을 것이고, 이 남자는 언젠가 자신보다 더 센 남자에 의해 죽임을 당하여 또 다른 지도자적 인물이 탄생되게 되었으리라고 본다. 그 지도자적 인물보다 힘이 없고 젊은 남자들은 무리에서 쫓겨나 배회하다가 새로운 파트너를 만나게 되고 정착하면서 “같은 가족의 한계 안에서의 근친적 상호교배를 피할 수 있게 되었을 것이다”(*Totem* 125)라는 가설을 세운다.

프로이트는 자신의 토템 가설을 다아윈 외에 앳킨슨(Atkinson)에게 빚진 것을 인정한다. 프로이트는 앳킨슨이 대부분 삶의 시간을 보낸 뉴 칼레도니아(New Caledonia)에서의 실제 원주민들의 삶을 통해 다윈의 원시부족의 가설을 입증해줄 현상들을 목격한 이후 이 가설 위에 “쫓겨난 아들들의 결합체에 의해 압도당하고 죽임을 당한 폭군적 아버지에 대한”(*Totem* 142) 가설을 먼저 세웠다고 시인한다. 또한 앳킨슨이 아버지 사후 “다시 형제간의 투쟁에서 아버지를 살해한 손들을 불끈쥔 아들들에 의하여 외로운 아버지의 폭군 자리를 향한 끊임없는 폭력의 승계”가 있었음을 암시하였다고 프로이트는 인정한다(*Totem* 142). 그러나 프로이트는 앳킨슨이 이런 원시부족에서 하나의 사회적 체제로의 전환되는 과정을 설명하는 단계에서 정신분석의 암시도 못받고 또한 토템 음식과 아버지-신을 숭상하는 종교적 의식과의 연관성을 논하는 윌리암 로벗츤 스미드(William Robertson Smith) 같은 이론가의 지식도 몰랐다고 지적한다. 프로이트는 그 결과 앳킨슨이 “[어머니의] 모성적 사랑의 중재로 아들들이-먼저 막내들부터 나중에는 큰 아이들까지-무리에 남게 되고 아들들은 이 관용의 댓가로 어머니와 누이들에 대한 모든 요구를 포기하면서 아버지의 성적 특권을 인정하게 되었다”(*Totem* 125)는 덜 공격적인 가설을 발전시켰다고 본다. 프로이트는 앳킨슨에 대한 대안적 가설로 아들들이 아버지를 죽이고 그것을 참회하기 위해 토템 동물을 후회와 회환 속에 먹으면서 죽은 아버지를 대신하는 새로운 법을 세우는 것이라는 가설을 내놓는다.

어네스트 존스 박사에 의하면, 프로이트는 처음에 이 가설에 대해 큰 망설임을 가지고 있어서 1913년 6월에 이 가설을 '비에나 정신분석 협회' 앞에서 발표하던 때에도 의혹과 주저하였지만 점점 시간이 지나면서 이 가설을 좋아하게 되고 이 가설을 새롭게 증명이라도 하듯 『모세와 유일신』(*Moses and Monotheism*)(1939)까지 내놓았다. 『모세와 유일신』은 모세를 유대인으로 제시하지 않고 이집트 왕조의 역사에서 넓어져가는 자신의 영토의 효율적 통제를 위해 유일신을 조장했던 이집트 왕, 아케나텐(Akhenaten)의 후손인 이집트인으로 삼았다는 가설을 내놓는다. 이 가설을 깊이 들어가 그 진의를 파악하면 프로이트가 유대인들이 바로 이런 탈애굽을 인도해준 지도자적 아버지, 모세를 살해하였고 그 이후 유대법이나 유대 종교가 세워지게 되는 것을 강조한다는 점에서 그의 '토템과 금기' 가설을 유대-기독교 문화로 전이시키는 것을 더 큰 주안점으로 삼았음이 부각되어진다.

프로이트의 두 가설이 가부장적 아버지의 인물이라는 사실은 정신분석이 페미니스트 시각에서 볼 때 가부장적 편견을 야기시키는 의혹의 온상이 된다. 프로이트는 이 두 가설 모두에서 역사적 발달, 즉 토템 동물에서 아버지-신으로 이동되어지는 인간의 사회화 과정을 다룬다. 프로이트는 이런 설명에서 여신의 존재를 남신의 존재보다 먼저 탄생시키고, 또한 현재 가족을 기초로 한 가부장제보다 모권제도를 먼저 탄생시키는 여유는 보인다. 예를 들어 모세를 다룬 저작에서 프로이트는 숭배대상이 토템동물에서 신으로 이동되는 과정에서 "이 신은 동물의 형태나 적어도 동물의 얼굴로서 재현되거나 토템[동물]이 신과 분리될 수 없는 우애스러운 친구가 되거나…… 이 신이 자신의 선구자적 형태인 이 동물을 죽이는"(*Moses* 82) 진화과정을 거친다고 설명한다.

프로이트는 "이 쉽게 규명되지 않는 진화의 한 시점에서 아마 남자 신보다 먼저 위대한 어머니-여신들이 등장하고 그 이후에도 한참동안 그[남자신]들 곁에 함께 존재해왔다. 그러는 동안 한 위대한 사회적 혁명이 일어난다.

모권제도가 한 가부장적 체제의 재확립에 의해 추월된다. [그러나] 이 새 아버지들은 [이전의] 원시적 아버지들의 전지전능한 힘을 결코 성취하지 못했다는 것은 사실이다. ……아마 어머니-여신은 모권제가 축소될 때 어머니에 대한 공격을 상쇄시키기 위해 발생되었을 것이다. 그리고 남자신도 처음에는 위대한 어머니 옆의 아들로서 나타나고 나중에서야 아버지-모습의 양상을 확연히 취하게 되는 것이다"(*Moses* 82)고 설명한다. 프로이트는 토템동물로부터 오늘날의 남성적 신들로 진화하는 단계에 대한 설명에서 모권제와 위대한 어머니-여신들의 탄생을 먼저 가정하는 것 같지만, 그 모든 것 위에 우뚝 서서 존재하는 것은 원시부족들이 죽였던 전지전능한 아버지이다. 모권제도를 추월한 것이 '가부장적 체제의 재확립'이었던 말에서 드러났듯이 프로이트는 이 원시부족을 '가부장적 부족'(the patriarchal horde)(*Moses* 141)으로 간주하였다.

이런 프로이트의 원시부족에 대한 가부장적 재현은 프리드리히 엥겔스가 사유재산제도의 확립과 더불어 구축되어진 가부장제를 설명하는 책, 『가족, 사유재산과 정부의 기원』(*The Origin of the Family, Private Property and the State*)에서 가정하는 인류사회의 기원으로서의 모계사회에 대한 입장과 반대되는 것으로 보인다. 엥겔스의 이 책은 마르크스가 읽은 고고학자 루이스 헨리 모간(Lewis Henry Morgan)의 주장, 즉 개인자산과 단일가족형태의 출현관계 그리고 인류의 초기적 상태가 모계적이었다는 주장을 마르크스가 요약해놓은 노트에 입각해서 쓴 책이다. 이 책은 엥겔스가 모간의 책을 백방으로 구해보려했으나 구할 수 없어 마르크스의 요약노트에만 의거해 저술한 책이지만 실재 모간의 저술과 엥겔스의 논지의 불일치는 없어서 그대로 통용되어 오늘날 페미니스트나 마르크시즘의 연구에 초석이 되는 책이다.

그러나 이 모권제가 인간 사회의 기본적 형태였다는 제안에 대한 비판은 여러 각도에서 제기되었다. 이 책의 서문을 쓴 미셸 배릿(Michèlle Barret)에 의하면, "두 명의 영국 페미니스트 인류학자들, 케이트 영(Kate Young)과 올리비아 해리스(Olivia Harris)는 엥겔스가 내놓은 설명에서 똑 같이 기본적인 인류학적 오류를 발견한다. 그들은 사냥/[식물]채집"(hunter/gatherer) 사회의 연구는 이런 형태의 생산과 여성에 대한 우월적 지위 사이의 관계가 있다는 개념을 지지해주지 못한다고 주장하였다. 그들은 또한 "*모계적*(*matrilineal*) 체제란 유산이 남자로부터 그의 여동생의 아들로 가는 것(어머니로부터 딸로 가는 것과는 매우 다른) 것이어서 모계제(mariliny)를 모권제적(matriarchal) 사회 체제의 잔존적 형태로 보는 것에는 의혹이 제기된다"(Origin 14-15).

모권제 언급에 대한 엥겔스 이론에 대한 비판은 사회를 문명 이전의 '원시사회' 그리고 야만시대 그 이후의 문명시대로 시대화하는 '진화론적 인류학' 자체에 대한 비판이든 아니든간에 일반적으로 과학계에서 인류의 시초를 모계적으로 보는 시각을 인정하지 않고 있음을 보여준다. 티모티 테일러(Timothy Taylor)는 그의 고고학적 저서, 『성의 선사시대』(*The Prehistory of Sex*)라는 책에서 말하기를, "여성이 통치한 선사시대에 대한 개념은 오늘날까지도 유행이다. UCLA 대학의 고(故) 마리야 짐버스타스(Marija Gimbustas)의 영향력 있는 이론들은 선사시대의 유럽에서 최고의 신은 어머니 여신", "위대한 대지의 어머니"(The Great Earth Mother)였고 약 25,000년 전인 마지막 빙하기 시대에 육감적인 나체의 여인을 묘사하는 조그만 상아와 석조로 된 "비너스" 모형들로 표현되었었다. ……그러나 빙하기로부터의 다른 증거를 생각할 때 이런 모형들은 [여신들이었다기보다] [여성보다] 압도적인 남성들이 다처제(polygyny)-다양한 부인들을 취했다는 것을 보여준다. ……현대세계의 확장된 여성 억압은 선사시대에 그 뿌리가 있는데…… 10,000만 년 전 사람들이 영원한 마을에 정착하기 시작하던 때-'신석기 혁명' 시절에 일어났다"(*Prehistory* 8)고 밝힌다.

테일러에 의하면, "인류 발달에서 초기 단계로서의 모권제는 처음에 빅토리아 시대의 인종학자(ethnographers)들이 최초로 생각해냈다. 이 사람들은 오늘날 우리가 말하는 성적 평등을 누리고 있는 대영제국 식민지의 원주민 사람[여자]들을 만나 충격뿐만 아니라 깊은 영향을 받았다. 그들은 [그 사회에서] 남자는 통제하지 않았고 누군가는 통제하였을 것이라 생각했기에 여성이 통제하였다고 결론내렸던 것이다(프로이트는 1930년대 미국이 모권제라고 생각했었다!)"(*Prehistory* 8)

다나 해러웨이도 지적한 바 있듯이 인류학이나 영장류를 연구하는 과학계열의 과학자들도 다양한 성차별주의적 편견으로 과학의 대상물들을 바라보는 것이 흔하므로 테일러의 진술의 순수성이 의심되는 바가 없지 않다. 이런 의심을 뒷받침해주는 것은 이리가라이 같은 페미니스트들이다. 이리가이에 의하면, "다소 막연하게 선사시대라 불리는 것에 대한 무지로 인해 가부장제가 유일하게 가능한 역사로 오인되고 있다. 선사시대에서 전문가들은 매우 다양한 사실과 시대를 구분해 내고, 이러한 역사적 표현을 신화의 실제기능(역사 속에 숨겨진) 혹은 설화나 전설의 기능으로 단순화시킨다. 사실 신화적 재현의 의미를 부수적인 장식으로 보는 것은, 특히 성 차이의 경제와 관련된 어떤 문화적 차원을 억압하고 파괴하는 것을 수반한다."(『나, 너, 우리』 24)

이리가라이는 선사시대에 대한 과학적 담론에서 문화적 증거물이 나왔을 때 이것을 신화나 신화의 장식물로 간주하는 것 자체도 실재 있었을 여성정치적 모계 문화를 억압하는 행위임을 지적한다. 이리가라이는 엥겔스가 참조한 모간이라는 학자가 '원시적 모권제'(primitive matriarchy)라는 개념을 빌려온 J. J. 바흐오펜(Bachofen)의 책을 언급하면서, "역사적 표현으로서의 신화에 대한 요한 야콥 바흐오펜의 연구는 특정 시기 동안 존재했던 여성 정치조직에 대한 증거를 제시한다는 점에서 흥미롭다. 그의 발견들은 인류의 초기 단계에 존재했으나, 우리 문화와 밀접한 연관을 지닌 다양한 문화에 근거한다. 여성 정치의 전통은 …… 부권제보다 선행하지만, 동굴생활 시대나 초기 선사시대 혹은 매우 박식하다는 학자들이 해석하고 이해하는 것처럼 동물적 습성의 형태로까지 거슬러 올라가지는 않는다"(『나, 너, 우리』 24)고 말한다. 다시 말해 이리가라이는 모권제적 전통이 문화의 원시사회에서나 있을 동물적 사회와 가까운 사회의 산물이 아니라 그리스, 로마 이집트 문화에서도 많은 예술적 형태로 남아있다는 점을 강조하면서, 남성가부장적이 아닌 또 다른 모계적 전통의 문화가 "검열받고 전도된 채 우리에게 전수되어 있다. 이 가치들이 때로는 가부장적 규범을 거쳐 부상한다"(『나, 너, 우리』 24-25)고 말한다.

이런 억압된 모계적 전통이 다시 부상하게 되는 것은 이리가라이와 같은 페미니스트적 의식을 가진 사람들이 적극적으로 오늘의 문화 안에서 억압된 전통을 부활시킴으로써 가능하다. 이리가라이는 지금 기독교 문화에서 예수를 안고 있는 성모상만을 부각하여 어머니-아들의 관계만 드러나게 할 것이 아니라 성모를 키운 성안나와 딸 마리아의 조각상이나 이미지도 부각시켜서 어머니-딸의 억압된 모계적 전통을 부활시켜야한다고 본다. 이리가라이는 "실제, 모녀관계는 가부장제 문화로부터 이중으로 소외되어 있는데, 여성은 여성 주체로 거부당할 뿐 아니라, 딸은 딸이라는 주체로서 동등하게 인정받지 못하기 때문이다. ……[모녀관계의 진전을 위한 실행방안으로] 모든 가정과 공공장소에서 모녀가 쌍을 이루는 매력적인 이미지가 널리 퍼져야 한다. 항상 모자관계로 대표되는 이미지와 직면해야 한다는 점이 딸들에게는 병을 유발시킬 수 있다. 기독교 전통 속에 있는 모든 여성들에게…… 성모 마리아와 그의 모친 안나의 상을 가져다 놓으라고 제의하고 싶다"(『나, 너, 우리』 49)고 말한다.

이리가라이는 "여성상위체제에 대한 귀중한 정보를 가져다 준" 바호오펜이 고맙지만, 그가 이런 모권제가 부권제로 바뀌면서 부권제가 더 정신적인 것이라고 가정한 오류를 지적하였다. 이리가라이는 "사실 왕권은 처음에 여성에게 속했다. 그 후에 동양, 로마, 프랑스 등지에서 여성들은 다소간 직접적인 형태로 많은 왕들에게 그들 자신이 왕관을 씌워 주었다. 역사 전반을 통해서 여성들은 미래를 예견하는 점치는 기술을 보유하였는데 대부분 여왕들이었다"(『나, 너, 우리』 25)고 한다. 이런 여성들이 나름대로의 신성, 왕권, 정체성을 잃어버린 것은 [부권제가] "여성 족보를 없애고 대지와 물질적 우주에 대한 존중을 말살함으로써 부권제 운명은 사회 현실의 한부분을 억압해 왔으므로, 오늘날 합리적으로 사회 현실의 진리를 생각하기가 힘들게" 되었기 때문이다(『나, 너, 우리』 27).

부친살해(parricide)와 모친살해(matricide)

프로이트의 담론이 결정적으로 부친살해에 의존하는 담론이라면, 이리가라이는 그 반대적 담론을 내놓아 우리 사회의 존재기반이 모친살해에 있다고 말한다. 이리가라이는 프로이트의 담론 안에서조차 모친의 존재는 거세의 모델로서만 의의를 가질 뿐 그 자체로서 온전히 의미를 부여받은 적이 없다고 본다. 남자아이들에게 어머니는 욕망의 대상으로서 여자아이들에게는 아버지의 사랑을 획득함에 있어서 경쟁자로서 미움의 대상으로 존재한다. 프로이트의 사례연구에서도 도라라는 히스테리아 환자의 정신을 다룸에 있어서 어머니의 존재는 거의 드러나지 않았음은 이미 알려진 사실이다. 이리가라이는 우리의 문화가 육체적으로 그 태생을 빚지고 있는 어머니의 몸에 뿌리를 두었다는 사실을 망각하기 위해 문화 곳곳에서 모친살해의 현상이 있다고 말한다.

이리가라이는 『성과 계보』(*Sexes and Genealogies*)에서 “프로이트가 알려진 바대로 『토템과 금기』에서 원시부족을 위한 토대적 행위로서 아버지 살해에 대해 묘사하고 이론화할 때, 그는 더 오래된 살해, 즉 도시에서의 특정 질서의 기초를 위해 필요했던 모친 살해를 망각하고 있었다”(11)고 말한다. 프로이트가 부친살해를 위해 오이디프스 신화를 언급하였다면, 이리가라이는 아름다운 헬레네를 데려오기 위해 오랫동안 집을 떠나있던 남편 아가멤논을 죽인 클리템네스트라(Clytemnestra)가 아들 오레스테스(Orestes)에 의해 살해당하는 신화를 모친살해의 예로 들고 있다. 아가멤논은 자신의 연정을 위한 여행을 위해 클리템네스라와의 사이에서 난 딸 이피게니아(Iphigenia)를 희생시킨 아버지이며 여행에서 돌아올 때는 새로운 정부, 카산드라(Cassandra)를 끼고 돌아온 남편이었다. 오레스테스의 모친살해를 도와준 신은 가부장적 신, 제우스의 아들 아폴로의 신탁이었다. 이런 가족의 비극 와중에 자식들, 일렉트라와 오레스테스 둘 다 미치게 되지만, 아폴로 남신은 오레스테스만을 광기에서 구해주고 여성은 미친 상태로 방치된다. 이리가라이는 가부장적인 사회에서 저항하는 여성은 미친 상태로 묻히고 아버지 제우스신의 머리에서 탄생한 아테네 같이 아버지와 친화적인 여성만이 규범적 존재로 부각된다고 지적한다.

이리가라이는 “팰러스가 한 때 어머니와의 주된 연결체이던 탯줄이 남자와 여자를 탄생시킨 바로 그곳에서 남자-아버지를 통해 세상의 조직자가 되[며]…… 아버지가 자신의 언어의 토대로 자궁을 대체하[는 가운데]…… 그의 법의 독단성은 이 최초의 육체, 최초의 집, 최초의 사랑에 대한 모든 재현을 거부한다"(*Sexes* 14)고 지적한다. 이리가라이는 프로이트의 토템 가설에서 "토템적 음식은 희생자를 살해한 행위를 부분적으로 망각하는 것을 허락한다"(*Sexes* 82)는 사실을 인정한다. 그러나 여성의 경우 "[여성 특유성에 부합되는] 교환의 체계의 부재로 여성은 의례와 상징물들[sacraments] 없이 소비의 법을 복종해야한다. ……[소비가 그런 것이다라는] 의례와 그런 것으로 지정해줄 단어들이 없이, 이 소비는 더욱 위험하며 다양한 종류의 병리를 발생시키게 된다"(*Sexes* 82)고 지적하면서 남성들의 교환체계에서 당황하고 아파하는 여성들을 부각시킨다. 또한 우리 사회가 "잉태이전과 이후에도 어머니가 공짜로 아이를 양육해야" 한다는 점에서 "*어떤 토템이 지정되고*, 동일시되고 재현되기 *이전에 그녀[어머니]가 토템이 되어버린다*"(*Sexes* 83)고 개탄한다.

모친살해와 더불어 토템이 되어버리는 어머니의 운명은 딸에게로 승계되어진다. 이리가라이는 풍요의 그리스 여신 디미테르(Demeter: Diana)가 딸, 코레(Kore: Persephone)를 지하의 신에 의해 납치되자 일년의 두 계절만 보게된 것을 자주 인용하면서 한 성이 억압되었던 것과 비유시킨다. 남성들은 이런 억압의 행위를 통해 자연으로부터 분리되어서 스스로 생명으로부터의 단절과 고갈을 느끼게 되는 것을 전형적 희생자로서의 여성과 비유시켰다: "이 드라마는 지하신이 코레를 능욕하고, 트로이 전쟁시 이피게니아를 희생시키고 클리템네스트라를 합법적으로 살해하고, 운명의 여신(the Furies)들을 아버지의 딸이라고 스스로 선포하는 아테나 여신의 영광인 아테네 도시 밑에 매장시키고 도시 밖 돌 속에 안티고테를 감금[생매장]시키면서 여성이라는 성을 전유하는데서 펼쳐진다"(*Sexes* 134).

이리가라이는 이 여성을 희생하는 드라마의 플롯이 "특히 정신분석에서 근친상간의 협박이나 결과로 해석된다"고 지적하면서, "오이디프스가 저지른 근친상간은 이제 …… 젠더 정체성을 제거시킨 무의식적 범죄이다. 정신분석과 오이디프스의 범죄는 특히 자연의 풍요로움과의 관계에서, 그리고 살아있고 윤리적인 젠더 정체성을 구성하기 위해 취하게 되는 그들[여성들]의 역할에 있어서 어머니-딸 관계의 중요성, 여성의 계보의 중요성을 망각하는 것이다"(*Sexes* 134)고 단언한다. 이리가라이는 "기계는 성이 없지만, 반대로 자연은 항상 성을 가진다"고 지적하면서 현대의 "인간 정신은 성차를 거부하는 것이 가능하다고 믿을 정도로 기술의 요구에 이미 복종되어 있는 것 같다. 성차의 중요성을 강조하는 사람은 과거 속에 사는 것으로, 반동적이거나 순진무구한 것으로…… 비난받는다. ……그러나 우리는 아직 살아있는 한 성적으로 차별화되어있다. 그렇지 않으면 우리는 죽은 것이다. ……우리는 생멸과 형태, 영혼을 생성시키고 창조할 수 있을 정도로 살아있는가? 우리가 살려고 하고 우리를 살아있는 존재로서 재생시키려면 우리는 성차가 필요하다"(*Sexes* 107)고 주장한다.

이리가라이는 "각 남자나 여자는 신체학상으로 그의 혹은 그녀 자신의 성이며 그 성의 산물이다"라고 보기 때문에 각 성의 고유성이 존중되고 살려져야 된다고 본다. 이리가라이는 어떤 의미에서 여성의 고유성만이 억압된 것이 아니라 남성도 이성과 로고스에만 자신의 성을 고착시킴으로써 진정한 자신의 고유성을 박탈당한 '운명'을 가졌다고 본다. 이리가라이의 두 개의 유별된 성으로서의 성차 개념은 이 두 성의 아름다운 화합을 위해 필수적인 조건이다. 이런 맥락에서 "젠더는 발화자의 윤리적 책임과 *주체성*(*subjectivity*)의 표시이자 지표이다. 사실 젠더는 단순히 생물학과 신체학의 문제가 아니라 …… 나와 너 그리고 그들의 표현 방법이라는 대체될 수 없는 입장을 대표한다."(*Sexes* 169-70)

이리가라이는 "프로이트가 정신분석적 치료가 종료불가능한 것으로 생각한다면, 그것은 그가 발견이나 창조가 아니라 분석의 관점에서 생각하고 해석하기 때문이다. 이렇게 정의 내려질 때, 분석적 작업은 내가 보건대 [생명과 젠더의] *시간 밖에서* 일어나고 진술된 단어와 전이에 복종되어 있는 인위적 시간을 창출함으로써 주체를 파괴로 내몰고 가는 같다. 전적으로 분석적인 참조틀은 정신적 발견, 종합(synthesis)과 통합(integration)을 하는 데 걸림돌이 된다. 분석의 작업은 파괴하고 해체하며 재조합의 가능성을 허락하지 않는다. 종합은 *상상력으로부터* 나오는 것이지 분석기능으로부터 오는 것이 아니다"(*Sexes* 162)고 본다. 이리가라이가 일반적인 정신분석에서 실망하는 사항은 라깡의 정신분석틀에서 보완될 수 있다. 이제 라깡의 성차개념을 통해 이리가라이가 추구하는 성차의 윤리학이 어떻게 라깡의 정신분석

이론에서 찾아질 수 있고 이리가라이의 성차개념의 한계는 어떻게 극복되어야하는지 고려해보기로 한다.

라깡의 성차 개념: '여성이라는 부정신학'(negative theology)

이리가라이의 성차 개념은 여성의 고유성, 영혼성이 남성가부장적 담론에서 억압되지 않고 그 차이성을 인정받아 서로 다른 성들의 화합적 공존을 도모하는 데 기초하였음을 보았다. 라깡의 성차 개념은 고착적이고 환원적이며 '상징계적 변별성'(symbolic difference)에 의존하는 남근적 쥬이상스(phallic jouissance)라는 남성적 입장과, 열려있고 비결정적이며 '욕동의 실재'(the real of drives)와 친화적인 '타자의 쥬이상스'(the Other jouissance)라는 여성적 입장이라는 두 입장(positions)들을 가정하고 있다는 점에서 외양상으로는 이리가라이의 두 성의 차이와 공통점을 가진 것처럼 보인다. 그러나 라깡의 성차 공식으로 알려진 이 성차의 개념은 바로 '사라진 주체'(무능력의 주체, 결여의 존재): $\cancel{S}$), 결여를 모르는 충만함을 상징하지만 인간에게는 허용되지 않는 불가능(부재)의 팰러스(Φ), 그리고 이 충만함의 찢어진 구멍으로서 욕망의 원인이 된 '오브제 a'와 주체의 타자(the Other: 기표체계 혹은 무의식)의 요소들이 벌이는 '욕망의 변증법'을 표현하는 것에 지나지 않는다. 래그랜드는 "라깡이 프로이트가 언술하지 못한 것: 남성적 혹은 여성적 성욕성 형성에서의 문제가 기관으로서의 기관(the organ qua organ)이 아니라 욕망의 변증법이었다는 것을 보여주려 했다"(138)고 단언한다.

래그랜드와 달리 콜렛 솔레르(Collette Soler)는 프로이트가 페니스를 기초로 하였지만 남녀의 성욕성이 기관에 의해 결정된 것이 아니라 남자의 경우 페니스의 부재를 염려하는 거세공포가, 여자의 경우 페니스가 없어서 그것을 선망[envy]하는 정신적 상태와 더 깊이 연결되어 있음을 보여줌으로써 성 정체성을 기관이라는 자연차원으로부터 탈자연화(denature) 시켰다고 말한다. 솔레르는 "페미니스트들에게 스캔들을 야기시킨 [프로이트의] 주장들"[페니스 선망 등]은 "팰러스[페니스]의 결여를 전체적인 리비도의 주된 역동력으로 삼고 주체의 성별화된 정체성은 …… [페니스에 대한] 공포와 선망이라는 기초 위에 만들어진다"(24)고 말한다. 솔레르는 "거세 콤플렉스[공포와 선망 둘다]를 남성, 여성이 되는 요체[linchpin]로 만듦으로써 프로이트는 인간에서의 성의 탈자연화라는 개념을 소개한다. 더욱이 [프로이트의 경우에서와 같이 순전히] 해부학으로도 환원되지 않는, [성]기관으로 성별화된 존재(the sexed being of the organism)는 주체로서 성별화된 존재(the sexed being of the subject)를 발생시키기에 충분하지 않다. ……자신들이 자신의 성의 기준에 일치하고 있는 정도에 관해 주체들의 염려는 끊임 없으며 쉽게 목격된다. 적어도 정기적으로 자기 여성성에 대해 집착하지 않는 여성은 없으며 자기의 남성성에 대해 염려하지 않는 남성도 없다"(24)고 단언한다.

솔레르의 '기관으로 성별화된 존재'와 '주체로서 성별화된 존재'는 바로 생물학적 성(sex)과 정신적 욕망의 변증법상으로 드러나는 주체의 성을 구분시켜준다. 솔레르는 프로이트가 남성과 여성의 정체성을 공포나 선망의 형태로 추동시킨 것이 기관으로서의 팰러스, 즉 페니스라고 보았다면, 라깡은 팰러스를 "다른 어떤 기표처럼 언제나 초개인적인 [대]타자(an Other)의 담론에 자기 자리를 가지는 하나의 기표"(26)로 전환시키고 있다고 본다. 그러나 솔레르는 "이 전환이외에 …… 프로이트와 라깡은 무의식이 '남근중심주의'를 확언하는 데는 확실히 함께 간다"(26)고 지적한다. 솔레르는 1972~93년 라깡의 "레투르디"(L'étourdit)와 『앙코르』에서 다루어진 라깡의 성차공식도이 무의식의 남근중심주의를 전혀 반대하지 않으며 "이것[오이디프스 컴플렉스]을 거세의 논리로만 환원시키기 위해 오이디프스 콤플렉스를 일종의 신화로, '아버지-오랑, [뽐내며] 군림하는 우탕]'(Father-Orang, the declaiming Utan)'의 코메디로서 거부하였다"(27)고 말한다. 솔레르에 의하면, 라깡의 성차이론에서 "이 거세의 논리가 쥬이상스 전체를 통제하는 것이 아니라 이것[쥬이상스]의 한 부분이 남근적인 일원(phallic One)으로 통과해가지 않고 상징계 밖에서 실재로 남는다. 여성이 존재하지 않는다라고 말하는 것은 여성이 이-실재의-쥬이상스의 이름들 중의 하나이다고 말하는 것이다."(27)

솔레르는 "그들[여성]이 남근적 기능에 완전히 속해 있지 않고 거세에 의해 조직된 쥬이상스와 다른 종류의 쥬이상스를 인식한다고 말하는 것이 그들에게 '반-남근적 속성'을 부여하는 것이 아니다. ……팰러스에 대한 논쟁에서, 그는 프로이트의 편에서 ……이 남근적 모조물(phallic semblance)이 성의 관계의 으뜸 기표이며 이것은 상징계적 차원에서 남자와 여자의 차이와 그들의 관계를 조직한다는 사실을 확언"(27)한다고 말한다. 이런 맥락에서 여성이라고 말할 때 세 가지 차원에서 살펴봐야한다. 그 세 차원은 "성별화된 욕망에서 활성하고 있는 변증법의 차원," 그리고 여성들이 "일상이나 성관계에서 [가지는] 남근적 쥬이상스의 차원," 그리고 이 실재의 쥬이상스, 즉 "잉여적 쥬이상스(supplementary)의 주관적인 효과들의 차원"이다(27). 이런 진술은 같은 여성이라도 배제적으로 '잉여적 쥬이상스'만을 가지는 것이 아니라 '남근적 쥬이상스'도 가진다는 사실을 말해준다. 따라서 라깡의 성차공식에 나와 있는 것은 한 성이 가지는 배제적이고 전체적인 특성이 아니라 어느 성도 순간에 따라 취할 수 있는 아주 가변적인 입장들(position)이라는 점에서 이리가라이의 성차 개념과 구분된다.

솔레르는 '성관계는 없다'는 라깡의 명제는 바로 이 두 쥬이상스가 너무나 달라서 서로 사이의 관계가 있을 수 없다는 말임을 지적한다. 솔레르에 의하면, "이 타재[의] 쥬이상스는 여성을 타자—절대적 타자로 만든다. 따라서 라깡은 '레투르디'라는 글에서 여성을 사랑하는 사람은 그녀/그(s/he)가 남자이건 여자이건 이성애적이라고 역설적으로 말한다"(41). 이 타자의 쥬이상스는 그렇다고 상징계 이전 혹은 성기 이전 시대의 아이들이 가진다는 '다형적인' 성애성과는 다르다. 왜냐하면 "이 조그만 다형적 도착자[아이들]의 부분적 욕동들은 육체를 유희 속으로 가져오지만, 이것들은 기표의 파편화된 구조에 복종하므로 남근적 쥬이상스만큼이나 신체 바깥에 있기 때문이다. 이런 맥락에서 성기-이전은 타자 쥬이상스가 아니고 어머니의 육체와의 관계도 이 쥬이상스의 핵심이 되지 못한다."(40-41)

이런 솔레르의 진술들은 라깡의 타자의 쥬이상스가 성차적으로도 남근적 쥬이상스와 절대적으로 차이를 가진다는 점에서 이리가라이의 성차개념과 유사하다고 볼 수 있다. 그러나 이리가라이의 여성성은 젠더 상에서 통용되는 차원이지만, 라깡의 타자의 쥬이상스는 하나의 모습으로 정착하지 않고 자유자재로 변신할 수 있는 티레시아스(Tiresias) 같은 남성 장님 예언자적

인물도 누릴 수 있는 점에서 젠더/성을 초월하는 것이기 때문에 두 성차개념은 극명한 차이를 가진다. 솔레르는 신비주의자 티레시아스나 성녀 데레사의 쥬이상스로 대변되는 이 쥬이상스에 대해 "기표들과 이미지들이 난무하는 무의식은 아무것도 모른다. [따라서] 무의식은 [이] 결여, 사로잡는 이미지들, 그리고 쥬이상스가 고착되는 [존재의] 글자(letters)들을 말하기를 멈추지 않는다. ……[정신분석은 주체를] '순수 부재와 순수 감성'(a pure absence and a pure sensitivity) 사이에 머물게 하면서 주체를 넘어서고, 주체를 사라지게 하는 이 쥬이상스와의 조우의 '지령들'(commandments)이라고 불리는 것, 즉 이 쥬이상스의 주관적 결과들"(41-42)을 연구할 수 있을 뿐이라고 말한다.

여성의 정체성은 신체의 기관 차이 때문에 자연적으로 인식되는 것이 아니어서 많은 여성들은 이 성의 정체성이 가지는 모호성에 고착되어 히스테리아적 증후를 표출한다. 솔레르에 의하면, "[히스테리아] 여성은 무의식이 성적이기를 기대한 만큼이나 그것이 쥬이상스의 원인에 대한 과학을 제공해주리라 기대하였다. 그러나 그녀가 발견한 것은 무의식은 남근적이고, 비성적인(asexual) 주이상스라는 사실이다. 지식은 타자 쥬이상스를 논리로 제한시키고 실재를 묘사불가능한 것으로만 접근할 수 있을 뿐이다"(162). 프로이트의 정신분석은 이런 히스테리아 여성들의 질문에 대답을 하기 위해 시작되었으나 프로이트는 히스테리 치료의 대가인 샤르꼬의 처방, 즉 "히스테리아 환자가 필요한 것은 성의 기술자(an artisan of sex)이다"(Soler 161)이라는 태도에 실망을 한다.

프로이트는 "히스테리아 환자가 필요한 것은 그녀에게 [실질적 성의] 이득을 줄 성의 기술자가 아니라 성에 대해 아는 자, 여성이 기관의 차원을 넘어서 얼마나 교묘한 쥬이상스를 줄 수 있는가를 말해줄 수 있는 사람이었다. ……프로이트는 그녀의 도전을 받아들여서 과학과 동일한 한 지식, 즉 논리가 핵심역할을 하는 지식을 만들게 된 것이다"(Soler 161). 정신분석가가 잉여적인 것, '남근적 단일'로 환원되지 않는 것, 즉 모호성의 '오브제 a'를 구현하는 한, 타자의 쥬이상스는 전체성 안에 환원되지 않고 주체의 욕망을 활성화시킬 것이다.

원시 시대에 페니스 선망의 대안구조인 '생식 선망'(reproduction envy)이 있어서 남성들이 여성들의 생식을 흠모하여 정기적으로 자신의 페니스를 뼛조각으로 그어 피를 흘렸듯이, 오늘날에는 "타자 쥬이상스의 선망(envy of other jouissance)이 페니스 선망의 경쟁자가 되고 있다. 이것에 대한 소망도, 또한 공포도 그리고 그것을 포기하는 일도 생겨났다. 우리는 이것(타자 쥬이상스 선망)의 흔적을 남자뿐만 아니라 여성의 경우에서도 찾을 수 있다" (Soler 162). 솔레르는 여성성에 대해 질문하는 히스테리 담론이 우리를 미망에 빠뜨리게 하는 '오브제 a'와 이것이 유발하는 환상을 거스르도록 도와주는 분석가의 담론으로 옮겨진다면 일종의 "여성의 종교는 자신을 보증하기 위해 [타자 쥬이상스의 혹은 여성의] 전체-아님을 사용할 수 있다"고 보았으며 이것은 일종의 "새로운 부정 신학(a new negative thelogy)"(162)이 되리라는 전망을 내놓는다.

라깡의 성차개념과 네 가지 주체 형태(규범적, 신경증적, 도착적, 정신병적 주체)의 관계

전체성에 고착하지도 않고 전체성으로 대변되지도 않아 '전체-아님'의 양상으로 드러나는여성과 그들의 쥬이상스의 모드인 '타자의 쥬이상스'는 라깡의 성차의 '입장들'을 표현하는 또 다른 공식, [팰러스]'가지기'와 [팰러스] '되기'(having/being)으로 표현될 수 있다. 솔레르는 이런 성차의 공식들이 전면적으로 남자와 여성이라는 실질적 성차이를 다두려고는 하지만 이 두 성차의 실재는 언어로 표출되기를 거부하는 차원이라고 본다. 솔레르에 의하면, "남자와 여성은, 라깡이 말하기를, 실재이다. 성별 사이의 분리가 단순히 하나의 재현이라고만 주장할 정도로 이상주의에 빠져있지는 않다. 그러나 이 실재-성별화된 살아있는 신체에 대해 아무것도 말할 수 없다. 언어의 '벽' 때문에 이것에 대해 아무것도 말할 수 없다: 실재는 상징계의 바깥에 있다. 그러나 우리는 그럼에도 불구하고 바로 그 두드러진 쥬이상스의 형태 때문에 그것을 다룰 수 있는 것이다"(296). 바로 이 두드러진 쥬이상스의 형태가

[팰러스] '가지기'와 [팰러스] '되기'의 유형 때문에 두드러지게 차이를 드러내는 것이다. 주로 이성적이고 전체주의적 사고를 하는 부류의 사람들은 불가능한 팰러스, 우리의 결여를 메워줄 팰러스의 부재라는 존재론적 한계 앞에서 팰러스의 모조물이라도 가진 것으로 착각하여 일시적인 전체성과 보편성에 의거해 질서와 안정을 유지하려한다. 반면에 존재의 결여를 인정하고 사회적 규범이 절대적이지 않는 하나의 사회적 약속임을 인지하는 열린 사고의 사람들은 [팰러스] '되기', 즉 결여를 실제 인정하거나 몸으로 육화하여 주로 규범에 무조건적 복종을 하지 못하는 유형으로 드러난다.

전자의 [팰러스] '가지기'의 유형이 고착적이고 환원적인 '남근적 쥬이상스'로 드러난다면, 후자의 [팰러스] '되기'의 유형은 안티고네, 메데아(Medea), 앙드레 지드의 부인 마들렌느(Madeleine), 그리고 폴 클로델(Paul Claudel)의 작품, 『정오의 분할』(*Break at Noon*)의 주인공, 이제(Ysé)를 들 수 있다. 이미 많이 언급되어온 안티고네는 실질적이고 실용적인 쾌락적 쥬이상스가 아닌 죽음과 가까운 고통을 통해서 얻어지는 희열을 담지하는 '타자의 쥬이상스'를 구현하는 인물이다. 메데아도 역시 자신의 쥬이상스를 위해서라면 어머니로서, 아내로서 요구되는 다양한 상징계적 요구를 초월하여 쥬이상스를 위한 쥬이상스에 그 모든 것들을 희생할 수 있는 또 다른 '타자의 쥬이상스'의 전형적 인물이다. 또한 지드의 부인 마들렌느는 자신의 남편의 존재와도 일치한다고 간주되는 그가 보낸 연애편지들을 몽땅 불에 태울 수 있는 여성이다. 라깡이 마들렌느를 이런 타자의 쥬이상스의 전형으로 보는 것은 "그녀가 이 귀중한 편지의 상실을 수용하여서가 아니라 ['오브제 a'의] 모조물[지드가 편지에 대해 가진 환상]을 가로지르는 행위를 감행함으로써, '섬세한 고통'의 심장에 직격탄을 날렸기 때문이다. 이 사실은 라깡이 언급한 바와 같이, '오브제 a'기 복사본이 없듯이 복사본이 없는 이 잃어버린 편지들이 그의 가슴 속에 남겨놓은 검은 구멍(black hole)을 지드가 언급할 때 확실시된다"(Soler 84). 여기서 마들렌느가 환상을 가로질러 실재의 '행위'를 감행하게 된 것은 "마들렌느에게 있어서 지드가 자신의 존재와 동일시된 것으로 간주하는 이 편지가, [지드가 마들렌느에게 동성애 사실을 고백할 때, 즉] 쥬이상스의 전체적인 사악함이 [지드의 편지의] 고양된 사랑의 담론을 도전하게 되었을 때, 이것들[편지들]의 핵(agalma, objet a)을 잔인하게 빼아겼기 때문이"다(Soler 84).

마지막 인물인 이제(Ysé)의 경우는 다른 인물처럼 극명하게 극적인 행위를 가진 유형은 아니지만, 그들처럼 욕망의 원인인 '오브제 a'를 위해 욕망과 사회적 규범과의 타협을 택하지 않고 끔직하고 고통스러운 결과를 맞이하게 되더라도 '오브제 a'를 포기하지 않는 경우였기 때문이다, 즉 다른 모든 것을 포기해도 "그녀가 조우한 쥬이상스"를 위해 어떤 것도 포기하지 않는 여성이기 때문이다. 이런 유형의 여성들은 '희생하는 여성'(sacrificing woman)으로서 일상적으로 타인을 위해 희생하는 인물이 아니라 가장 본질적인 실재의 차원을 위해 사회적 규범과 상징적 관계 속의 모든 산물들을 '희생하는 여성'이다. 솔레르는 지금까지 기존의 사회가 아버지와 아들의 관계가 주축이 된 '아브라함의 희생'만을 제시하여 이런 '타자의 쥬이상스'의 모델인 '희생하는 여성'의 모델이 관심을 끌지 못했다고 본다. 솔레르는 "이제(Ysé), 마들렌느 그리고 메데아는 전형적 의미에서 희생적 인물이 아니다. 그들은 [팰러스] 가지기보다 [팰러스] 되기의 쥬이상스를 선호했고, 셀 수 있는 것보다 절대적인 것을 선호했다. 그러나 [팰러스] 가지기의 이데올로기만이 이들을 일종의 희생으로 해석한다"(85)고 말한다.

라깡의 정신분석 이론에서 남자와 여자가 된다는 것은 불가능한 것이고 이런 맥락에서 성관계도 있을 수 없다. 남자가 된다고 해도 즉 보편적 기능을 부여 받아 전체성을 확립한다고 해도 이것은 환상의 구조일 뿐이면 '백치'들이 가지는 쥬이상스 즉 남근적 쥬이상스의 일환이다. 여자가 되려고 해도 여자 자체가 '전체가-아님'의 양상을 가지므로 어떤 실체로 고착되거나 환원되지 않는다. 솔레르에 의하면, "우리는 [성별의 차이를] 기표가 있기 때문에 말할 수만 있을 뿐이다. 그렇지만 우리는 차이에 대해서는 모른다. 프로이트는 무의식에 남성적/여성적이라는 재현이 존재하지 않음을 이미 주장해왔다. 우리가 확실히 기능하는 것으로 볼 수 있는 것은 남자 혹은 여자가 되기를 거부하거나, 아니면 더욱 흔히, 진정한 남자 혹은 여자가 되려는 열망뿐이다. ……이런 경우에서 목표로 삼는 것은 남자와 여자에 대해 상상되어진 것을 넘어서 언제나 [팰러스] 가지기 혹은 [팰러스] 되기의 측면에서의 팰러스이다"(Soler 300).

라깡이론에서 성차는 따라서 하나의 실체에 입각한 성차가 아니라 젠더에 상관없이 어떤 기표와 어떤와 종류의 쥬이상스를 선호하는지 선택의 결과이다. 결론적으로 솔레르는 "남성적인 것과 여성적인 것의 본질은 없다. 따라서 의무도 없다. 왜냐하면 해부학은 운명이 아니기 때문이다. 라깡은 말하기를, 우리 각자는 자기를 한 입장(side)이나 다른 입장에 줄을 설 자유가 있다; 양쪽 성들 다에게 선택이 있는 것이다"(301)고 말한다. 성차가 절대적이지 않고 선택에 달려 있는 한 이 성차는 생물학의 차원을 떠난 것이며, 또한 무조건 사회의 규범에 종속되어 만들어지는 사회적 구성물도 아니라 팰러스의 불가능성 혹은 결여에 대한 개인의 욕망의 변증법이 어우려서 만들어내는 일종의 공연, 즉 "가면의 춤"(dnace of the veil)이다.

성차는 불가능한 팰러스 혹은 타자의 결여를 메우는 일종의 가면의 춤이다. 솔레르는 이런 맥락에서 성차의 유희를 "각 파트너들이 '남자의 역할을 하거나' 혹은 '여자의 역할을 하도록 하게 해서, 한편으로 [팰러스] 가지기(possession)를 보호하고 따라서 타자의 결여를 위장하는 상반된 기능을 가지는 외양의 길(the path of a seeming), 소위 성의 희극(the comedy of the sexes)"(31)라고 묘사하였다. 성차는 이렇게 팰러스와 관계하여 욕망의 이차적 산물인 바, 남/녀가 되기 위해 각 주체는 정말로 부단한 노력을 해야하는 것이다. 성차가 자연적이고 생물학적인 것이라면 노력할 이유가 없이 자연스럽게 드러나지만, 팰러스와 결여를 중심으로 벌어지는 주체의 욕망의 변증법적 산물이므로 각 주체는 각 입장을 수행하기 위해 부단히 노력하는 것이다. 솔레르는 "그 자체가 규범적인 페미니스트 주장들은 여성을 남근적 십자가(phallic cross)로부터 구해내지 못하"는 반면에, 라깡의 성차 공식은 "사회적 규범에도 반대하여 [성차와 관련한] 논리적 제약들을 규명하는 데 프로이트보다 구조에 있어서 더 진전된 바"(31) 성차로 인한 억압을 폐지하려는 페미니스트 목적에 진정으로 부합되는 이론가라고 본다. 라깡은 기술의 발달로 여성이 남성 없이 생식을 할 수 있고 생식과 육체의 행위가 분리되는 세상임을 인식한다. 솔레르는 "라깡도 이것을 의식한다-이것은 취향의 문제이고 이점에서 우리는 진보적이라 할 수 있다-그러나 팰러스적인 것의 무게는

[그렇다고 여성] 그들에게 조금도 가벼워진 것이 아니다. 소위 말하는 모든 자에게 그것을 피하기는 불가능하다; [이 팰러스] 기표가 담론이라는 타자 안에 있는 한, …… 이 팰러스는 작동하는 것이다."(31) 이런 귀절은 인간의 존재와 결여, 팰러스의 불가분적 관계를 재삼 확인하고 있다.

여성을 '남근적 십자가'로부터 구하는 방법은 이리가라이처럼 남성과 여성의 고유한 성차를 주장함으로써 그 목적이 양성의 평등을 구가하는 것일지언정 기존의 성차적 규범을 고수하는 것이 아니라 바로 성차의 존재가 탈자연적인 비생물학적 논리의 산물이되, 그 규범의 근원이 차이를 유발하는 팰러스에 있음을 드러내는 것이다. 라깡의 성차이론에서 팰러스라는 남성기표가 등장하였다고 해서 이 이론을 남근중심주의적 이론으로 못박는 것은 지나치게 라깡의 이론을 환원하는 행위이다. 오히려 팰러스로 상징되는 불가능성, 혹은 존재의 결여, 언어의 한계 등을 적나라하게 보여주는 성차의 공식을 통해 성차의 입장은 물론 심지어 다양한 주체적 유형(규범적, 신경증적, 도착적, 정신병적 주체)이 이 팰러스라는 기표, 허위적 기표에 대응하는 다양한 욕망의 변증법으로 인해 생겨난 사회심리적 산물임을 보여주는 것이며, 이것이야말로 성차별화된 주체 뿐만 아니라 다양한 욕망의 변증법적 산물인 병리적 주체들을 [환원적이고 전체주의적인] '남근적 십자가'로부터 구해내는 길이다.

엘리 래그랜드는 무의식의 남근중심주의에 대해 언급하면서, "라깡이 무의식의 남근중심주의를 언급할 때 의미하는 것은 성기적 성욕성 자체가 지시체가 아니라 차이의 상징으로서 취해진 팰러스-즉 상상되어지게 만들어진 욕망의 가시적 기호이다"(87)라고 말한다. 래그랜드에 의하면, 인간의 네 가지 유형, 사회적으로 규범적인 주체(normative subject), 신경증적 주체(neurotic subject), 도착증적 주체(pervert subject) 그리고 정신병적 주체(psychotic subject)는 다 이 팰러스라는 기표에 각 형태의 주체들이 반응하는 욕망의 구조의 산물이다. 래그랜드에 의하면, "신경증적 [주로 여성] 히스테리 주체는 자기가 어떤 것을 *결여한다*(*lacks*)는 사실을 거부하면서, 팰러스를 무의식적으로 보유하는 반면에, 그녀의 '규범적' 여자형제는 자신의 동반자에게서 팰러스를 찾은 후, '욕망하고' '질투하는' 것을 의미하는 그런 의미의 질투로 그것을 질투한다. [신경증적인 주로 남성] 강박증적 주체는 자기가 팰러스를 가졌는지 안가졌는지 확신할 수 없는 [그래서 다양한 의례적 행위를 통해 확신해보려는] 반면에, 정신병적 주체는 이 남성적 기관을 살아있는, 실재(즉 무의식에서 상징되어 있지 않은)로 간주한다. 이 [팰러스라는] 상징의 폐제는 정신병 여자로 하여금 자신을 [존재하도지 않고 전체-아님의 구조여서 규명될 수 없는] 여자로 간주하는 남자와의 [불가능한] 일체감을 추구한다. 도착적 주체는 이 기관을 사용하여 다른 사람에게 삶의 법은 쥬이상스의 법이라고 가르친다."(87)

래그랜드의 시각에서 주체와 팰러스와의 관계에서 발견되는 네 유형의 주체는 다음과 같이도 설명될 수 있다. 대타자의 요구에 순응하는 규범적 주체, 대타자의 요구를 부정하는(deny) 신경증 주체(neurosis), 대타자의 요구를 거부하는(repudiate) 도착증 주체(pervert) 그리고 아예 대타자의 세계를 폐제시킨(foreclose) 정신병 주체(psychosis)이다. 규범형 주체는 결여 혹은 성차를 발생시킨 팰러스의 존재가 불가능함을 인지하고 사회가 약속한 대로 성 정체성이나 규범에 순응하여 의례적 양식이나 전통으로 빈자리를 '위장하는'(masquarade) 사람이다. 강박증(obsessional neurosis) 혹은 히스테리(hysteria)로 구성되는 신경증 주체는 결여(팰러스)를 부정하고 대신 강박증의 경우 하나의 지식체계를 신봉하거나 히스테리의 경우 아버지의 결여된 팰러스를 있는 것으로 유지시키기 위해 자신의 성적 욕망을 희생하는 주체이다. 도착증의 경우 자신의 쥬이상스를 위해서라면 결여와 무능력을 거부하고 자신이 타자의 욕망을 규정해주는 사드형 주체이다. 정신병 환자는 아예 성차나 존재의 부조리를 야기하는 이 결여 혹은 팰러스의 기능을 폐제시켜 완전히 자신의 주체적 의식으로부터 소외당하여 타자의 요구대로 자신의 정신이 통제당하게 만드는 가장 병리적 주체이다.

결론: 외상(trauma)으로서의 성차, 법의 근원으로서의 성차

이 논문에서 프로이트와 라깡 그리고 페미니스트, 이리가라이의 성차에 대한 개념 연구는 실재의 차원에 속한 성차가 어떻게 각 이론가의 성차개념을 통해 제한되고 보완되는지 보았다. 프로이트는 모권제도와 관련하여 다른 일반적인 과학자들의 태도에서 드러나듯이 모권제도가 일반적으로 알려졌듯이 가부장제보다 더 우선하는 선사시대의 사회의 구조가 아니라 모든 사회의 법의 근원이 되는 실재의 쥬이상스 차원의 '힘 있고 살아있는 아버지' 즉 '원시부족'의 아버지의 살해를 통해 아들들의 토템 신앙과 토템 문화 그리고 이것이 발달되어 나타나는 법과 종교의 기원이 되었음을 보여주었다. 이리가라이는 양성간의 다르면서도 똑 같이 존경받는 성차의 문화를 배양하기 위해 아들과 아버지의 오이디프스적 모델이 아니라 성 안나와 성모 마리아라는 어머니-딸, 디미테르(Diana)와 코레(Persephone)라는 어머니와 딸의 신화를 사회에 퍼뜨리고 각 사람의 인식에 부상시키는 것을 제안하였다. 라깡의 경우는 팰러스라는 프로이트의 이론에서 등장한 신체적 기관과 친화적인 개념을 완전히 논리 구조의 추상적 개념으로 변화시켜서 성차의 유형과 주체성의 유형을 결정짓는 토대가됨을 증명하였다. 이번 연구에서 드러나는 것은 성차가 생물학적 차원이나 사회적 구성물의 차원에 머무르는 것이 아니라 팰러스라는 모든 주체의 이상적 기표를 중심으로 욕망의 변증법이 벌이는 하나의 '가면의 춤'이자 '성차의 희극'임을 볼 수 있었다.

라깡의 성차 개념은 "타자의 무도회에서 여성적 위장[feminine masquerade]과 남성적 시위[virile parade]가 서로에게 단계적으로 반응하고…… 팰러스의 억압이 남성과 여성의 관계를 결정짓는"(Soler 31) 양상을 보여준다. 즉 여성은 남성들이 억지로 팰러스의 존재를 부각시키기 위해 실재의 차원에서 부재로 드러나는 여성, 부재이기 때문에 욕망을 자극시키는 '욕망의 원인'으로서의 여성에게 투사하는 다양한 여성성의 요소들을 일부러 가장하여 보여주어야한다. 남성들은 또한 부재하는 팰러스를 자신이 가진 양 강한 남성성(virility)을 또한 시위하는 데 전력을 다함으로써 팰러스의 부재를 억압하고 있다. 프로이트의 이론의 혁명성은 팰러스를 페니스로 환원하는 자주 있는 오류에도 불구하고 여성성이 그대로 주어진 것이 아니라 성차를 질문하는 히스테리 주체에서 드러나듯이 여성으로서의 성차, 이것을 야기시킨 주원인인 팰러스에 대한 끊임없는 질문과 도전을 감행해야하는 어려운 작업임을 보여준 데 있다. 래그랜드에 의하면, “프로이트는 여자 되기의 과제가 여자 아이들이 어머니로부터 떠나 아버지를 향해야 한다는 점에서 남자 되기보다 더 어렵다고 보았다. 라깡은 그 반대를 암시한다: 남자 **되기**는 그가 상징계와 동등한 것으로 여기는 차이와 동일시해야하는 **비자연스러운** 동일시(*unnaturll* identification)이고, [상징계] 그 자체는 [실재의 차원인] 여성으로부터 멀어지는 비대칭적 움직임으로부터 나온 일종의 추상작업인 것이다.” (174)

실재의 차원인 여성이라는 성차의 한 범주는 실재가 언어 즉 상징계로 접근 불가능하듯이 규명 불가능하다. 래그랜드는 “여성은 상징계 너머의 실재에 존재한다. [따라서] 여성의 다양한 모습들과 동등한 한 전체적 여성이라는 것은 없다. 그렇다고 라깡은 여성이 실재와 가깝다는 것이 의미하는 바를 규명하면서도 여성, 어머니, 쥬이상스와 욕동들을 동일시하지는 않는다. ……라깡의 여성개념과 어머니를 연결하면서, 밀레르는 ‘모체’(Matrice)라는 글에서 암시하기를, [남성, 여성 둘다 중] 어느 성도 어머니로부터 분리시켜 생각할 수 없는 여성이라는 것은 언어와 사회적 법이라는 상징계에 대해 급진적으로 타자이다. 왜내하면 그녀는 …… 욕망을 야기시키는 원초적 부분 대상물로부터 나오는 쥬이상스 반응들을 항상 유발하기 때문이다”(174-75)고 지적한다.

라깡의 성차이론에서 여성은 반드시 어머니와 욕동(drives)과 동일시 되는 것이라기보다 욕망의 원인이 되는 실재의 차원 ‘오브제 a’의 자리를 차지한다. 래그랜드가 인용하는 밀레르에 의하면, “여성d; 실재, 상징계, 상상계가 맴도는 ‘오브제 a’이고 타자의 결여(빗금친 타자)와 불가분적이라면, 여성은 라깡이 실증적인 쥬이상스(positivie jouissance)라고 인정하는 유일한 실체를 구현하는 것으로서 존재한다. 즉 여성은 ‘오브제 a’로서 존재한다”(176). 실재의 차원인 여성은 규명될 수 없으나 그나마 실증적 쥬이상스의 형태로 지정해본다면 역시 모호한 ‘오브제 a’로서 나타난다고 볼 수 있다.

‘오브제 a’로서의 여성은 라깡의 정신분석에서 핵심적 역할을 한다. 정신분석가는 바로 이 모호한 ‘오브제 a’의 자리를 외양적으로나마 차지함으로써, 피분석가의 욕망을 자극하고 활성화한 후 그로하여금 자신과 ‘변증법화

될 수 없는 자신의 핵인 오브제 a'와의 증후적 관계를 파악(동일시)하게 한다. 이와 같이 '오브제 a'로서의 여성은 성차가 실재의 차원임과 또한 성별화된 주체가 '오브제 a'에 욕망으로서 반응하게 만드는 것임을 가정한다는 점에서 우리 존재의 핵이 됨을 보여준다. 이런 맥락에서 라깡의 성차개념은 '여성이라는 부정신학'을 진전시켜 이분법적이고 환원적인 남근적 담론을 해체하는 중요한 기제가 될 수 있다.

유대기독교적 사고에서 신은 실재의 차원에서 존재하므로 주체가 아무 방어없이 너무 가까이 갔다가는 불타버리고 상처받을 수 있듯이, 라깡의 정신분석에서는 여성이 이런 신의 자리에 위치하여, 여성이 무엇이라고 상상계적으로나 상징계적으로 규명하는 모든 시도를 불태우고 상처 입히는 것을 가능하게 한다는 점에서 일종의 '부정신학'으로서의 면모를 드러내 보인다. 이 '부정신학'은 일반 종교에서와 같이 신을 규정하는 긍정적 신학이 아니라 신이나 여성이라는 타자 혹은 타자의 쥬이상스를 진리 체계나 의례적 행위로 환원시켜 왜곡하는 모든 형태의 신학을 부정하는 신학이라고 볼 수 있다는 점에서 라깡의 성차개념은 가히 혁명적이다.

이런 혁명적인 라깡의 성차개념은 실재가 남/녀라는 두 구조 안에서 왜곡되어한다는 사실과 이 둘 중의 하나를 선택해야하는 모든 주체들이 언어와 상징계의 한계 때문에 갈등하고, 제논의 역설에서의 토끼 아킬레스와 거북이가 만날 수 없듯이 자신의 실체에 절대 접근하지 못하여 외상(trauma)을 겪는다는 사실에 동정적 자세를 취한다. 이런 맥락에서 성차는 일종의 외상으로서 주체에게 다가오는 것임을 알 수 있다. 래그랜드는 "우리는 성차와의 오이디프스적 조우를 외상적이라 말할 수 있다, 왜냐하면 아이는 이것을 거세의 관점-즉, 이 단절(거세)이 이미 상실과의 원초적 조우로 기능하면서, *대상이 결여되었다는* 원초적 경험들의 관점에서 해석하기 때문이다."(156)

성차의 외상을 겪은 모든 주체는 상징계에 의해 거세된 결과물인 성차적 구조, 차이의 구조에 순종하게 되고 법을 인정하게 된다는 점에서 성차는 법의 기원이 된다. 래그랜드에 의하면, "라깡의 견해에서 정신분석적 문제는 대상 선택이 아니라 남자아이 혹은 여자아이가 아버지의 기능과 관련하여 어떻게 위치되어 있는가의 문제이다. ……아버지의 기능은 실질적 아버지가 아니라 구조적 필연성이[므로]…… 어떤 성의 아이라도 전-오이디프스적 어머니와 연결하는 욕동의 엄청난 위력으로부터 아이를 보호하여서 **성차가 법 자체의 근원**이라는 것을 수용하게 하는 아주 강력한 기제가 되는 것이다." (165)

라깡의 정신분석에서 성차는 법의 기원이 되는 차원일 뿐만 아니라 일상 생활에서 목격되는 네 종류의 주체를 결정짓는 요소가 된다. 래그랜드는 "성차화(sexuation)가 개인들이 팰러스와 거세를 *지시함*(*reference*)에 있어서 영어를 사용하는 것을 결정하는 인식론적 문제라면, 그 지시체는 쥬이상스의 실재의 아버지이다"라고 말한 후 이것을 네 유형의 주체와 연결하여 설명한다. "이 실재의 아버지에 의해 압도당한 정신병적 주체는 모성적인 그의 이상적 자아의 바깥에서 이상적인 상상계적 아버지를 발견하여 이 이상적 아버지 모습이나 제도를 신화하한다. 규범적 주체는—젠더 정체성과 생물학적 성차를 동일시하여—이상적 지도자 중심으로 형성된 문화적 의식들을 반복함으로써 내재화시킨 아버지 기표를 실체화한다. 신경증자들은 그 주변으로 자기들의 질문을 형성시켜 갈 지도자 혹은 어떤 아버지가 필요하다는 것을 부인하며, 반면에 [도착자의 경우] [쾌락적] 쥬이상스의 법이 …… 법을 '정상적으로' 대표해 줄 내재적으로 공허한 재현들의 반명제인 한, 이 상상계적 아버지는 도착자가 전복하기 위해 존재하며, [이 쥬이상스의 법]은 오즈의 마법사 식의 사회적 가면에 허위적이고 이중적인 기초를 제공한다"(157).

'여성이라는 부정신학'의 면모를 읽게 해주는 라깡의 성차의 개념과 주체성의 유형과의 연결은 이리가라이가 열망하는 여성의 고유성을 중심으로 억압되어진 대안적 문화인 어머니-딸, 디미테르-코레(다이나나-페르세포네)의 신화를 부각시키려는 페미니스트적 시도를 이리가라이처럼 여성이라는 정체성을 실체화시키는 이분법을 의거하지 않고, 그 이분법을 상징계적 차이의 산물로 이차화시킴으로써 페미니스트의 목적에 부합하는 효과를 성취할 수 있게 해준다. 이런 사실은 이리가라이가 라깡을 남근중심주의의 전범으로 보고 여성을 결여 혹은 구멍의 실체화로 대변하였다는 오류적 읽기를 교정할 것을 요구한다. '오브제 a'로서의 분석가라는 라깡의 정신분석적 개념이 분석가가 '오브제 a'라는 외양을 취하여 피분석가들로 하여금 자신의 증후를 동일시하고 욕망이 원인인 '오브제 a'를 중심으로 환상거스르기 작업을 권고 하였듯이, 라깡의 '오브제 a'로서의 여성이라는 성차의 개념은 성차의 공식에 드러난 외양적으로 이분화된 성차공식을 통해 이 모든 환상적 혹은 상징계적 차이의 산물은 바로 인간이라는 '결여의 존재'를 중심으로 한 욕망의 원인인 '오브제 a'가 야기시킨 담론의 산물임을 명심하게 함으로써, 다른 다양한 과학적 담론에서도 과학의 담론이라는 외양을 쓰고 자행되고 있을 남성가부장적 환상이나 인간중심적 환상, 지구중심적 환상, 환원주의적 환상들을 거스르게 도와줄 것을 당면과제로 내세울 것을 요구한다. 이런 당면과제에 대한 새로운 인식이 이번 라깡의 성차개념의 연구의 한 의의가 될 것이다.

참고문헌

신명아, 「라깡과 버틀러: 라깡의 정신분석과 제3물결 페미니즘(포스트페미니즘)」, 『라깡의 재탄생』, 김상환, 홍준기 엮음, 창작과 비평사, 2002, 572～603.

신명아, 「라깡의 정신분석 윤리학과 이마뉴엘 레비나스의 타자의 윤리학 비교분석 여구: 타자 개념을 중심으로」, 『*SESK*』 Vol. 9. 영미문학연구회, 2005, 103～144.

이리가라이, 『나, 너, 우리: 차이의 문화를 위하여』, 동문선, 1996.

_________, 『근원적 열정』, 동문선, 2001.

이병혁, 「문화연구에 있어서의 라깡의 정신분석학적 시각의 유용성: Luce Irigaray의 페미니즘 이론을 중심으로, 『라깡과 현대정신분석』 Vol. 6. No. 1. Summer, 라깡과 현대정신분석학회, 2004, 131～153, 영미문학연구회, 2005, 103～144.

André, Srege, *What Does a Woman Wnat?*, New York: Other Press, 1999.

Barnard, Suzanne, "Tongues of Angels: Feminine Structure and Other Jouissance", *Reading Seminar XX: Lacan's Major Work on Love, Knowledge, and Femine Sexuality*, Eds. Suzanne Barnard & Bruce Fink, New York: SUNY-Albany, 2004, 171～186.

______ and Bruce Fink, eds. *Reading Seminar XX: Lacan's Major Work on Love,*

Knowledge, and Femine Sexuality, SUNY-Albany, 2004.

Butler, Judith, *Bodies that Matter: On the Discursive Limits of 'Sex'*, London: Routlege, 1993.

__________, *Undoing the Gender*, London: Routlege, 2004.

__________, *Precarious Life*, London: Verso, 2004.

Chanter, Tina, *Ethics of Eros: Irigiaray's Rewriting of the Philosophers*, Routledge: London, 1995.

Copjec, Joan, ed., *Radical Evil*, Verso: London, 1996.

Engels, Friedrich, *The Origin of the Family, Private Property and the State*, London: Penguin Books.

Feldstein, Richard, Bruce Fink and Maire Jaanus, *Reading Seminar XI: Lacan's Four Fundamental Concepts of Psychoanalysis*, Buffalo: SUNY UP, 1995.

Fink, Bruce, "Alienation and Separation: Logical Moments of Lacan's Dialectic of Desire", *Newsletter of the Freudian Field 4*, 1990, 78~119.

Freud, Sigmund, "Moses and Monotheism", *Standard Eition of The Complete Psychoanalytical Works of Sigmund Freud XXIII*, London: Hogarth Press, 1964.

____________, "Totem and Taboo", *Standard Eition of The Complete Psychoanalytical Works of Sigmund Freud XXIII*, London: Hogarth Press, 1964, 1~162, 1~137.

____________, "Feminity", *New Introductory Lectures on Psychoanalysis*, New York: W. W. Norton, 1965.

Harasym, Sarah, ed., *Levinas and Lacan: The Missed Encounter*, Albany: State University of New York Press, 1998.

Irigaray, Luce, 'Women's Exile, Interview with Luce Irigaray', *Feminist Critique of Language*, Ed. Deborah Cameron, London: Routledge, 1990.

______, *An Ethics of Sexual Difference*, Tr. Carolyn Burke and Gillian C. Gill, Ithaca: Cornell UP, 1984.

______, *Sexes and Genalogies*, Tr. Gillian C. Gill, New York: Columbia UP, 1993.

______, *Speculum of the Other Woman*, Tr. Gillian C. Gill, Ithaca: Cornell UP, 1985.

______, *Thinking the Difference: For Peaceful Revolution*, Tr. Karin Montin, New York: Routledge, 1994.

Lacan, Jacques, "Logical Time and the Assertion of Anticipated Certainty: A New Sophism", *Newsletter of the Freudian Field 2*(1982), 4~22.

___________, *The Seminar of Jacques Lacan, Book VII: The Ethics of Psychoanalysis*, Ed. Jacques-Alain Miller, Tr. Dennis Porter, New York: Norton, 1992.

___________, *The Four Fundamental Concepts of Psychoanalysis*, New York: W. W.

Norton & Co., 1973.

___________, Encore: *The Seminar of Jacques Lacan, Book XX: On Feminine Sexuality, The Limits of Love and Knowledge 1972～73*, Tr. Bruce Fink, New York: Norton, 1998.

___________, *Feminie Sexuality: Jacques Lacan and the École Freudienne*, Tr. Jacqueline Rose, New York: Norton, 1982.

___________, "Kant with Sade," Trans, James B. Swenson, Jr. *October 51*(Winter), 1989, 55～75.

Parker, Slavoj, *Slavoj Zizek: A Critical Introduction*, London: Pluto Press, 2004.

Ragland, Ellie, *The Logic of Sexuation: From Aristotle to Lacan*, New York: SUNY Press, 2004.

Soler, Collette, *What Lacan Said about Women: A Psychoanalytic Study*, Tr. John Holland, New York: Other press, 2003.

Salecl, Renata, ed. *Sexuation*, Durham: Duke UP, 2000.

Taylor, Timothy, *The Prehistory of Sex*, New York: Bentam Books, 1996.

Whitford, Margaret, ed., *The Irigaray Reader*, Oxford: Basil Blackwell, 1991.

Zizek, Slavoj, *Indivisible Remainder: An Essay on Schelling and Related Matters*, London: Verso, 1996.

__________, *Interrogating the Real*, London: Continuum, 2005.

Zupancic, Alenka, *Ethics of the Real*, London: Verso, 2000.

버지니아 울프(Virginia Woolf)의 타자 없는 세계

–『등대로』(To the Lighthouse) 분석–

류 수 진[*]

"그렇다면 그렇게 봉합된 상태에서 어떻게 우리는 사람들에 관해서 이것 저것을 알 수 있는가?"(How then did one know one thing or another thing about people, sealed as they were?).[1] 릴리 브리스코(Lily Briscoe)는 자문해 보았다. 램지 부인(Mrs. Ramsay)에게 최대한 가까이 다가가 그녀의 마음을 알 수 있는 기술을 얻고자 릴리의 의식은 타인에 대한 인식론상의 불충분함에도 불구하고 억제할 수 없는 인식론적 갈망을 치열하게 반복한다. 릴리와 램지 부인의 관계만 두고 본다면 이 소설은 타자 이해하기를 시도하는 릴리의 고민에서 비롯되어 비밀임을 지키기 위한 힘과 비밀을 지각하려는 힘의 갈등 구조를 보여준다. 그리고 『등대로』 첫 장의 제목이 내부와 외부의 연결 통로이면서도 철저하게 구분하는 보호막 「창」("Window")임을 생각한다면, 자아와 철저히 분리되어 있는 비밀스러운 타자와 이를 엿보려는 릴리 사이의 긴장감이 팽팽하게 진행될 것임을 예상할 수 있다. 그래서 '왕의 묘에 있는 보물', '신성한 문자가 적힌 서판', '봉합된 벌집', 그리고 실제로 '바위 뒤에 숨은 폴(Paul)과 민타(Minta)의 비밀스러운 열정'은 비밀을 숨기려는 '은폐'와

---

* 영문학 석사, 미국유학 중.

1) Virginia Woolf, *To the Lighthouse*(London: Penguin Books, 1992), pp.57～58. 앞으로 이 책에서의 인용은 면수만 표기.

'괴리'의 이미지로 「창」을 가득 채운다. 이와 함께 탠슬리를 바라보는 릴리의 '엑스레이 사진'(X-ray photograph, 99)은 비밀을 드러내려는 간파 이미지로 등장한다.[2] 이러한 심리적 치열함 속에서 진행되는 릴리의 램지 부인이라는 타자 이해 과정은 타자가 단순히 내 시선의 대상을 넘어서면서 독자에게도 타자에 대한 고통스러운 질문과 고민을 안겨준다. 필자는 이러한 릴리의 인식론적 변화 과정을 질 들뢰즈(Gilles Deleuze)의 타자 이론을 살핀 후, 그 적용 가능성을 모색하겠다.

1. 릴리와 램지 부인

화가 릴리는 램지 부인을 자신의 화폭에 담고자 램지 부인에 대한 인식론적 고민을 시작한다. 릴리의 인식론적 고민은 '다른 무엇-되기'(becoming-other)를 거듭하며 역행(involution)[3]하는 과정으로 채워지는데, 여기서 '다른 무엇'은 릴리 자신이 아닌 그 외 다른 이질적인 존재이다. 릴리는 여러 이질적인 대상과의 결연을 통하여 반복적으로 '되기'(becoming)를 수행한다. 이 이질적인 대상과의 결연은 종종 불연속적인 블록(block)을 형성하는 까닭에 타자라는 비밀에 대항하는 릴리의 간파과정은 일련의 방해와 단절로 어려움

2) Linden Peach, "Womanhood and Discourse: To the Lighthouse",(1927) *Critical Issues: Virginia Woolf*(New York: St. Martin's Press, 2000) 131.

3) '되기'(becoming)는 상호간의 대응(correspondence)을 통한 유사성, 모방, 동일화의 운동성이 아니기에 혈통이나 계통(filiation)에 의한 진화(evolution)가 아니다. 오히려 되기는 이질적인 것들과의 결연(alliance, 結緣) 관계를 통하여 나타나는 역행(involution)과 관련된다. 되기는 역행적이지만 이 역행은 퇴행(regression)적이라기 보다는 창조적이다. 퇴행은 덜 분화된 것으로 향해 가는 운동이지만, 역행은 할당 가능한 관계(assignable relations) 바로 아래, 주어진 여러 항들 '사이에서' 자신의 고유한 선을 긋는 '블록'을 형성하기 때문이다. 블록에 의해서 동일화가 아닌 분열적인 역행의 창조성이 생성된다. Gilles Deleuze and Fèlix Guattari, *A Thousand Plateaus: Capitalism and Schizophrenia*, Trans. Hugh Tomlinson and Graham Burchell(Minneapolis: University of Minnesota Press, 2005), pp.238～39. 앞으로 이 책에서의 인용은 TP라 쓰고 면수만 표기; 영어 "involution"는 일반적으로 '말아 넣음', 혹은 의학적으로 '복구 작용'을 의미한다. 그러나 필자는 "involution"이 동일화를 지향하는 진화의 운동방향과 반대되고, 진보 이전의 상태로 돌아가는 퇴행 운동과 차이가 있기에 "역행"으로 번역한다.

을 겪는다. 하지만 블록은 릴리의 분석을 더 파편적으로 분화시키는 역행으로 이끌어 더 섬세하고 창조적인 생각을 도출하는 기능을 한다. 오히려 단절은 탈주를 조장하여 릴리의 인식에 창조성을 부여하는 역할을 한다.

램지 부인의 이해와 위로를 갈망하는 릴리의 욕망은 불행한 '여성-임'을 알리는 의도로부터 시작한다. 릴리는 서른 셋 미혼의 가난한 여성 화가이다. 사회적 측면에서 보면 그녀는 빅토리아 시대 가부장적 이데올로기 아래 결혼하지 않은 노처녀로서 외부인이며 주변부에 속한다. 그리고 경제적 측면에서 보면 정규교육을 받지 않은 채 자신의 화풍만을 고수하려는 고집스럽고 가난한 여성 화가로서 빅토리아 시대 말기에 어울리지 않는 생산품, 즉 결혼 시장에서 요구되지 않는 쓸모 없는 여분(redundancy)이다.[4] 그녀는 사회가 여성에게 암묵적으로 강요하는 결혼, 가정, 공감(sympathy)이라는 코드와 맞지 않는다. 램지 부인의 생각처럼 "중국인처럼 생긴 작은 눈과 주름 잡힌 얼굴로 릴리는 결코 결혼하지 않을 것이다; 그리고 어느 누구도 그녀의 그림을 진정으로 받아들이지 못할 것이다."(21) 빅토리아 시대 여성들에게 사회적 안정과 경제성을 확보할 수 있는 유일한 직업은 결혼이었기에 노처녀 릴리의 그림은 인정을 받지 못한다. "램지 부인도 그녀의 그림에 눈곱만큼의 관심도 보이지 않는다."(56) 릴리 자신도 그녀의 그림이 "다락방에 걸릴 것임을, 파손될 것임을"(225) 예상한다. 이러한 어려운 현실 여건에도 불구하고 릴리는 당시 유행하던 폰스포트 씨(Mr. Paunceforte)의 화풍에 따라가지 않고 그녀만의 통찰력으로 그림을 완성하려 한다. 그러나 빅토리아 시대의 '집안의 천사' 이데올로기로부터 벗어나려 하는 릴리의 탈주선은 아직 불안하기만 하다. 그녀의 머릿속에 분명했던 통찰력은 붓을 통하여 가시화되지 않고, 램지 부인에게 하소연하고 싶은 그녀의 충동도 그것을 표현할 적절한

---

4) Bridge Elliott and Jo-Ann Wallace, "Professionalism, Genre, and the Sister(s') Arts: Virginia Woolf and Vanessa Bell", *Women Artists and Writers: Modernist (Im)positionings*(New York: Routledge, 1994) 75; 빅토리아 시대에 교육을 받은 후 결혼적령기에 속하는 중상류층 여성은 배우자를 만나 결혼을 하고 가정을 이루는 것을 삶의 당연한 단계로 여겼으며 이러한 과정은 빅토리아 여성들이 사회로부터 인정받기 위한 삶의 필수적인 요건이었다. 때문에 그들에게 결혼은 인생에서 가장 행복한 사건일 뿐만 아니라 결혼 후 그들이 수행해야 하는 '집안의 천사'는 하나의 이상적인 역할 모델이었다. Douglas Sutherland, *The English Gentleman's Wife* (New York: Penguin Books, 1981), pp.19~21.

언어의 부재로 억제되고 만다.

릴리가 도중에 멈춰버린 램지 부인에 대한 감정은 '릴리-임'이 아닌 '다른 무엇-되기'를 통해 다시 시작된다. 첫 번째 릴리는 윌리엄 뱅크스(William Bankes)의 시선을 빌어 남자-되기를 시도한다. 뱅크스라는 남자-되기를 시도한 릴리는 뱅크스의 시선을 통해 간접적으로 램지 부인에 대한 사랑과 경배에 동참한다. 뱅크스씨의 시선을 통해 본 램지 부인은 뱅크스씨의 영혼을 홀릴 정도로 매혹적이다. 그녀는 "그리스인의 모습을 하고, 푸른 눈과 곧게 뻗은 코"(34)를 갖은 트로이(Troy)의 헬렌(Helen)[5]이며 아들 예수를 안고 있는 마리아(Maria)로 전통적으로 이상적인 여성상을 보여준다. 그리고 이런 램지 부인의 이미지에 도취된 뱅크스씨는 황홀경(rapture)에 빠진다. 마흔 살이 넘어 여덟 명의 자식을 둔 중년 여성이 뱅크스씨의 눈에 아름다움과 숭고의 이미지로 투사되는 현상을 울프는 『자기만의 방』(*A Room of One's Own*)에서 다음과 같이 설명한다.

> But almost without exception they(women) are shown in their relation to men. [···] how little can a man know even of that when he observes it through the black or rosy spectacles which sex puts upon his nose. Hence, perhaps, the peculiar nature of woman in fiction; the astonishing extremes of her beauty and horror; her alternations between heavenly goodness and hellish depravity - for so a lover would see her as his love rose or sank, was prosperous or unhappy.[6] (필자에 의한 괄호 추가)
>
> 그러나 거의 예외 없이 그들(여성들)은 남성들과의 관계를 통해서 보여지고 있습니다. [···] 그리고 남성이라는 성이 자신의 코 위에 걸쳐 놓은 검정색 혹은 장밋빛 안경을 통하여 여성을 관찰할 때 남자들은 그 작은 부분조차 제대로 알지 못합니다. 아마 이래서 픽션 속의 여성들이 특이한 성격으로 나타나는데, 그녀는 놀랄 만큼 극단적으로 아름다우면서도 혐오스럽고, 천국 같은 선함과 지옥 같은 타락 사이를 왔다 갔다 합니다 - 왜냐하면 그녀의 연인인 남자가 자기의 사랑이 올라가고 가라앉는

5) 뱅크스씨 외에 다른 남성 주인공들 역시 중년 여성인 램지 부인의 아름다움에 탄복하며 그녀를 황홀하게 바라본다. 탠슬리는 그녀를 "그가 지금껏 본 여성 중 가장 아름다운 사람"(18)으로 낭만화한다. 그리고 어느 시인은 램지 부인에게 헌정한 책에서 그녀를 "우리 시대의 더 행복한 헬렌"(The happier Helen of our days, 32)이라 부른다.

6) Virginia Woolf, *A Room of One's Own*(London: Grafton Books, 1987), p.79.

대로, 순조롭거나 불행한 대로, 거기에 따라서 그녀를 보기 때문입니다.

울프는 이 색안경을 통해 가부장적 사회가 갖는 여성에 대한 이분법적 편견을 보여준다. 이 색안경을 통하여 투사된 여성 이미지는 그 본래의 색을 잃고 검정색 또는 장밋빛으로 채색되어 '혐오스러움-아름다움', '흉악한 타락-거룩한 여신'이라는 극단적인 이항대립의 틀 안에 갇히게 된다. 뱅크스씨의 경우 장밋빛 안경으로 인하여 램지 부인은 인간의 영역을 벗어나 극도로 이상화된 인물인 아름다운 헬렌과 성스러운 마리아로 굴절된다. 즉, 이 장밋빛 색안경은 뱅크스씨의 객관적 비판력을 강탈하고, 그는 램지 부인의 아름답고 성스러운 모습에 굴복한다. 릴리의 그림을 "과학적으로 검토하기 위해 안경을 쓰고 몸을 돌려"(59) "질량과의 관계, 빛과 그림자의 관계"(59)를 생각하는 과학자 뱅크스씨의 과학적, 객관적 이성은 발휘되지 못한다. 결국 이상화된 램지 부인의 이미지는 릴리에게 "완벽한 모습과는 다른 인물"(55)일지도 모른다는 의심을 일으키며 그 객관성을 상실한다. 릴리는 남성을 통해서만 여성과 여성의 관계를 제시할 수 있는[7] 현실에 회의를 느끼며 전통적인 남성중심적 인식론과 결별한다.

그 다음 릴리는 뱅크스씨의 시선에 "그녀의 또 다른 응시의 빛줄기"(55)를 더하며 냉철한 분석을 하는 고고학자가 된다. 릴리는 고고학자-되기로 19세기 여성상의 모델인 '집안의 천사' 되기를 거부하고 집에서 집 외부로, 사적 공간에서 공적 공간으로 이동한다. 그리고 당시 남성 직업의 전유물인 고고학자가 되면서 성차(性差)가 부여하는 성역할의 경계를 허물고 성차의 질서로부터 벗어난다. 이제 고고학자 릴리는 어느 누구든 "그 장갑의 뒤틀린 손가락 부분"(55)을 보고 그것이 틀림없이 램지 부인의 장갑임을 확신할 수 있는 램지 부인의 특이성(singularity)에 대하여 분석하기 시작한다. 더구나 이때 문장의 주어는 남성인지 여성인지 구분 할 수 없는 '누군가'(one)로 대치된

7) 울프는 그리스 비극과 라신(Racine)의 극에서 그려지는 여성들간의 우정과 사랑을 매우 숭고한 형태로 여긴다. 그리고 전통적으로 소설에 등장하는 모든 여성 인물들이 남성에 의하여 혹은 남성들과의 관계를 통해서만 그려지는 현상을 이상하게 여기면서 이러한 묘사가 얼마나 여성의 삶의 작은 부분만을 보여주는지, 그리고 남성들이 색안경을 통하여 여성을 보면서 얼마나 여성들을 이해하고 있지 못하는지에 대하여 한탄한다. *Ibid.*, 79.

다. 불특정 일반인으로의 주어 변화는 릴리의 분석이 릴리만의 개인적인 일이 아닌 일반 사람들의 일로 확장시키면서 릴리의 분석은 '개인적 주관성 배제'와 '보편적 객관성 확보'라는 가능성을 얻는다.

> […] she imagined how in the chambers of the mind and heart of the woman who was, physically, touching her, were stood, like the treasures in the tombs of kings, tablets bearing sacred inscriptions, which if one could spell them out would teach one everything, but they would never be offered openly, never made public.(57)
>
> […] 그녀는 상상했다. 지금 이렇게 몸을 맞대고 있는 이 여인의 마음 속에 있는 밀실에는 마치 왕릉 속의 비장한 보물과도 같이 성스러운 비문이 새겨진 비석들이 세워져 있는 것이라고. 그 비문들은 우리가 잘 해독하기만 하면 우리에게 모든 것을 가르쳐 주겠지만 결코 공개되지 않을 그런 비문이었다.

램지 부인을 알기 위하여 고고학자 릴리가 취한 방법은 '지식읽기'이다. 타자의 마음읽기란 내면세계로 들어가 그 누구도 알 수 없는 신성한 문자를 읽어야 한다. 마치 고고학자가 고대 비밀의 왕릉을 발굴하듯 타자의 마음 속으로 들어가는 일은 숨겨진 밀실로의 탐험과 같다. 이 탐험은 외부 침입으로부터의 보호를 위해 비밀스럽게 보관된 "왕릉의 보물"(the treasures in the tombs of kings, 57)에 접근해야 하고, 해독하기 어려운 "신성한 비문이 적힌 서판"(tablet bearing sacred inscriptions, 57)의 의미를 깨우쳐야 하는 작업을 포함한다. 하지만 타자의 반(反)스파이 활동은 의도적으로 외부인에게 노출을 꺼리고 침입을 허락하지 않으려 하기에 타인의 비밀 공간은 침투가 불가능하며 그 비밀은 "공개되지 않는다."(57) 결국 릴리는 분석자적 태도를 버리고 다른 가능성을 모색한다.

> Could loving, as people called it, make her and Mrs. Ramsay one? for it was not knowledge but unity that she desired, not inscriptions on tablets, nothing that could be written in any language known to men, but intimacy itself, which is knowledge, she had thought, leaning her head on Mrs. Ramsay's knee. (57)
>
> 소위 사랑이라는 것이 그녀와 부인을 하나로 만들 수 있을까? 그녀가 원하는 것은 지식이 아니라 하나됨이었고, 서판에 새긴 비문들이 아니었으며, 즉 일찍이 인간

> 이 알아온 언어로 씌어질 수 있는 것은 절대로 아니었고, 친밀함 그 자체였다. 이 친밀함은 지식이라고 그녀는 부인의 무릎에 머리를 얹으면서 생각했다.

릴리는 사랑하는 이와 함께 하나가 될 수 있는 또 다른 방법, 마치 "항아리 속의 물처럼 서로 뒤얽혀 분리되지 않게 동화되는"(like waters poured into one jar, inextricably the same, 57) 융해의 가능성을 궁리한다. 순간 타자를 아는 방식이 멀리서 보는 관찰이 아니라 사랑이 지식이고, 분석자와 대상이 하나(unity)가 되는 친밀함(intimacy)이 지식이라는 생각이 그녀에게 떠오른다. 이는 고고학자가 숨겨진 비밀을 연구하는, 즉 관찰의 주도권을 갖는 분석 주체가 관찰 대상을 바라보는 태도에서 벗어나 분석자와 대상이 하나가 되려는 태도이다. 그러나 이처럼 타자라는 비밀의 형식이 조직화되고 구조화될 때, 이 지점에서 뜻밖의 일이 일어난다. 무슨 일이 일어난 것일까? "아무 일도 일어나지 않았다. 아무 일도! 그 어떤 일도!"(57)

그러나 비밀은 "사람들도 각각 이런 식으로 봉합되어 하나로 융합될 수 없다면 어떻게 우리는 타인에 관해서 이것저것을 알 수 있을까?"(57)라는 의문의 형태로 사라지지 않은 채 여전히 남는다. 이 사라지지 않은 비밀은 릴리에게 좌절이다. 그런데 진짜로 아무 일도 일어나지 않았을까? 정확히 무슨 일이 일어났는가? 실은 지각 가능한 어떤 일도 일어나지 않았다. 단지 릴리의 '타자 간파 과정'을 좌절시키는 블록과 그로 인한 파열이 있을 뿐이다. 이 파열은 스콧 피츠저랄드(F. Scott Fitzgerald)의 표현대로 "외부로부터 오는 갑작스런 커다란 타격(blow)이 아닌 일이 좋아질 때 일어나는 접시 위의 금과 같은 미시적인 균열(micro-cracks)이다."[8] 이 미시적인 균열은 욕망의 분자적 변화와 욕망의 재분배를 수반한다. 이제 타인을 알고자 하는 릴리의 욕망은 신성한 비문으로의 완벽한 접근, 완벽한 통합, 뒤얽혀 동화되기와 같이 동일성으로 향하는 흐름을 멈추고 "이것저것"(57)으로 분열, 파열한다. 이 파열은 릴리의 인식론상의 변화이자 큰 진척이다. 사실 이 새로운 질문으로 릴리는 타인의 핵심 부분을 소유함이 불가능함을, 그리고 항상 필연적으로 타인과 분리돼 있음을 깨닫고, 자신의 물음, 즉 욕망을 하나됨에서 이것저것

8) *TP*, 198.

으로 분화시킨다.

릴리의 욕망이 점점 분화되면서 그녀는 갑자기 벌이라는 생명체 앞에서 매혹 상태에 빠진다. 이제 그녀는 벌이라는 '동물-되기'로 탈인간화를 경험한다. 릴리는 문득 "사람들은 벌집"(57～58)이라 생각한다. "벌집들의 달콤함과 예리함에 이끌려 우리는 세상을 홀로 헤매고, 벌집을 드나들고, 내부에서 고동치는 생명의 신호인 중얼거림과 소란스러움을 듣는다"(58). 그러나 사람들의 내부에는 수 많은 벌들이 내재하여 우리는 결코 사람들의 메시지를 해독할 수 없을 뿐더러 그들이 무슨 생각을 갖고 어떠한 감정을 갖는지에 대해서도 확신할 수 없다. 울프는 릴리의 복잡한 벌 이미지로 타자의 마음 속이 수 없이 많은 소망으로 채워져 있고 타자에 대한 모든 지식을 얻기 어려움을 지적한다. 이제 릴리는 주체가 타자를 완벽하게 인식할 수 없음을 깨닫고 주체가 대상을 응시하는 전통적인 인식론을 버린다.

릴리는 탈인간화되면서 전통적인 주체 중심적 인식론이라는 '꿈'에서 깨어난다. 그녀의 파열된 의식이 "과거의 요소가 휘발되는 단절"[9]의 단계에 이른 것이다. 꿈에서 깬 릴리에게 램지 부인은 낯설게 보인다. 램지 부인 주위에 벌이 부지런히 움직이듯 생생하게 중얼거리는 소리가 맴돈다. 릴리의 벌집 이미지가 램지 부인을 보는 그녀의 시선에 영향을 미친 것이다. 그러다 갑자기 "릴리의 눈에 이 부인이 거룩한 자태로, 돔 형태를 한 건축물의 모습"(to Lily's eyes, an august shape; the shape of a dome, 58)으로 비춰진다. 이제 램지 부인은 릴리의 반사적인 인식 대상이 아니라 스스로 자신의 이미지를 투사하는 인식의 주체가 된다. 즉 응시(gaze)의 빛줄기가 주체에서 대상으로 이동한 것이다. 그런데 응시가 주체에서 대상으로 이동하였다고 생각한다면 여전히 응시 중심의 인식 이론, 즉 타자에 의한 인식에 사로잡혀 주체와 대상의 분리를 낳게 된다. 릴리의 타자 이해하기는 여전히 해결될 기미를 보이지 않는다.

한편 릴리의 탈인간화를 가속시킨 사건이 일어나는데 바로 전쟁의 발발이다. 릴리가 그림의 한가운데 긋는 선처럼 책의 한 가운데 『등대로』의 두

9) *Ibid.*, 199.

번째 장 「시간이 흐르다」("Time Passes")에서 이야기의 진행이 거칠게 중단된다.[10] 「시간이 흐르다」에서 묘사된 램지 부부의 별장은 전쟁으로 인하여 사람들의 발길이 끊기고, 창의 경계를 넘어 집안의 질서를 허무는 창 밖 자연 요소들의 흐름으로 가득 찬다. 집 내부에 인간 문명의 질서를 유지하려 했던 램지 부인의 기운은 쇠락하고 다락방마다 쥐들이 우글거리며 비가 새어 들어온다.

> What power could now prevent the fertility, the insensibility of nature? [⋯] The place was gone to rack and ruin. Only the Lighthouse beam entered the rooms for a darkness of winter, looked with equanimity at the thistle and the swallow, the rat and the straw. Nothing now withstood them; nothing said no to them. Let the wind blow; let the poppy seed itself and the carnation mate with the cabbage. Let the swallow build in the drawing-room, and the thistle thrust aside the tiles, and the butterfly sun itself on the faded chintz of the arm-chairs. Let the broken glass and the china lie out on the lawn and be tangled over with grass and wild berries. (150∼51)
>
> 이제 그 어떤 힘이 자연의 이 비옥함, 이 무감각함을 억제할 수 있단 말인가? [⋯] 이곳은 이제 완전히 파괴되었다. 단지 등대에서 비추는 빛줄기만이 잠시 방에 들어와 그것의 갑작스러운 강한 시선을 겨울의 어둠 속에서 침대와 벽 위로 보낼 뿐이었고, 엉겅퀴와 제비, 쥐와 지푸라기를 담담하게 바라보았다. 이제 이것들을 저지시킬 것은 아무것도 없었으니, 그 어느 것도 그들에게 안 된다고 하지 않았다. 바람이 마음대로 불게 하라. 양귀비도 번식하게 하고 카네이션이 양배추와 짝을 짓는 것도 내버려두자. 제비가 거실에 둥지를 트는 것도 상관 말고, 엉겅퀴가 타일을 밀어붙여도 내버려두고, 나비가 안락 의자의 빛 바랜 커버 위에서 햇빛을 쪼이게 내버려 두자. 깨진 유리와 사기 조각이 잔디 위에 널려 있고 풀과 야생의 열매들과 엉키게 내버려 두자.

이제 램지 부부의 여름별장에 인간 이성의 영향력은 남아 있지 않다. 엉겅

10) 울프는 1925년 8월 6일 일기에서 『등대로』의 두 번째 장을 구성하면서 막연하게나마 "10년이 지나가는 의미"를 포함하여 "흥미로운 실험"을 할 것이라고 기록한다. 그리고 같은 해 9월 5일 일기에서 그녀는 두 번째 장에 대한 좀 더 뚜렷한 구상을 잡는데, 전쟁의 영향과 함께 『등대로』의 한 가운데에 습격을 가하기로 한다. "난 『등대로』에 아주 빠르고 융성한 공격(very quick and flourishing attack)을 만들었어." Susan Dick, "Appendix A", *To the Lighthouse: The Original Holography Draft*(Toronto: University of Toronto Press, 1983), p.2.

쥐, 제비, 쥐 등등 자연 요소들은 인간의 집 안에 들어와 인간의 기존 질서와 체계를 파괴하는 위협적인 존재가 된다. 정원은 아무렇게나 바람에 날려와 돋아난 식물들로 가득 차고, 그 정원의 식물들은 이질적 종자와 엉키고 섞이며, 정원이라고 이름을 붙일 수 없을 정도로 인공성은 퇴색한다. 이제 램지 부부의 여름 별장이라는 공간에 인간의 문화(culture)는 전쟁으로 파괴되고, 문화와 자연과의 경계는 흐트러지며, 차이도, 규칙도, 의미도 사라진다.

그리고 램지 부인이 죽었다. 게다가 램지 부부의 전통성을 이어갈 만한 존재인 그들의 딸 프루(Prue)와 아들 앤드류(Andrew)도 죽는다. 프루의 죽음은 린든 피치(Linden Peach)의 지적대로 "모계 전통을 이어갈 연속성을 보장하는 램지 부인의 약속뿐만이 아니라 모성 그 자체에 대한 램지 부인의 이상화를 손상시킨다."[11] 전쟁으로 인하여 가족과 계급의 구조, 그리고 빅토리아 시대의 전통을 이어갈 흐름은 파괴된다. 그런데 소설의 이야기를 지배적으로 이끌어 가던 중요 인물의 죽음은 구체적인 부가적 설명이나 감정적 애도의 표현 없이 괄호 안의 짧은 문장으로 간단히 축소된다. 이러한 인간사의 비극적 소식은 괄호 안으로 축소돼 「시간이 흐르다」의 여기저기로 흩어진다. 그리고 이 괄호 밖에서 파편화되고, 비인간적 자연이 활발한 운동성을 가지며 「창」에 등장하던 인물들의 위치와 시선을 대신한다. 소설의 큰 흐름을 끊는 거대한 절단인 전쟁은 램지 부인의 육체뿐만이 아니라 램지 부인으로 상징되는 행복한 빅토리아 시대의 전통과 자연에 대항하는 인간의 노력을 상징적으로 죽인다.[12] 전쟁을 계기로 릴리는 '전쟁 전-전쟁 후'와 같은 이항적 선택지 속에서 한 항에서 다른 항으로 이행해야만 한다. 하지만 이 갑작스럽고 커다란 타격과 변화는 매우 의미심장한 절단들을 창조한다.

'전쟁 후'로 소설의 배경이 이행된 후, 릴리의 탈인간화가 마침내 완성된 것은 그녀가 다시 돌아 온 램지 부부의 여름별장에 홀로 남겨지고 난 후이

---

11) Linden Peach, "Womanhood and Discourse: To the Lighthouse",(1927) *Critical Issues: Virginia Woolf*, p.131.

12) Lisa Williams, "To the Lighthouse", *The Artist as Outsider in the Novels of Toni Morrison and Virginia Woolf*(London: Greenwood Press, 2000), p.148.

다. 전쟁이라는 엄청난 재난 후에 릴리는 자신의 분석대상이었던 램지 부인을 잃고 램지 부인의 세계와 연결된 매듭을 완전히 끊어버리게 된다. "그녀는 다시 돌아온 램지 부부의 별장에 전혀 애정이 없고, 이 곳과 아무런 연관이 없으며, 어떤 일이라도 일어날 수 있다"(160)고 느낀다. 그저 타인들에게서 소외되어, 이 집도, 이 장소도, 이 아침도 모두 그녀에게 생소할 뿐이다. "모든 세월이 지나고 램지 부인이 죽고 난 후에 돌아온 그녀는 무엇을 느꼈던가? 그것은 허무였다, 무(無)-그녀가 전혀 표현할 수 없는 공허였다."(159)

2. 타자 없는 세계

릴리가 램지 부인을 이해하고자 하는 노력은 다 헛수고로 돌아가고 여전히 릴리에게 타자는 알 수 없는 존재이다. 이렇게 의미화되지 않는 타자는 우리에게 어떻게 다가오는가? 들뢰즈는 일반적으로 타자/객체를 자아/주체에 대한 이차적 개념으로 고려하는 것에 문제를 제기한다. 어떤 특정한 대상이 타자로 등장할 때, 또는 내 자신이 다른 사람에게 어떤 특정한 대상이 되는 타자가 될 때, 그 타자의 지위는 무엇인가? 들뢰즈는 『차이와 반복』(*Difference and Repetition*)에서 타자를 "가능한 세계의 표현"(the expression of a possible world)[13]으로 정의한다. 이때 "표현"은 "표현하는 것과 표현되는 것 사이의 비틀림(torsion)을 포함한 관계에 있기 때문에 표현되는 것이 표현하는 것과 분리되어 존재할 수 없는 관계"를 말한다.[14] 여기서 비틀린 관계는 표현하는 것과 표현되는 것이 직접 대칭되는 유사성(resemblance)의 관계가 아니라 전자가 후자를 감싸는(enveloping) 비대칭 또는 비평등의 관계를 설명한다. 그리고 "가능한"[15]은 "감싸는 것과 아주 이질적으로 존재하는 감

---

13) Gilles Deleuze, "Asymmetrical Synthesis of the Sensible", *Difference and Repetition*, Trans. Paul Patton (New York: Columbia University Press, 1994), p.261. 앞으로 이 글에서의 인용은 "ASS"로 줄이고 면수만 표기.

14) *Ibid.*, 260.

15) 들뢰즈의 표현에 따르면 대상에는 늘 가시화되지 않는 '잠재적인' 부분이 있는데, 그 잠재적인 부분을 가리켜 그는 가능성들(possibilities), 배경(backgrounds), 변두리들(fringes) 등으로

싸인 것, 혹은 함축된(implicated) 것의 상태"를 의미한다.[16] 이처럼 감싸고 함축된 가능한 세계가 펼쳐지고 설명되면서(explicated), 주름이 안으로 접히고(im-plicated) 밖으로 펼쳐지는(ex-plicated) 겹주름(replication) 운동을 행하는 존재가 타자이다.

따라서 들뢰즈의 타자는 나 아닌 다른 사람이나 대상 또는 물건을 가리키는 구체적인 '개별 타자'(others)가 아니다. 들뢰즈는 『의미의 논리』(*The Logic of Sense*)의 부록 「미셸 투르니에와 타자들 없는 세계」("Michel Tournier and the World without Others")에서 타자를 특정한 대상으로 환원하거나 아니면 다른 주체로 환원하는 기존 철학 이론을 반박한다. 즉, 나 아닌 다른 주체 혹은 나의 외부에 있는 대상을 타자라고 설정하는 경우이다. 한 예로 타자의 응시에 의한 주체 형성을 언급한 쟝 폴 사르트르(Jean Paul Sartre)의 『존재와 무』(*Being and Nothingness*)에서 보듯 나는 타자의 시선 대상이고 타자는 내 시선의 대상이 된다. 그러나 사르트르와 다르게 들뢰즈는 타자를 내가 지각하는 대상이나 나를 지각하는 어떤 주체가 아니라 그러한 지각을 가능하게 해주는 '지각장의 구조'로 이해한다. 들뢰즈에 따르면 타자는 어느 주체가 지각하는 현실적인 세계가 아니다. 타자는 가능한 혹은 잠재적인 세계를 표현하기에 구체적인 개별 타자도 아니다. 이 보다 타자는 하나의 완전하게 통일되고 조직된 지각장을 가능하게 하는 '선험적 대타자'(a priori Other)로 이해되어야 하는데, 들뢰즈는 이를 '구조-대타자'(structure-Other)로 부른다.[17] 구조-대타자는 개별적인 타자들이 각각의 장에서 현실화하는 절대적 구조(absolute structure)로서 구체적 타자들의 상대성을 확립하고, 나의 의식과 대상을 구별하며, 언어가 표현하는 가능한 세계에 실제성(reality)을 부여하는 선험적 대타자다.[18]

가능한 세계의 표현이자 선험적 구조인 대타자(the Other) 개념에서 주목

표현한다. Gilles Deleuze, "Michel Tournier and the World without Others", *The Logic of Sense*, Trans. Mark Lester and Charles Stivale(New York: Columbia University Press, 1990) 308. 앞으로 이 글에서의 인용은 "MTWO"로 줄이고 면수만 표기.

16) "ASS", 260.

17) "MTWO", 307.

18) *Ibid.*, 307.

할 점은 주름을 펼치는 것보다 감싸는 운동, 그리고 개별 타자들의 지각보다 선험적 구조이다. 들뢰즈의 표현대로 "지각 세계의 펼쳐진 질들(qualities)과 외연들(extensities) 가운데서 대타자는 표현 바깥에서 존재하지 않는 가능한 세계들을 감싸고 표현한다. 이런 식으로 대타자는 지각의 재현된 세계에 본질적 기능을 부여하는 함축의 끈덕진 가치를 입증한다"[19]라고 말한다. 이는 인간이 경험하는 펼쳐진 지각 세계를 본질적인 대상으로 변화시키는 힘이 바로 감싸인 안주름, 즉 함축에서 나온다는 말이다. 주름이 펼쳐지는 설명(explication)은 안주름(implication)이 재현 세계의 질들과 외연들 속에서 개별적인 타자들로 현실화되는 개체화의 과정을 말한다. 이 개체화의 과정에서 중요한 것은 재현되고 분화된 구체적 개별 타자들이라기보다 그 개별 타자 안에서 현실화되어 개체화하는 요건들(individuating factors) — 잠재성(virtuality), 강도(intensity), 특이성(singularity), 이념(Idea) — 이다. 즉 대타자는 개체화하는 요건들을 대리한다. 인간이 개별적인 대상들과 주체들을 지각하고, 그들을 확인할 수 있고 인식할 수 있는 다양한 종류의 개체들로 형성하는 것은 대타자가 개체화(individuation)의 장을 조직하기 때문이다. 따라서 들뢰즈는 대타자의 작용을 "대상과 주체의 한계 내에서 개체화하는 요인들과 전(前)-개체적 특이성들(pre-individual singularities)을 통합하고, 그 다음 지각하는 주체들이나 지각되는 대상들의 재현으로 넘겨주는 것"[20]이라고 요약한다. 다시 말해 강도와 특이성을 함축한 주름이 재현 세계에 펼쳐지면서 지각을 통해 개별적 주체와 대상들로 분화되는 과정 가운데 대타자가 있다.

들뢰즈의 대타자 개념은 여기서 끝나지 않는다. 그의 이론은 대타자가 재현 세계에서 강도와 특이성을 감싸고 있는 개체화하는 요인을 대리한다는 정의로 끝나지 않고, 안으로 감싸이면서 함축된 강도와 이념으로 상승한다.

> As a result, in order to rediscover the individuating factors as they are in the intensive series along with the pre-individual singularities as they are in the Idea, this path must be followed in reverse so that, departing from the subjects which give effect to the

---

19) "ASS", 281.
20) *Ibid.*, 281~82.

> Other-structure, we return as far as this structure in itself, thus apprehending the Other as No-one, then continue further, following the bend in sufficient reason until we reach those regions where the Other-structure no longer functions, far from the objects and subjects that it conditions, where singularities are free to be deployed or distributed within pure Ideas, and individuating factors to be distributed in pure intensity.[21)]
>
> 따라서 강도의 계열 안에 있는 개체화하는 요인들과 더불어 이념 안에 있는 전-개체적 특이성들을 다시 발견하기 위하여, 이 길을 역으로 따라가야 한다. 즉 대타자-구조를 실행하는 주체들로부터 출발하여 우리는 이 구조 그 자체까지, 대타자를 아무것도 아닌-자로 파악하는 데까지 돌아가고, 계속해서 충족 이유의 굴곡을 따라가면서 대타자-구조가 더 이상 가능하지 않은 지점까지, 즉 대타자-구조가 조건 짓는 대상들과 주체들로부터 멀리 떨어져 있고, 특이성들이 순수 이념들 안에서 자유로이 전개되고 개체화하는 요인들이 순수 강도 속에서 분배되는 곳까지 도달해야 한다.

들뢰즈의 대타자 개념에서 주목할 점은 이념의 특이성들이 재현 세계의 구체적 타자들로 현실화된 과정을 역전시킨다는 것이다. 이 역전 운동은 구체적 타자들 속에서 개체화하는 요인의 강도와 이념의 전-개체적 특이성들을 다시 발견하기 위해 욕망이 더 이상 작용하지 않는 순수의 장소로 역행하는 운동이다.

여기에 램지 부인을 향한 릴리의 인식론적 과정을 주목하는 이유가 있다. 릴리의 타자 이해하기 과정은 릴리가 제반 권력에 맞서 고독하게 소수자-되기로 역행할 때 인간의 보편적 가치에 의문을 품고 '비인간적인 존재-되기'를 실현하는, 즉 '탈인간화'(dehumanization)를 최종 목표로 하는 일탈의 이야기이다. 울프는 릴리의 타자 이해 과정을 가능한 세계와 선험적 구조를 상실하고 이념의 세계로 상승하는 도착자의 역행적 경험으로 변모시킨다. 전쟁으로 인하여 전통적 인간의 가치가 사라져버린 섬으로 다시 돌아온 릴리가 다시 그림을 그릴 수 있을까에 대한 울프의 실험은 릴리가 죽은 램지 부인 환영(ghost)과 영적 교감을 경험하고, 그 결과 자신의 화폭에 램지 부인을 표현하는 것으로 종결된다.

---

21) *Ibid.*, 282.

릴리의 그림 진행을 멈추게 한 전쟁과 램지 부인의 죽음은 그림을 그리는 릴리의 입장에서 구조-대타자가 붕괴된 세계이다. 구조-대타자가 지각장의 구조이고 인간의 삶이 대타자에 의해 표현된 가능성의 세계에서 이루어진다고 할 때, 대타자의 붕괴는 일차적으로 세계의 질서가 무너지고 삶의 기반이 해체되는 상황이 된다. 그러나 들뢰즈에 따르면 구조-대타자의 붕괴는 인간의 세계를 해체하는 것이 아니라, 인간으로 하여금 대타자가 숨겨두었던 새로운 세계의 발견에 이르게 한다. 들뢰즈는 새로운 세계의 발견을 다음과 같은 세 단계－신경증(neurosis), 정신병(psychosis), 도착증(perversion)－로 나누어 설명한다. 이 과정은 우선 릴리는 램지 부인으로 상징되는 모든 전쟁 전의 구조-대타자가 해체되는 상황에서 공황과 절망을 포함한 신경증을 경험한다. 그 다음 릴리는 해체된 구조-대타자의 질서를 물질적으로, 심리적으로나마 복원하려 노력하면서 광적인 정신병을 경험한다. 마지막으로 그녀는 구조-대타자의 질서를 복원이 아닌 도착을 통한 전복으로 진정한 '(대)타자 없는 세계'[22]로 진입한다.

램지 부인의 죽음 후 릴리가 보인 첫 번째 감정 상태는 공황과 절망이다. 램지 부인이 죽고 난 후, 릴리는 램지 부부의 별장으로 돌아오지만 그녀가 느낀 것은 "그녀가 전혀 표현할 수 없는 공허"(nothing that she could express at all, 159)였다. 램지 부인을 그리고자 했던 10년 전의 시도가 램지 부인의 죽음으로 불가능하게 되자 릴리는 절망에 빠져 괴로워한다. 들뢰즈는 이렇게 구조-대타자가 해체되고 있긴 하지만 구조-대타자가 여전히 활동하고 있는 상황에서 느끼는 공황과 절망을 '신경증'이라 한다. 신경증을 이루는 억압은 죽은 램지 부인 환영이라는 몽상과 환각으로 좌절 속의 릴리를 고통스럽게 한다. 릴리가 처음에 위협적으로 경험하는 (대)타자 없는 세계의 고통

22) 램지 부인의 죽음은 램지 부인이라는 구체적인 개별 타자가 죽었다는 의미에서 '타자 없는 세계'이다. 그리고 동시에 램지 부인으로 상징되는 빅토리아 시대의 구조-대타자가 더 이상 그 기능을 수행하지 못하고, 프루와 앤드류의 죽음이 빅토리아 시대의 전통을 이어나갈 후계자가 부재함을 의미하기에 '대타자 없는 세계'이기도 하다. 이러한 이유로 앞으로 필자는 들뢰즈의 '대타자 없는 세계'(world without Others)를 사용하면서, 작품 설명이 전개되는 논의의 경우 개별 타자와 대타자의 상실을 동시에 의미하는 '(대)타자 없는 세계'도 사용하도록 한다.

은 그녀의 입장에서 타자와 공유한 세계가 해체되는 고통이지만, 그렇다고 구조-대타자가 해체되는 것은 아니다. 오히려 죽어서 구체적인 타인으로 현실화되지 못하는 구조-대타자는 릴리가 그녀의 그림을 완성하게끔 하는 창조력으로 작동한다.

마침내 릴리는 고통스럽게 붓을 들어 그림을 그린다. 그녀는 흔들리기 시작한 구조-대타자를 대신할 수 있는 것을 그림 그리기에서 찾기 시작한다. 그녀는 첫 획을 긋고, 색을 칠하며, 공간을 형성하여 부재하는 램지 부인이 현존하는 것처럼 타자 현존의 효과를 그림 그리기로 유지하려 한다. 들뢰즈는 이렇게 물질적으로, 혹은 심리적으로 구조-대타자를 복원하려고 노력하는 단계를 '정신병'이라 이름 짓는다. 정신병 단계에서 릴리는 "외계의 사물에 대한 의식을 잃어가고"(174), "이름과 인품과 외모를 의식하지 못한 상태"(174)에 이를 정도로 이상한 열정이 솟구쳐 자신의 화폭을 채우려 한다. 그러나 "여자는 그림을 그릴 수 없어, 글을 쓸 수 없어"(174)라는 탠슬리의 목소리가 들리면서 릴리는 램지 부인의 모습 없이는 그림 전체가 완결되지 않을 것이라며 그림을 멈춘다. 이렇게 램지 부인은 릴리에게 원하고 또 원하면서도 갖지 못하는 대상으로 공포 그 자체가 된다. 이 두 가지 너무나 다른 행위에 광기(madness)가 발견된다는 점에서 이는 정신병의 상보적인 양상이라고 들뢰즈는 설명한다.

마지막으로 릴리는 램지씨의 배가 등대에 도착함을 직감하고 그녀의 화폭에 마지막 선을 그려 넣으면서 그림을 완성한다. 램지 부인을 화폭으로 옮기려 하는 릴리의 시도는 평생 이해할 수 없을 정도로 너무나도 깊이 숨겨져 있던 램지 부인의 의미를 깊이에서 표면으로 그 존재의 차원을 바꾸는 행위이다. 표면의 세계는 깊이의 해체이지, 모든 세계의 해체는 아니다. 릴리가 처음 경험했던 신경증과 정신병적 징후들은 깊이가 해체되는 현상이었고, 구조-대타자의 와해 후 릴리는 대타자 없는 세계인 화폭의 표면으로 진입한다. 들뢰즈는 이런 심리적 갈등에서 벗어난 상태를 신경증이나 정신병과 대비하여 도착증[23)]이라 명명한다.

23) 도착증은 흔히 관음증이나 노출증과 같은 성도착적인 행위를 지칭하는 정신분석학적용어로 사용된다. 그러나 들뢰즈는 도착증을 타인들과 관련된 구체적인 행위들이 아니라 구조-대타

릴리의 도착증 경험은 들뢰즈의 대타자 없는 세계를 완성시킨다. 릴리가 말한 "행동 규범"(a code of behaviour, 99) 혹은 "보편 법"(universal law, 56)[24]은 이제 더 이상 릴리와 갈등 관계에 있지 않다. 이제 릴리는 "죽은 부인의 욕망들을 무시하고, 부인의 한계가 있는 구식 생각들은 얼마든지 개선할 수 있다."(190) 그리고 "램지 부인의 결혼에 대한 열망"(190)을 비아냥거리며 부인을 이긴 승리감을 맛본다. 램지 부인이 중매했던 민타와 폴의 낭만적이고 열정적인 사랑은 결혼 후 사라지고, 그들의 결혼 생활은 완벽하게 실패한다.[25] 그러나 결혼의 완벽한 실패는 그들이 예전과는 다른 관계를 형성하게끔 한다. 민타와 폴은 더 이상 연인이 아닌 "사무적이고, 솔직하며, 정다운"(business-like, straightforward, friendly, 189) "최고의 친구들"(excellent friends, 189)이 된다. 그들의 전통적 부부관에 입각한 결혼 실패와 새로운 결혼관은 결혼 전 「창」에서 민타가 과거의 전통을 상징하는 할머니의 브로치를 잃어버렸을 때부터 예고되었다. 이제 릴리는 노처녀라는 사실을 부끄럽게 느끼지 않고 "그들은 그렇게 행복하고, 나는 이렇게 행복하다"(190)며 램지 부인의 인생관을 비판한다. 릴리에게 램지 부인은 이제 "무"(nothingness, 194)로 존재한다. 릴리가 "대타자-구조가 아무것도 아닌-자이고 더 이상 가능하지 않는 단계까지 도달한 것"[26]이다.

자와 관련하여 정의하고, 도착자를 도착적인 행위를 하는 사람이 아니라, 구조-대타자 자체를 도착적으로 바꾸어 놓는 사람으로 설명한다. 도착자는 타자가 욕망하는 대상을 욕망하는 사람이 아니라, 욕망을 전혀 다른 체계인 '도착된 구조'(perverse structure) 속에 도입하는 사람이다. "MTWO", 319.

24) 릴리는 국가 혹은 사회가 인간에게 부과하는 예절, 규범, 도덕, 법 등을 "행동 규범" 혹은 "보편 법"으로 명명한다. 예를 들어 행동 규범의 제 7항에 따르면 직업이 무엇이든지 간에 여성이라면 마땅히 맞은편에 앉아 있는 남성의 자존감을 세우도록 힘써야 한다. 이 행동 규범에 따라 릴리는 파티에서 기죽은 탠슬리에게 대화를 시도하며 그의 자존감을 회복시켜준다. 그러나 탠슬리를 도운 후, 릴리는 자기 자신이 보이지 않는 압력에 굴하여 희생되었거나 혹은 자신이 솔직하지 못했다는 생각에 복잡한 심경을 드러낸다. 그리고 릴리는 여성의 결혼을 포함하는 "보편 법"으로부터 자신이 면제되길 바라며 결혼을 거부한다.

25) 릴리는 폴과 민타의 결혼 생활을 상상해 보는데 그들의 결혼 생활은 불행하기 그지 없다. 한껏 옷을 차려 입은 민타는 새벽 세 시경에 집에 들어오고 폴은 도둑일지도 모른다는 생각에 부지깽이를 들고 파자마 바람으로 층계 위로 나온다. 폴은 민타가 자신의 인생을 망쳤노라고 신랄하게 비난하나 민타는 폴의 신경을 거슬리게 샌드위치를 먹는다. 그는 지치고 야위었고, 그녀는 화려하고 경박하다. 이러한 릴리의 상상이 가능한 이유는 그녀가 작년 여름 동안 그들과 같이 지내면서 그들이 더 이상 서로 사랑하고 있지 않음을 확인하였기 때문이다.

26) "ASS", 282.

울프는 램지 부인의 죽음을 통하여 대타자 없는 세계가 모든 세계의 해체나 무로 이어지는 것이 아니라 구조-대타자가 숨기고 있던 다른 세계, 즉 표면이 드러나는 과정을 보여준다. 대타자 없는 세계는 표면이고 도착된 구조이다. "대타자 저편(beyond the Other) 혹은 예상과는 다른 대타자"(otherwise Other)[27)]는 자기 동일성으로 환원하지 않기 위한 대타자의 타자성, 극복을 위한 부정, 혹은 탈주할 수 있는 극한까지의 탈주를 가리킨다. 들뢰즈에 따르면 모든 도착증은 "대타자 살해(Other-cide)이며 가능성 살해이다."[28)]

지금까지의 논의를 요약하면 들뢰즈가 정의하는 타자는 가능한 세계의 표현이자 지각의 선험적 구조이다. 타자는 재현 세계에서 지각을 통해 구체적인 주체들과 대상들로 분화되는 과정과 관련되며, 이는 다시 말해 강도와 특이성의 주름이 펼쳐지는 과정이다. 그러나 들뢰즈에게 중요한 점은 다시 그 강도와 특이성을 발견하는 역행 운동이고, 울프는 이 역행 운동을 『등대로』에서 램지 부인에 대한 릴리의 인식론적 고민을 통해 보여주었다. 대타자 없는 세계로 진입하는 릴리의 탈인간화 과정은 들뢰즈의 철학을 빌어 신경증, 정신병, 도착증의 세 단계로 나누어 설명되었다. 신경증 환자가 대타자의 영향권 속에서 억압의 징후에 시달리고, 정신병자가 부재한 대타자의 흔적을 복원하려 애쓴다면, 도착자는 구조-대타자에서 분리되어 도착된 구조인 표면으로 나타난다. 도착증적 릴리가 완성한 그림은 구조-대타자의 세계와 대비되는 도착된 세계, 즉 대타자 저편의 표면이 된다.

---

27) "MTWO", 319.
28) *Ibid.*, 320.

참고문헌

Primary

Woolf, Virginia, *To the Lighthouse*, London: Penguin Books, 1992.

Secondary

Bogue, Ronal, "Life, Lines, Visions, Auditions", *Deleuze on Literature*, New York: Routledge, 2003, 151～92.

Dalgarno, Emily, *Virginia Woolf and the Visible World*, Cambridge: Cambridge University Press, 2002.

Deleuze, Gilles, "Asymmetrical Synthesis of the Sensible", *Difference and Repetition*, Trans, Paul Patton, New York: Columbia University Press, 1994, 222～304.

______, "Michel Tournier and the World without Others", *The Logic of Sense*, Trans. Mark Lester and Charles Stivale, Ed. Constantin V. Boundas, New York: Columbia University Press, 1990, 301～21.

Deleuze, Gilles and Guattari, Félix, *A Thousand Plateaus: Capitalism and Schizophrenia*, Trans. Hugh Tomlinson and Graham Burchell, Minneapolis: University of Minnesota Press, 2005.

Dick, Susan, "Appendix A", *To the Lighthouse: The Original Holography Draft*, Toronto: University of Toronto Press, 1983, 1～11.

Elliott, Bridge and Wallace, Jo-Ann, "Professionalism, Genre, and the Sister(s') Arts: Virginia Woolf and Vanessa Bell", *Women Artists and Writers: Modernist (Im)positionings*, New York: Routledge, 1994, 56～89.

Levenback, Karen L., "The Language of Memory as Time Passes", *Virginia Woolf and the Great War*, New York: Syracuse University Press, 1999, 83～113.

Nussbaum, Martha C., "The Window: Knowledge of Other Minds in Virginia Woolf's *To the Lighthouse*", *New Literary History* 26:4(1995): 731～53.

Peach, Linden, "Womanhood and Discourse: To the Lighthouse",(1927) *Critical Issues: Virginia Woolf*, New York: St. Martin's Press, 2000, 113～36.

Sutherland, Douglas, *The English Gentleman's Wife*, New York: Penguin Books, 1981.

Williams, Lisa, "To the Lighthouse", *The Artist as Outsider in the Novels of Toni Morrison and Virginia Woolf*, London: Greenwood Press, 2000, 130～150.

Woolf, Virginia, *A Room of One's Own*, London: Grafton Books, 1987.

‘童養媳’ : 중국 개방화시대의 봉건 유산

이 민 호*

1. 序

13억 인구와 56개의 서로 다른 민족으로 구성된 다문화·다민족 사회인 중국의 혼인문화는 과거에서 현재까지 다양한 모습을 보여주고 있다. 물론 개혁·개방정책을 표방한 지 30년의 세월이 지난 지금 중국 사회에서는 서구식 혼인문화가 점차 뿌리를 내리고 있는 중이다. 법률적인 측면에서도 점차 남녀평등을 강조하는 등의 제도 정비가 이루어지고 있다. 하지만 다양한 환경과 문화를 지닌 중국에는 최근까지도 전반적인 시대사조와 달리 예외적인 혼인문화가 사회 곳곳에 숨어 있기도 하다. 이러한 가운데 최근에는 중국 서남부의 대표적인 소수민족 거주지인 雲南省의 한 모계사회가 세인의 주목을 받기도 하였다. 여인국이라 불리는 이곳은 외부 세계와 오랫동안 단절되어 있으면서 그들의 전통적인 습관이 현대까지 전해지면서 독특한 혼인문화를 유지하고 있었다.

한편 최근에는 한 살인사건을 통해 ‘童養媳’이라는 봉건적인 혼인 관습이 중국사회에 여전히 존재하고 있다는 사실이 세상에 알려지면서 중국사회에

* 한국한의학연구원 선임연구원

충격을 주기도 하였다. 혼인의 자유를 박탈당한 채 강제적으로 혼인을 해야만 하는 이 충격적인 제도는 우리의 과거 '민며느리' 제도와 비슷한 성격의 것으로 중국의 일부 지역에서 행해지고 있다. 이 문제는 개방화되고 현대화된 중국 사회의 또 다른 일면을 보여주는 것으로 그 속에는 중국의 혼인문화와 여러 가지 사회 모순이 총체적으로 결합되어 나타난 것이라고 할 수 있다.

이에 본고에서는 현대 중국사회의 혼인문화의 일면을 이해하고 그에 파생하는 다양한 사회문제를 점검하는 차원에서 '童養媳' 문제에 접근하고자 한다. 이를 위해 우선 '童養媳'의 역사와 그것이 현대 사회에 다시 출현하게 된 원인과 배경을 살펴보고자 한다. 다음 현대 중국의 혼인법 중에 이 문제와 관련된 조항을 검토함으로써 사회의 가장 기본적인 단위로서의 중국 가족문화의 문제점을 짚어보도록 하겠다. 그리고 최근 중국 언론에 보도된 기사 내용을 근거로 현실 중국의 혼인문화의 일면을 비판적으로 고찰하고자 한다.

2. 문제의 소재-'男尊女卑'의 전통적 가족문화와 '童養媳'

중국에서 가족은 '사회의 세포로서 중국인의 가장 기본적인 생활 단위'[1)]이고, 사회구조의 근간을 이룬다고 인식되었다.[2)] 그리고 실제로 신중국 성립 이후 중국의 농촌과 도시에서 가족구조의 변동은 중국사회변동의 일부를 이루는 것으로서 대규모의 사회변동은 필연적으로 가족관계에도 영향을 끼쳤다.[3)] 전통적으로 유교 관념이 강한 중국 사회에서의 남녀관계, 혹은 부부관계는 수평적인 관계라기보다는 수직적인 관계였다. 이러한 구중국 사회에서의 혼인·가족제도의 기본적인 특징으로 다음과 같은 사항을 들 수 있

1) 費孝通, 『費孝通選集』, 天津人民出版社, 1988, 457면.
2) 가정과 사회의 관계에 대해 潘允康은 가정은 ①사회의 세포이고, ②사회의 창구이며, ③개인과 사회를 연결시켜주는 끈이라고 하였다(潘允康, 『社會變遷中的家庭』, 天津社會科學院出版社, 2002 참조).
3) 福永安祥, 『中國と東南アジアの社會學』, 勁草書房, 1993, 13면.

다.[4)]

첫째 혼인은 다른 사람이 임의로 결정하거나 청부적 강제 혼인이었고, '부모의 명, 중매인의 말'에 따르거나 혹은 '門當戶對', 즉 재산과 가문의 대등을 고려하여 체결되어 혼인의 목적도 조상을 위해, 부모를 위해, 집안을 위한 혼인이었다.

둘째 부부관계는 남존여비로서 첩을 거느리는 일부다처제가 인정되었다.

셋째 가족관계에 있어서는 엄격한 가부장제도가 행해져 자녀는 독립된 개인이 아니라 가장이 임의로 유린할 수 있는 대상이 되었다.

넷째 이러한 제도의 필연적인 부산물로서 '童養媳'의 존재, 미망인의 정절을 지키도록 강제하는 것, 매매혼 등의 현상이 존재하였다.

중국에서 전통적인 통치사상인 유교의 사회윤리에는 소위 부자유친 · 군신유의 · 부부유별 · 장유유서 · 붕우유신의 오륜이 있다. 그 중 삼륜 즉 부자유친, 부부유별, 장유유서는 가족윤리인 것에서 알 수 있듯이 중국인들에게서 가족은 매우 중요하다. 반면 수천 년 동안 「家本位」의 문화가 가족에 준 영향은 매우 컸다. 혈통의 계승을 강조했던 중국의 봉건가족에서는 개인적인 의지나 바람은 존중받지 못했을 뿐만 아니라 개인의 사랑은 문제화되지 못하였다.

과거 우리나라의 '민며느리제'와 유사한 '童養媳'도 여성을 경시하고 상품으로 생각했던 전통적인 중국의 혼인문화의 부산물이랄 수 있다. '童養媳'은 전근대 중국에서 성행했던 제도의 하나로 장래 며느리 될 여자 아이를 어렸을 때 사서 키운 다음 성년이 되면 자신의 아들과 결혼시키는 것을 말하는데 이 때 팔려온 여자를 부르는 용어이다. 따라서 이 제도는 여성으로서 누려야 할 최소한 혼인의 자유를 박탈당한 채 노예와 같은 생활을 영위하는 매매혼의 전형이라 할 수 있다. '전족' 등과 더불어 여성을 비하하는 대표적인 악습으로 남성 위주의 사회체제를 반영한다고 할 수 있다.

---

4) 大塚勝美, 『中國家族法論-歷史と現狀』, 御茶の水書房, 1985, 290～291면.

3. 근대 이후 중국 여성상의 변화와 혼인법 개정

근대 이후 중국의 많은 지식인들은 개혁과 혁명의 과정에서 봉건적인 가족제도가 중국의 발전을 가로막은 근원이라고 생각하였기에 그러한 질서를 무너뜨리기 위해 많은 노력을 기울여왔다. 특히 '童養媳'에 의한 혼인은 무리가 있기 때문에 비극의 발생 원인으로 되는 것도 적지 않았는데 산서 출신의 공산당원으로 趙樹理(1906~?)가 1943년 발표한 『小二黑結婚』(모택동의 문예강화에 기초한 최초의 성과물) 등에 보이는 것처럼 해방 문학 중에서 주요 문제로 되어 있다. 혁명 전에도 官憲은 동양식의 학대를 금지하고 있지만 큰 실효를 보지는 못했다. 혁명 과정 중에 혁명 정부의 혼인법은 동양식을 금지하고 1950년 중화인민공화국 혼인법도 마찬가지로 금지를 명문화함으로써 가족제도와 문화도 변모하였다.

물론 현재에도 농촌 지역이나 도시의 노인 계층에서는 남성 우월적인 사고방식이 존재하고 있는 것이 사실이지만, 도시의 젊은 세대를 중심으로 특히 맞벌이 부부에게서 남녀평등의 권력 양식이 점차 보편화되고 있다.[5] 그렇다면 수천 년의 역사와 전통을 지닌 '男尊女卑', '夫主妻從'의 남성 우월주의 사회에서 여성의 지위가 이처럼 짧은 시간 내에 비약적으로 개선될 수 있었던 원인은 무엇인가? 중국 여성의 지위가 신속하게 제고될 수 있었던 사회적인 그리고 역사적인 요인은 다음 몇 가지 측면에서 고려할 수 있다.[6]

첫째, 지속적인 여성해방운동을 들 수 있겠다. 특히 운동 방법에 있어서 공격 대상을 직접 남성에게 향하지 않고 봉건적인 문화유산과 가부장제로 제한으로써 진보적인 남성들의 지지를 이끌어낼 수 있었다. 또한 운동에 참여하는 사람을 소수의 여권주의자로 제한하지 않고 남성 대변자들을 선구로

5) 이러한 현상은 종래의 가정 내 권력 구조에 대한 연구자들의 구체적인 연구 방법 등에 약간의 차이가 있기는 하지만 연구 결과가 기본적으로 일치하고 있는 것에서도 알 수 있다. 즉 아내는 경제지배권, 가사 노동의 분배, 휴가 계획, 대외 교류 방면에서 우월한 지위를 가지고 있는 반면 남편은 주거의 선택과 장식, 자녀의 진학과 직업의 선택 등의 문제에 있어서 더 많은 결정권을 가지고 있는 것으로 나타났다. 총체적인 권력 양식에서 보면 남녀평등의 비율이 가장 높게 나타났고, 가정에서 아내가 남편보다 더 많은 실권을 가지고 있는 것으로 나타났다(徐安琪, 「夫妻伙伴關係:中國城鄉的異同及其原因」, 『中國人口科學』, 1998-4, 33면 참조).

6) 徐安琪, 1998, 35~36면.

하거나 혹은 정부가 주도하여 남녀 공동으로 참여하는 군중운동의 형식으로 전개함으로써 효과를 극대화할 수 있었다. 둘째, 여성들의 지속적인 취업이 가정 내에서의 평등에 많은 도움을 주었다고 할 수 있다. 각국 여성 취업률의 통계 자료에 의하면 중국 도시의 20～49세에 달하는 혼육기 여성의 취업률은 90%에 달하고 있다. 중국의 많은 여성들은 결혼 후에도 계속해서 취업하고 있는데, 이는 가정 내 여성의 지위 향상과 매우 밀접한 관련이 있다고 할 수 있다. 셋째, 국가 법률과 정책의 보장이라는 관점에서 볼 때 현재의 『혼인법』에는 남녀평등의 요소가 많이 내포되어 있다.[7)]

신중국 성립 이후의 혼인법은 공산당과 정부가 가족을 중시하고 봉건적인 혼인 제도를 제거하여 사회주의적인 결혼을 이룬다는 결의를 보여주고 있다. 즉 당시의 혼인법에는 '혼인의 자유, 일부일처, 남녀평등에 기초한 혼인 제도를 실시한다.', '부모의 명에 의한 결혼과 기타 결혼의 자유를 간섭하는 행위를 금한다. 혼인을 이유로 재물을 강요하는 행위를 금한다.', '중혼을 금한다.'는 규정을 설정하였는데, 실제로 이는 봉건적인 결혼을 근절시키고, 광범위한 인민 대중, 특히 여성을 봉건적인 혼인제도로부터 해방시키는데 크게 공헌하였다.[8)]

그런데 이러한 혼인법의 기초는 신중국 성립 이전의 혁명시기부터 존재했었는데, 중국공산당은 종래 혼인의 자유, 여성해방운동의 중시, 구혼인 · 가족제도의 개혁을 제창해왔다. 1931년 11월 강서성 瑞金에서 소비에트 정권이 성립했을 때 「중화소비에트공화국혼인조례」를 공포하였다.(동년 12월)

7) 예를 들면 제9조 '혼인 등기 후 남녀 쌍방의 합의에 따라 여자는 남자 가족의 일원이 될 수 있고, 남자도 여자 가족의 일원이 될 수 있다.' 제13조 '가정 내에서 부부의 지위는 평등하다.' 제14조 '부부 쌍방은 각각 자신의 姓名을 사용할 권리를 가진다.' 제15조 '부부 쌍방은 생산 · 일 · 학습 및 사회활동에 참가할 자유가 있다. 한쪽이 상대방에 대해 제한이나 간섭할 수 없다.' 제17조 '부부가 혼인관계 중 취득한 재산은 부부가 공유한다. 쌍방이 따로 계약에 의해 정한 것은 이의 제한을 받지 않는다. 부부는 공유재산에 대해 평등한 처분권을 가진다.' 이들 조항은 모두 혼인법 상에서 남녀평등을 표현하고 있는 항목들이다. 또한 제22조 '자녀는 아버지의 성을 따르거나 어머니의 성을 따를 수 있다.'는 조항은 만약 부부가 이혼하게 되어 혼자 살 경우 특히 여자가 아이를 키울 경우 아이의 성을 여자 성으로 바꾸어줄 수 있도록 함으로써 어머니와 아이 모두의 사회생활에 지장을 주지 않도록 하는 제도적인 장치라고 할 수 있다.

8) 潘允康, 1994, 58면.

최초의 혼인법으로 일컬어지는 이 혼인조례에서는 이미 「'남녀의 혼인은 자유를 원칙으로 하는 것을 확정하고, 일체의 봉건적인 請負, 强拍, 賣買에 의한 혼인 제도를 폐지하고, '童養媳'을 금지한다.'(1조) '일부일처제를 실행하고 일부다처제를 금지한다.'(2조)」고 규정하고 있다. 이어 1934년에는 「중화소비에트공화국혼인법」을 공포하였는데, 앞의 원칙은 그 후 陝甘寧邊區, 晋察冀邊區, 晋冀魯豫邊區 등 중국 혁명근거지의 혼인·가족 입법에서도 계속 받아들여져, 중국에서 혁명을 수행하는 유력한 도구가 되었다.

1950년의 혼인법은 당시 토기개혁에 버금가는 중대한 사회적 개혁으로 법률 면에서 봉건적 요소를 제거하고자 하는 노력의 일환이었다. 1950년부터 1952년에 걸친 토지개혁운동 당시 농촌에서는 봉건적 혼인제도 아래 시달리던 사람들이 많았는데, 심지어는 부모의 명령, 중매인의 말에 저항하다가 자살하거나 살해당한 경우도 있었다. 따라서 혼인법의 공포는 장기간의 봉건적 혼인·가족제도에 대한 강력한 타격이었다고 할 수 있다.[9)]

그러나 이 혼인법도 그 후 중국의 정치·경제·문화 등 여러 방면에서 커다란 변화가 일어나고, 새로운 상황에 대응하기 위해 그의 개정이 필요하게 되었다. 1976년 10월 문화대혁명이 종결되고, 다음해 1977년 8월 18일 중국공산당은 제11회 전국대회에서 당규약을 개정하고 농업·공업·국방·과학기술의 현대화정책을 확정했으며, 1980년 에는 혼인법을 새로이 개정 발표하였다.[10)]

신혼인법은 우선 제1장 총칙 제1조에 '이 법률은 혼인·가족관계의 기본적

---

9) 중화인민공화국 혼인법 공포 이래 中南區 1951년 9월 이전 1년간의 통계에 의하면 혼인의 부자유에 의한 자살, 혹은 살해된 남녀는 1만명에 달하고, 또한 봉건적 혼인관을 가진 향촌 간부의 존재는 혼인법 집행상의 중대한 장애가 되었으며, 혼인법의 선전도 충분하지 못하였다. 게다가 화동지구에서는 혼인법 공포 이래 1952년 말까지의 통계에 의하면 혼인의 부자유에 의한 자살, 혹은 살해된 남녀가 25,000여명이었는데 그 중 다수는 여성이었다. 또 전국 각지의 법원이 受理한 이혼사건을 보면 1950년 186,167건, 1951년 409,500건, 1952년 상반기 398,243건으로 이는 토지개혁운동 및 기타의 민주혁명 중에 확대된 남녀, 특히 부인(여성)대중의 자각 향상에 의해 혼인의 자유, 남녀 권리의 평등을 얻기 위한 투쟁이 격렬했음을 말해주는 것이다(大塚勝美, 1985, 292면).

10) 신중국에서 혼인법은 2001년 한 번 더 개정되는데 이에 대해서는 이민호, 「현대중국의 가족관계와 의사소통-정치·사회·제도의 변화가 부부관계에 미친 영향을 중심으로」, 『한중일 3국 가족의 의사소통 구조 비교』, 이학사, 2003 참조.

준칙이다.'고 규정하였다. 이는 당시 중화전국부녀연합회 부주석 羅瓊이 "10년간의 혼란기에 법률도 유명무실하게 되었다. 현재 30세 이하의 젊은 사람들의 상당수가 중국에 혼인법이 존재하는지를 알지 못하며, 결혼 · 이혼 · 가정 관계를 처리함에 법률에 입각해야 한다는 사실을 알지 못하는 경우도 있다. 따라서 신혼인법 공포의 主旨는 혼인에 관한 법률에 대해 교육을 실시하고, 혼인과 가정 관계를 바르게 처리하기 위함이다."[11]고 한 데에서 알 수 있듯이 젊은 세대를 의식하여 그들에 대한 교육적 의미가 있음과 동시에 특히 법이 경시, 또는 무시되었던 문화대혁명 시기를 반성하고, 사법 · 민정 부분에 대해 법에 준거하여 법을 엄격하게 집행하는 것을 구하고 있는 것이다.

개정 혼인법 총칙의 제2 · 3조에서 혼인의 자유, 양친이 결혼 상대방을 결정하거나 매매혼을 금지하고, 결혼과 교환되는 재물을 보내는 것을 금지하고, 일부일처, 남녀평등을 실행하며, 여성과 자녀의 이익을 보장하는 원칙 문제에 있어서는 개정 전의 구법(제1장 1조, 2조)과 기본적으로 같다고 말할 수 있다. 그러나 개정 혼인법의 총칙에서는 다소 손질을 가한 부분이 있다. 예를 들면 구법에서는 여성과 자녀들의 합법적인 이익 보호를 강조하고 있지만, 신법에서는 거기에 노인의 합법적 이익을 보호한다는 조항을 덧붙여 쓰고 있다.

한편 개정된 혼인법에서는 妾과 '童養媳' 관련 조항이 삭제되었는데 그 이유로 당시 혼인법 개정에 참하였던 羅瓊은 "이는 구중국 사회로부터 남겨진 잔재로서 당시까지 꽤 보편적으로 존재하고 있던 여성멸시, 여성억압의 상황에 비추어 제정되었던 것이다. 현재 그러한 현실은 이미 존재하지 않기 때문에 신혼인법의 총칙에서는 이 부분은 삭제되었다."고 말하고 있다.

4. 현대 중국의 '童養媳'-경제문제에서 사회문제로의 전이

그렇다면 현대 중국사회에서 '童養媳' 문제가 완전히 해결되었을까? 그렇

11) 大塚勝美, 1985, 297~298면.

지 않다. 21세기 개방화 시대에도 '童養媳'은 사회의 여러 가지 모순을 내포한 채 여전히 존재하고 있다. 다만 '童養媳'을 둘러싼 사회·문화적 제반 조건들이 과거와 달리 표출되고 있을 뿐이다.

전근대 사회에서 '童養媳'은 대를 이어야 할 후손을 생산하는데 있어서 절대적으로 필요한 요소인 며느리를 확보한다는 측면이 강하게 자리하고 있다. 하지만 그 이면에는 많은 토지에 비해 경작할 인구가 적었던 시대에 노동력을 확보하는 하나의 수단이 되었다는 점에서도 중요하다. '가난한 흥부'처럼 식구가 너무 많아 경제적으로 어려움을 겪고 있던 집안에서는 여자 아이를 팔아 생계유지의 수단으로 삼은 반면 자손이 귀하면서 노동력이 필요한 집안에서는 '童養媳'을 명분으로 여자 아이를 사서 노동에 종사토록 하였던 것이다. 따라서 이렇게 팔려온 아이는 당연히 노예처럼 노동에 투하되었다.

이처럼 전근대 중국에서 '童養媳' 문제는 노동력의 확보라는 경제적 요인에 의해 매매가 이루어지는 경향이 강하였다고 생각된다. 이러한 사실은 송·원대의 문헌에 자주 거론되고 있는 것을 통해서도 확인할 수 있다. 하지만 현대 중국의 '童養媳' 문제는 경제적인 요인보다는 중국 정부의 계획생육정책과 그에 따른 남녀의 성비 불균형 문제, '黑孩子' 문제 다양한 사회문제가 복합적으로 작용하여 나타난 현상으로 풀이할 수 있다.

최근 중국의 남녀 성비 불균형 문제는 전통적인 남아 선호 사상에다 한 자녀 갖기 운동 즉 '계획생육정책'이 더해져 나온 결과물이라 할 수 있다. 중국 정부는 1978년 3월 5일 제5기 전국인민대표대회 제1회 회의에서 헌법 개정안을 채택하였는데 동 헌법 제53조에서 '국가는 계획출산을 제창하고 이를 추진한다.'고 선언하고, 인구문제에 적극적으로 대응하는 자세를 보였다.[12] 당시 10억 인구는 현대화 정책을 추진하는데 중대한 장애 요소로 작

12) 중국에서의 계획생육정책이 처음 실시된 것은 1973년이다. 초기에는 '만·희·소'의 생육정책에서 1978년에는 다시 '1명이 가장 좋고, 가장 많아도 2명이며 이 경우에도 터울은 3년 이상'으로 바뀌었다가 1980년대 들어 몇 번의 변화를 더 경험하였다. 1988년 이래 생육정책이 현재까지 유지되고 있는데 그 중요한 내용은 '만혼만육, 소생우생'을 제창하고 있다. 기본적으로 모든 가정은 1자녀만을 낳아 기를 수 있으며, 특수한 경우에만 비준을 받아 2명까지 가능하다. 소수민족지구의 계획생육은 그 지역에서 자체적으로 결정토록 하였다. 국가계획생육

용한다고 생각하여 실행에 옮겼다.

그러나 이러한 계획생육정책은 인구 억제를 위한 효과적인 수단이 되었지만, 그에 수반하여 많은 문제들을 양산하였다. 가장 큰 문제는 남녀 성비의 파괴이다. 특히 0~4세 인구의 성비 문제는 상당히 심각한 것으로 나타났다. 0~4세 인구의 평균 성비는 여성 100에 남성 119.54를 나타내고 있다. 구체적인 정황을 보면 0세의 경우 119.35, 1세 118.89, 2세 118.78, 3세 119.41, 4세 121.06이었다.13)

농촌에서는 남자 아이에 대한 선호 경향이 더욱 강하여 만약 계속해서 딸을 출산할 경우 이들을 호적에 등재하지 않음으로써 많은 '黑孩子'를 양산하였다. 법적으로 둘째부터(농촌에서는 셋째부터)는 벌금을 내면 호적에 올리는 것이 가능하지만 이를 감당하기 힘든 가난한 농촌에서 여자 아이가 태어나면 아예 호적에 이름을 올리지 않는 것이다. 이들은 인구 통계에 잡히지 않기 때문에 정확한 수를 파악하기가 어렵지만 최소 수 백만 명에 이르는 것으로 알려지고 있다.

이러한 상황에서 상대적으로 결혼하기 힘든 농촌이나 산간 마을을 중심으로 어린 여자 아이를 사서 키워 며느리로 삼는 '童養媳'이 발생하고 있는 것이다. 최근의 '童養媳' 문제는 과거처럼 노동력을 얻는 수단으로서가 아닌 '代'를 잇고 자식의 결혼을 준비하기 위해서 이루어지고 있다. 물론 이러한 사회 현상에는 개혁 · 개방 이후 중국의 경제 성장과 그에 따른 농촌 인구의 도시로의 이동도 주요한 요인의 하나로 작용하였다. 농촌의 많은 젊은 여성들이 경제적인 기회가 조금 더 많은 도시로 진출하면서 농촌 사회에서 신부를 찾기가 더욱 어려워졌고 그에 따라 '童養媳'을 통해 문제를 해결하려는 경향이 나타나고 있는 것이다.

위원회의 자료에 의하면 전국적으로 6개성구와 서장자치구 농촌에서만 2명 혹은 그 이상의 생육을 실행하고 있고, 7개의 성과 직할시의 경우에는 일반적으로 1자녀만을 생육토록하고 있으며, 17개 성의 농촌에서는 부부의 첫 번째 아이가 여아여서 실생활에 곤란을 줄 경우에 한해 몇 년의 시간적 공간을 두고 둘째 아이를 가질 수 있도록 하였다(郭志剛 等, 「現行生育政策與未來家庭結構」, 復印報刊, 『社會學』, 2002-4, 참조).

13) 張翼, 「中國第五次人口普查數据分析」, 汝信等 主編, 『2002年:中國社會形勢分析與豫測』, 社會科學文獻出版社, 2002, 177면.

5. 살인사건과 남겨진 유산

중국 정부는 신중국 성립 이후 봉건적인 가족제도를 근본에서부터 변화시키고 사회주의적인 가족제도를 수립하고자 노력하였다. 법률적으로 '혼인의 자유', '일부일처', '남녀평등'에 기초하여 가족제도를 수립한다는 것을 인식시키는 한편 애정을 기초로 한 결혼을 제창하였다. 그러나 농촌 지역을 중심으로 봉건주의의 영향은 지금까지도 뿌리 깊게 남아 있어서 가정 내에 '夫主妻從'의 풍습이 여전히 존재하고 있으니[14] '童養媳'도 그러한 예의 하나가 될 것이다. 현재까지도 남아 있는 봉건적 혼인 실태를 잘 표현하고 있는 말이 '先結婚 後戀愛'이다.[15]

'先結婚 後戀愛'는 중국 가족의 실태를 실로 비판적인 시각에서 교묘하게 묘사한 말이라고 생각한다. 현대의 결혼은 이론적으로는 연애를 통해서 결혼에 이르는 것이지만 이와 반대로 먼저 결혼하고 후에 연애한다면 이는 '家'의 계승을 중요시한 것으로 애정은 부수적인 것으로 생각하고 있는 사실을 나타내주고 있다. 다음 매매혼과 관련해서는 80년대 초에 북경정법학원의 연구 팀이 大連, 太原 등 6개 市·縣에서 시행한 조사 결과를 발표하였는데, 일부 농촌과 산간 지역에서는 매매혼이 10%에 달하는 경우도 있었다.

'童養媳'으로 대표되는 매매혼은 종종 불행한 결과물을 잉태하기도 한다. '사랑 없는 혼인'의 결과 살인사건이 발생하여 중국 사회에 파문을 일으키기도 하였으니 『京華時報』, 2003.3.29일의 "四千人小村童養媳近千名"(사천명 작은 마을에 동양식이 거의 천명)이라는 기사는 이러한 사회 모순의 일면을 잘 보여준다.

---

14) 1996년 6,400여명의 도시와 농촌 기혼자를 대상으로 조사한 바에 따르면 도시 남편의 가정 내에 실권을 가진 것은 13.7%에 불과하지만 농촌에서는 50.9%에 달하고 있다. 농촌 남성의 경우 가사 노동 분야에 있어서 아내 보다 많이 담당하고 있거나 아내와 공동으로 담당하는 경우는 18.3%(도시 41%)에 불과한 반면 그들의 개인 소비는 아내에 비해 현저히 높다. 또한 집에서 맛있는 음식은 남편에게 먼저 배려하는 반면 남은 음식은 남편보다 아내가 먹는 것으로 나타났다. 부부 쌍방간에 발생한 충돌이 있은 후에 여성이 양보하는 것 역시 도시 보다 현저히 높게 나타났다. 농촌 여성들은 또한 자신들의 결혼 생활 중에 받는 신임, 존중, 평등한 대우를 받는 비율 역시 도시 여성에 비해 현저히 낮은 것으로 조사되었다(徐安琪, 1998, 37면).

15) 潘允康, 1994, 36~50면 참조.

기사의 서문에는 고도문명의 21세기, 개혁 · 개방의 전진 기지라 할 수 있는 福建省의 4,300여명 작은 산촌 마을에 '童養媳'이 거의 천명에 달한다고 하고 있다. 그런데 최근 소학교 교도주임이 자신의 '童養媳' 아내를 때려 살해함으로써 이 신비의 '童養媳村'에 대한 사람들의 관심을 불러 일으켰다고 쓰고 있다. 그리고 사건의 정황을 기술하고 있는데 구체적인 내용은 다음과 같다. 2003년 2월 중순 福建省 莆田市 東海鎮 파출소에 坪洋村 村民 朱春騰은 자신의 며느리인 朱秀美가 아들인 朱世文에 의해 살해당하였다는 신고가 접수되었다. 현장을 조사하였던 사람에 의하면 살해당한 朱秀美의 머리 부분이 10여 차례 둔기로 맞은 흔적이 보이며 결국 뇌출혈로 인한 사망으로 보인다고 하였다. 주세문은 1974년생으로 1993년 선유사범학교를 졸업하고 徑里小學校에 부임하였으며, 그의 아내 주수미는 1978년생이다.

기자는 범죄혐의자인 주세문과 인터뷰를 하였는데 그는 "아내인 주수미는 태어난 지 4일 만에 자신의 집으로 '童養媳'으로 들어와 결혼 전까지 자신들은 오빠 동생으로 지냈다. '童養媳'에 의해 결혼한 수많은 사람들은 단지 생활과 후대를 번성시키기 위할 뿐 어떤 감정도 존재하지 않는다. 본인 역시 주수미와 감정이 그다지 좋지 않았기 때문에 외도를 하게 되었고, 결국 이러한 참극이 일어나게 되었다."고 한다. 현재는 그녀와 결혼한 것을 후회하고 있으며, 쌍방이 모두 '童養媳'의 희생양이라고 생각한다.

坪洋小學校의 吳校長이 기자에게 말한 바에 의하면 이전에 마을에는 교통이 발달하지 않았고, 경제가 낙후되었기 때문에 마을의 여자들은 다른 지방으로 결혼하여 나가려고 하였지, 결코 이 마을로 시집오려는 사람이 없었다고 한다. 따라서 촌민들은 아들들의 결혼 문제를 해결하기 위해 외지에서 여자아이를 사서 '童養媳'으로 삼았다고 한다. 평양촌에는 약 900여호가 살고 있는데 거의 모든 집이 '童養媳'이 있으며, 마을의 20대 여자 중 거의 절반이 '童養媳'으로 계산하면 거의 1,000명에 달한다고 한다. 徑里小學校長 曾金清에 의하면 학교의 고학년 학생 중에 '童養媳'이 많고, 저학년으로 갈수록 비교적 적다고 한다. 기자가 경리소학교에서 행한 조사에 의하면 주세문이 담임을 맡고 있는 6학년의 경우 전체 학생 60명 가운데 여학생이 33명인데 그 중 '童養媳'이 14명으로 전체 여학생의 42.4%를 점하고 있다. 또 5학년의 경우에는 63명의 학생 중 여학생이 31명인데 그 중 7명이 '童養媳'으로 22.6%를 점한다.

살해당한 주수미의 친언니에 의하면 그녀는 '둘째 오빠'(주세문)에 대해 어떠한 감정도 없음을 자주 나타냈다고 한다. 그러나 마을 환경과 양부모의 온정을 생각해서 결혼을 거절할 수 없었다고 한다. 만약 '童養媳'이 결혼을 거절하면, 장차 마을 사람들로부터 꾸중을 들을 뿐만 아니라 양부모로부터 버림받게 될 것이다. '童養媳'이라는 특수한 신분 때문에 그녀들은 어려서부터 작은 며느리로 간주되어 교육과 사회생활에 커다란 제한을 받을 뿐만 아니라 더욱이 혼인의 자유도 누릴 수 없는 것이다. 이처럼 '童養媳'은 현대화를 추구하는 21세기 중국 사회에 봉건적 요소가 잔존해 있음을 여실히 보여준다.

6. 結

전통적으로 유교 관념이 강한 중국 사회의 가장 기본적인 단위는 가족이며, 가족 관계의 중심 사상은 '男尊女卑', '夫主妻從'의 남성 우월주의가 자리 잡고 있었다. 물론 이러한 의식은 근대 이후 서구 사상이 수입되고, 사회주의 혁명을 거치면서 변화하여 최근에는 남녀평등의 사회분위기가 형성되었다. 이처럼 사회 분위기가 바뀐 데에는 혁명의 과정에서부터 계속되었던 여성해방운동과 여성들의 지속적인 사회활동 참여, 혼인법을 비롯한 각종 법률과 제도상의 보장 등이 있었기에 가능하였다. 특히 1950년의 혼인법이 구중국 사회의 질곡으로부터 벗어나고자 한 표현이라면 이후 두 번에 걸친 혼인법의 개정은 그 동안의 가족관계와 사회·문화의 변화상을 반영하는 것이라고 할 수 있다. 중국의 혼인법은 종래의 봉건적인 가족제도를 타파하고 남녀관계에도 획기적인 변화를 가져왔으며, 사회 상황이 바뀌면서 혼인법도 그에 맞게 변화하였다.

이처럼 신중국 성립 이후 가족관계에 있어서 봉건적인 요소가 많이 없어졌다고는 하지만 일부 지역(특히 농촌 지역)을 중심으로 여전히 봉건 잔재가 남아 있는 것 또한 사실이다. 이러한 현상은 소위 '童養媳' 문제를 통해 확인할 수 있다. 개혁 · 개방과 현대화를 부르짖는 중국 사회에 봉건적 요소가 여전히 존재하고 있다는 사실에서 역설적으로 현대화의 추구가 봉건적 요소를 다시 사회 안으로 끌어오는 현실을 발견하게 된다. '童養媳' 과 같은 봉건적 혼인 관계가 혼인법 개정 당시 이를 법률 문건에서 삭제하면서 그 이유로 제시했던 '지금은 이러한 현상이 더 이상 존재하지 않기 때문에 다룰 필요가 없다.'고 한 것과는 반대로 현대화를 이루기 위해 실행에 옮긴 각종 제도에 편입되지 못한 일부 계층의 수요로써 다시 발생하고 있는 사실은 현대화 문제와 봉건적 요소의 양면을 어떻게 볼 것인가에 대한 문제를 제기하게 만든다.

참고문헌

드보라 데이비스 · 스티븐 헤럴 엮음, 김혜진 옮김, 『현대 중국의 가족제도』, 동방미디어, 2001.

서양걸 저, 윤재석 역, 『중국가족제도사』, 아카넷, 2000.

揚知勇, 『家族主義與中國文化』, 雲南大學出版社, 2000.

劉緖貽 主編, 『改革開放的社會學硏究』, 武漢大學出版社, 1997.

沙吉才 主編, 『當代中國婦女地位』, 北京大學出版社, 1995.

費孝通, 『費孝通選集』, 天津人民出版社, 1988.

沈石 · 米有錄 主編, 『中國農村家庭的變遷』 北京: 農村讀物出版社, 1989.

劉英 · 薛素珍 主編, 『中國婚姻家庭硏究』 北京: 社會科學文獻出版社, 1987.

仁井田陞, 『支那身分法史』, 東方文化學院, 1942.

仁井田陞, 『中國法制史硏究』, 東京大學出版會, 1964.

鍾家新, 『中國民衆の慾望のゆくえ-消費の動態と宗族の變動』, 新曜社, 1999.

潘允康 著, 園田茂人 監譯, 『變貌する中國の家族-血統社會の人間關係』, 岩波書店, 1994.

佐佐木衛編, 『近代中國の社會と民衆文化-日中共同硏究 · 華北農村社會調査資料集』, 東方書店, 1992.

三谷子 編, 『中國農村變革と家族 · 村落 · 國家-華北農村調査の記錄』, 汲古書院, 2000.

大塚勝美, 『中國家族法論-歷史と現狀』, 御茶の水書房, 1985.

福永安祥,『中國と東南アジアの社會學』, 勁草書房, 1993.
郭志剛 等,「現行生育政策與未來家庭結構」, 復印報刊,『社會學』2002-4.
徐安琪,「夫妻伙伴關係:中國城鄉的異同及其原因」,『中國人口科學』1998-4.
尹文耀,「中國獨生子女家庭與二孩家庭生育模式百年模擬與選擇」,『人口學刊』2001-3.
姜向群,「北京市人口老齡化問題前瞻」,『人口學刊』2001-2.
徐舒・程鋼,「90年代中國人口婚姻狀況變動分析」,『人口學刊』2001-1.
李樹茁・靳小怡・費爾德曼,「中國農村婚姻形式和與父母共居時間關係研究」,『中國人口科學』2001-6.
周 雲,「家庭成員年齡特點與家庭養老」,『中國人口科學』2000-2.
盧淑華,「婚姻觀的統計分析與變遷研究」,『社會學研究』1997-2.
盧淑華,「中國城市婚姻與家庭生活質量分析-根據北京・西安等地的調查」,『社會學研究』1992-4.
李銀河,「北京市婚姻質量的調查與分析」,『中國社會科學季刊』(香港), 1996年 5月.
張 翼,「中國第五次人口普查數据分析」, 汝信等 主編,『2002年:中國社會形勢分析與豫測』, 社會科學文獻出版社, 2002.

제2부

여성작가, 여성문학의 현재적 조망

북한 소설에 나타난 사랑과 이혼 문제

고 인 환*

1. 혁명적 사랑의 존재 방식

사랑은 근대 사회의 안녕과 체제의 존속성을 보장하는 이데올로기로 기능해 왔다. 대상과의 하나됨과 영원성의 획득이라는 근원적 욕망을 두 축으로 하는 낭만적 사랑의 '신화'는 은폐된 자본의 논리에 포획되어 근대 사회를 지탱하는 주춧돌이 된다. 이에 1990년대 이후 남한의 작가들은 왜곡된 사랑 이데올로기의 허상을 폭로하면서 불륜이나 이혼 이야기를 과감하게 서사의 전면에 내세웠으며, 심지어 '결혼은 미친 짓이다'라고 선언하면서 사랑의 '신화'를 의도적으로 전복해 왔다.

한편, 북한의 문학에서 사랑은 자본의 논리가 지배하는 남한의 현실과는 달리, '수령-당-인민'의 공동체적 유대에 기반한 체제의 이데올로기에 봉사해 왔다. 사랑이 행복하고 조화로운 이상 사회를 건설하려는 공적 의지에 종속되어 왔던 것이다. 북한의 문학에서 개인적 사랑이 구체적으로 형상화된 장면을 찾기 어려운 이유도 이와 무관하지 않다. 이상적이고 화합적인 사랑은 자아의 경계를 넘어서는 정열적인 사랑을 소외시킨다. 정열적인 사

* 문학평론가, 경희대학교 교양학부 교수

랑은 조화로운 이상 사회의 안식보다는 지배적인 규범이나 가치를 일탈하려는 개인의 내밀한 욕망과 손잡기 일쑤이기 때문이다.

1967년 이후 주체사상이 추구해 온 '주체형 공산주의자'는 정치적 생명(이성)을 육체적 생명(감성, 본능)보다 중시하는 새로운 인간형이다. 이들의 사랑은 '주체적 사회주의 건설'이라는 대의(정치적 과제)를 개인의 욕망보다 우위에 두고 형상화되어 왔다는 점에서 '혁명적 사랑'이라 지칭할 수 있다.

북한의 문학에서 1980년대 이후 사랑의 담론이 중심 주제로 떠오르고 있다는 점은 주목을 요한다. 이는 억압된 개인의 내밀한 욕망을 가시화하고 있다는 점에서 주체 소설의 변화를 보여주는 징후로 해석할 수 있다. 이 글에서는 이성간의 사랑과 갈등이 부각된 최근의 작품들을 중심으로 공적이고 혁명적 사랑이 억압하고 있는 개인적 욕망의 일면을 고찰하고자 한다.

2. 부부 갈등의 첨예화-백남룡의 『벗』

백남룡은 '사회주의적 현실 주제'를 문학 작품 속에 담아낸 대표적 작가라 할 수 있다. 그의 작품 『60년 후』(1985), 「생명」(1985), 『벗』(1988) 등은 남·북의 독자들에게 함께 사랑 받았다. 특히, 『벗』은 북에서는 인민들의 실제적인 관심과 현실적인 욕망을 표현했다는 점에서, 남에서는 주체소설의 경직성을 탈피한 사랑과 이혼의 문제를 본격적으로 다루었다는 점에서이다.

백남룡의 『벗』에 드러난 리석춘과 채순희의 사랑은 북한 가정의 현실적인 갈등을 보여준다. 도 예술단의 성악배우이자 중음가수인 채순희는 시 인민재판소에 찾아와 이혼을 청구한다. 이유는 남편과 '생활리듬'이 맞지 않는다는 것이다. 강안기계공장 선반공인 남편 리석춘이 십년 전이나 오늘이나 정신생활 면에서 변화가 없이 따분하고 구태의연한 생활을 하기 때문이다. 채순희는 적극적으로 자신의 주장을 펼치는 진취적인 인물로 그려진다.

> 저는 가수예요. 노래를 사랑하고 관중을 사랑해요. 남편의 고통스러운 생활 때문에… 저의 리상을… 앞날을 희생할 수는 없어요.(백남룡, 『벗』, 살림터, 1992, p20)

파경 직전까지 간 순희 부부의 갈등을 좀더 살펴보자. 순희는 남들보다 더 번듯이 남편을 내세우고 싶어 한다. 그녀는 과거에 머물기보다는 새로운 감정, 정서와 이상을 펼치면서 변화 · 발전하는 세계를 지향한다. 이는 '문화정서적' 욕구로 표출된다. 순희의 사고방식은 남편인 석춘에 의해 비판받는다. 석춘이 보기에 이러한 순희의 지향은 순박하지 못한 여성적 자존심, 직업에서 생긴 허영심에서 발원한 것이다.

이러한 순희와 석춘의 갈등은 세속적 욕망과 혁명적 지향 사이의 갈등이며, 신세대와 구세대의 갈등이기도 하다. 특히, 세대갈등이 부부 사이의 갈등(수평적 관계)으로 제시되고 있다는 점은, 새로운 세대의 생활적 요구가 '혁명적 사랑'의 이상과 대등할 정도로 심각하게 부각되고 있음을 보여준다.

이들의 갈등은 부부간의 의리를 처음 맺어주던 깨끗하고 순박한 사랑을 보존하면서, 그 위에 현실의 정신생활이 낳은 새로운 감정들로 사랑의 탑을 쌓아가야 한다는 점을 인식하면서 해소된다. 하지만 이러한 순희 부부의 재결합은 '혁명적 사랑'에서 '개인적 사랑'으로 변모해 가는 주체소설의 변화까지를 숨기지는 못하고 있다.

북한은 수령을 중심으로 하는 '대가정' 사회이다. 주체시대 이후 김일성, 김정일은 당 그 자체이거나 당에 앞서는 절대 존재로 군림한다. 수령은 '어버이'이며, 당은 '어머니'로 표현된다. 『불멸의 역사 총서』 계열의 작품들이 보여주는 거대한 서사적 화폭은 이를 잘 보여준다. 그러나 1980년대 후반, 지금까지 주체소설이 보여준 수령의 대가족사 복원과 사회주의 건설을 추동하는 내용은 생활에 밀착된 개인들의 삶을 다룬 이야기에 조금씩 자리를 비켜주고 있다.

『벗』의 주인공 정진우 판사는 가정과 사업을 각기 독립적인 영역으로 설정하고, 순희 부부의 갈등을 중개하고 있다. 특히, 그가 리석춘을 비판하는 대목은 주목을 요한다.

> 그러나 정진우는 채순희의 결함을 허영심이라고 박아놓고 싶지 않았다. 예술인 가수는 로동자와는 달리 직업적 특성으로부터 정신생활에서 허영심이 있을 수 있다. …(중략)…

> 그렇다면 순희의 허영심이 과연 질적으로 나쁜 것인가?… 그 녀자는 남편이 선반공이여서 불평하는 것이 아닌 것 같다. 남편이 십 년 전이나 오늘이나 정신생활에서 변화가 없이 따분하고 구태의연한 생활을 하기 때문이 아니겠는가… 석춘이의 지성정도나 리상은 신혼생활 때와 수평이거나 침체되는 것 같다. 그러면서도 생활에 대한 자기 만족에 차서 자존심을 세우고 있다. 거기에다 성실성이라는 울타리를 든든히 둘러치고 안해를 타매한다.… 바로 이런 마찰에서 순희의 우월감과 절망적인 결심이 생긴 게 아닐까? 분쟁의 초점은 거기 있는 것 같다. …(중략)…
>
> 공장에서의 성실성은 가정에서 화목의 바탕으로 될 수는 있어도 전부로 되지는 못한다. 애정관은 사업 말고도 정신생활영역의 많은 부분에 기초를 두고 있는 것이다.(백남룡, 『벗』, 살림터, 1992, 133~134면)

정진우 판사는 십 년 전 선반공 때의 지향과 현재의 지향 사이에 아무런 변화도 없는 석춘을 질타한다. 석춘은 십 년전 프레스공 처녀에 대한 사랑을 그대로 유지하고 있는 인물이다. 그러나 순희는 이제 프레스공이 아니라 이름 있는 중음가수로 정신문화적 면에서 크게 발전했다. 과학과 기술, 예술이 발전하였고 사회가 변했는데, 석춘은 시대에 뒤떨어진 목가적 사랑을 붙들고 있다. 이러한 석춘의 지향, 정신생활의 침체가 순희의 허영을 가져왔다는 것이다. 순희와 같은 젊은 여성의 요구는 높은 정신문명에 대한 갈망에서 나온 필연적인 것이다.

이러한 정진우 판사의 생각은 지금까지의 북한 소설과는 다른 관점이다. 대가정이라는 국가의 이념에 개인의 가정이 종속되는 과거의 주체소설을 넘어, 『벗』에서는 가정이 국가의 개별적 생활단위로 독자적인 영역을 지닌다. 이 작품에서는 가정과 사업이 거의 대등한 입장에서 제시되고 있다. 이는 채순희(가정)와 리석춘(사업, 국가)의 갈등이 어느 한쪽으로 투항하는 방식으로 화해되는 것이 아니라, 상호의 문제점을 인정하고 더 나은 미래를 설정하는 방향으로 해소된다는 점에서 드러난다.

이렇듯, 『벗』의 채순희는 주체소설의 변화를 보여주는 문제적 인물이다. '낡은 과거가 여기에 무슨 상관이 있어요. 생활은 오늘이고 앞에 있어요.'라는 발언은 북한 체제의 현실적인 딜레마를 함축하는 표현이다.

『벗』에 나타난 가족문제, 현실과 생활의 문제, 남녀간의 애정문제 등은 주체소설의 미세한 균열을 드러내는 하나의 징후로 이해할 수 있다. 물론 이를 주체소설 전반의 변화라고 단정하기는 어렵다. 그러나 개인의 욕망을 억압한 주체소설이 어느덧 스스로를 되돌아보는 자리에 서게 되었다는 사실은 부인할 수 없다. 욕망의 다양한 표출은 개인과 집단의 새로운 관계 정립이라는 과제를 던진다.

3. 공적 이데올로기에 종속된 사랑-홍남수의 「시작점에서」와 강혜옥의 「고향에 온 처녀」

북한 소설에 나타나는 연인들의 사랑은 당의 정책 시행 과정에서 생긴 오해로 인해 감정에 균열이 생기고, 이러한 균열이 외부적 요인에 의해 봉합됨으로써 다시 결합한다는 내용이 하나의 공식을 이룬다. 여전히 북한 사회에서는 개인적 감정보다는 공적인 사업에 바탕한 혁명적 사랑이 우세한 비중을 차지하고 있다. 그런데 혁명적 사랑에 억압된 개인적 사랑, 나아가 개인적 사랑을 가로막는 현실적 장애물이 구체적으로 부각되고 있다는 점은 눈길을 끈다. 이러한 억압되고 있는 요소를 통해 우리는 북한 사회에 만연된 고정관념과 관료주의의 문제를 우회적으로 파악할 수 있다.

「시작점에서」는 사랑의 좌절로 인해 직장을 버리고 떠돌다가 다시 '건설장'으로 돌아오는 인물을 통해 북한 사회에 드러나는 사랑의 일면을 보여주는 작품이다.

> 그는 내가 홀어머니손에서 자란 자식이라고 내놓고 말하군 했지.
>
> 인간의 증오와 기쁨을 산생시키고 때론 크나큰 슬픔과 괴로움을 겪게 하는것은 다른 모든 힘을 초월하는 감정의 힘이 아닌가.
>
> 난 왼볼을 몹시 씰룩거리는 한정식을 씹어 삼킬 듯이 노려보았네. 그가 나한테 얼마나 큰 모욕을 주었는지 동무는 아마 다 모를거네. 그래서인지 온몸의 피가 머리우로 치솟았네.
>
> 그러니 자기네는 생활토대도 그쯘하단 말이지. 아버지도 가까운 친척도 없는 나 같은건 눈에 차지 않고 좋다. 나도 빚진 몸이 아니니 머리를 숙이진 않겠다. …(중

락)…

(보옥이, 왜 우오. 우리의 사랑은 티끌만 한 타산도 없었소. 오직 깨끗한 순정과 밝은 래일만이 약속되여 있지 않았소. 그러나 동무와 난 생활의 깊이를 모르고 있었소. 우린 그걸 먼저 알아야 했소.)…

난 처녀와 그렇게 헤여졌네. 그 괴로움우에 어머니를 잃은 슬픔이 덧쌓여 지고. 그후 난 처녀의 오빠가 보기 싫어 인차 직장에서 나와 버렸네.(홍남수, 『시작점에서』, <청년문학>, 2003년 1월호, 23면)

화자와 '보옥'의 '티끌만 한 타산도 없'고 '오직 깨끗한 순정과 밝은 래일만이 약속'된 순수한 사랑은 '홀어머니손에서 자란 자식'으로 대변되는 현실적 조건, 즉 화자의 '생활토대' 때문에 결실을 맺지 못한다. 이 때문에 보금자리를 떠나 방황하던 화자는 과거의 잘못을 뉘우치고 다시 직장으로 돌아온다. 되돌아 온 화자를 감싸주고 잃은 사랑을 되찾아 주는 인물은 '승남대대장'이다. '승남대대장'은 '남 모르게 보옥이를 두번이나 찾아' 가고 화자의 '입당보증을 해주려고 려단정치부와 도당에까지 걸음을' 한다. 화자와 '보옥'은 '승남대대장'의 묘지에서 다시 만나 사랑을 확인한다. 즉, 이들의 사랑은 '승남대대장'이라는 외부적 인물의 매개를 통해 재결합되는 것이다. 이는 혁명적 이념에 지배되는 개인적 사랑의 모습을 구체적으로 보여준다.

『고향에 온 처녀』는 새로 부임한 '불도젤' 교대운전수 '채향'과 기존의 운전수 '범국' 사이의 풋풋한 사랑을 보여주는 작품이다.

불시에 형언하기 어려운 향기가 그의 온몸에 들씌어 졌다.

구석구석마다에 어린 채향의 다정다감한 정서가 페속으로 기분 좋게 흘러 들었다. 앞창 유리에는 없던 토끼인형까지 대롱대롱 매달려 있다. 올롱하니 치뜬 토끼의 눈은 꼭 채향의 눈동자 같다. 마치 범국을 쏘아 보는듯 하였다.

범국은 신경질적으로 토끼인형을 툭 치였다.(강혜옥, 『고향에 온 처녀』, <청년문학>, 2003년 1월호, 36면)

도시냄새가 풍기는 꽃처럼 연약한 처녀, '채향'이 교대운전수로 왔다는 사실에 '범국'은 실망감을 감추지 못한다. 그러나 '채향'과 함께 '불도젤'을 운전하고부터 '범국'은 '형언하기 어려운 향기', '채향의 다정다감한 정서'가

가슴속으로 흘러드는 느낌을 받는다. '채향'의 헌신적인 노력과 당에 대한 충성을 이해하고부터 '범국'은 '채향'에 대한 연정 때문에 심장이 뛰기 시작한다. '채향'에 대한 오해는 '범국'이 그녀의 진면목을 확인함으로써 해소된다. '범국'이 깨닫게 되는 '채향'의 진가는 당에 대한 충성심, 즉 혁명적 과업과 연결된다는 점에서 이들의 사랑은 혁명적 사랑의 연장선에 놓인다.

이상의 작품들이 시사하는 개인적 사랑의 면면에도 불구하고 여전히 사랑의 담론이 공적 이데올로기에 종속되고 있다는 점은 아쉬움으로 남는다. 이념이나 당위적 명제를 앞세우기보다는 이들이 일상 속에서 느끼게 되는 애환이나 갈등을 구체적으로 그렸으면 보다 생동감을 획득할 수 있었을 것이다.

4. 이념에 비낀 첫사랑의 무늬-김택룡의 「고향」과 홍영남의 「푸른 언덕」

앞장에서 살펴 본 사랑이 혁명적 이념을 강조하기 위한 양념의 수준에 머물렀다면, 김택룡의 「고향」과 홍영남의 「푸른 언덕」은 첫사랑의 감정을 중심에 두고 서사를 전개함으로써 이념의 이면에 비낀 미묘한 사랑의 감정을 효과적으로 형상화하고 있다.

'성심의 가슴속에는 걷잡을수 없는 세찬 소용돌이가 일었다'로 시작되는 「고향」은 사랑에 빠진 화자의 내면 심리를 섬세한 감정의 무늬로 음각하고 있다. 성심은 중대의 한 병사의 입맛을 돋우기 위해, 눈보라가 기승을 부리는 한 겨울에 물고기를 잡으러 나온 '사관장' 충렬을 보고 강렬한 인상을 받는다. 성심은 충렬에 대한 사랑의 싹을 내밀하게 키운다. 그러던 어느날 군에서 제대하면 고향으로 가겠다는 충렬에게서 편지가 온다. 고향이 아니라 이름 모를 낯선 고장에서이다. 성심은 충렬의 편지를 받을 때면 늘 '막연한 불안'과 '야릇한 기쁨' 사이에서 '이름못할 감정'으로 주저하게 된다. 그녀는 아버지가 일구어온 고향의 양어장을 지켜야 할지, 아니면 사랑하는 연인 충렬을 따라 낯선 고장으로 가야할지 갈등에 빠진다.

> 양어장의 밤풍경은 그지없이 신비로운 운치를 돋구고 살뜰히 성심을 맞아주었다. 바둑판처럼 펼쳐진 고기못들과 검푸른 잔디옷을 입고 곧게 뻗어간 수로 뚝우에는 수면에 넓은 그림자를 짙게 내던진 버드나무들이 줄을 지어 늘어섰는데 무성한 가지와 잎새들속에서는 놀란 듯 한 밤새소리가 간간이 울려나왔다. 이슬에 젖어 싱그러운 냄새를 풍기는 물기 번지르르한 잔디밭가운데서도 씨륵씨륵 풀벌레소리가 지꿎게 이어졌다. 양어못마다에 설치한 배수구의 물갈이수차에서 떨어지는 신선한 물소리와 새소리, 벌레소리며 곳곳에 환히 매달린 유아등불빛이며는 어느 밤에나 정겹게 안겨오는것이지만 오늘따라 유난스레 성심의 마음속을 헤집으며 파고들었다. 성심의 발자국소리를 듣고 양어장의 모든것이 그를 반기는듯싶었다. 마음이 저절로 따스해진 성심은 살찌우기못들중의 하나인 첫번째 못기슭에 세워놓은 나지막한 나무걸상에 편히 주저앉았다. …(중략)…
>
> 성심의 입가에는 즐거운 미소가 어리고 두눈은 잔잔한 열기로 반짝이였다.(김택룡, 「고향」, <조선문학>, 2003년 11월호, 23~24면)

이러한 성심의 내면적 갈등은 여름밤의 '유정하고 아름다운' 풍경과 어울려 '그지없이 신비로운 운치를 돋'군다. '양어장의 밤풍경'은 어느새 성심의 갈등을 훈훈하게 감싸며 입가에 미소를 어리게 하고, 두 눈에 잔잔한 열기를 반짝이게 한다. 이러한 자연 묘사를 찬찬히 읽어보면, 충렬의 편지로 인한 내면적 갈등이 양어장 입구에 들어서면서 진정되고 있음을 감지할 수 있다. 양어장에 들어서면서 성심은 '양어사업소 로동자'가 되어 새로운 고향을 개척한 아버지의 모습을 떠올린다. 서정적 풍경 묘사는 아버지(이념)에 의해 사랑의 감정이 정화되고 있음을 보여준다. 이후 성심은 '심장의 문을 꽉 닫아매고 다시는 그(충렬)에 대해 생각지 말자고 모질게 마음을 벼리군 했건만 자꾸만 그의 모습이 눈앞에 얼른거리는것을 어찌할수 없'는 자신의 모습을 발견한다. '도끼날에 퉁겨나는 얼음조각'의 이미지나 '그림판에 마주 앉아 붓질을 하던' 충렬의 모습은 성심의 가슴을 활활 타오르게 한다. 결국 성심은 충렬에게로 떠난다. 그에게로 떠나기 이전에도 억제할 수 없는 사랑의 감정(갈등)이 작품 곳곳에서 등장한다는 점에서 이는 의미심장한 결말이다. 다만, 이념으로 대변되는 아버지에 의해 이러한 감정이 억제되어 있었을 따름이다. 이에 아버지와 충렬을 동일시함으로써 갈등을 해소하는 결말은 이념의 중압을 비집고 고개를 드는 첫사랑의 감정이 승리하는 장면으로 읽어도 무방하다.

홍영남의 「푸른 언덕」 또한 한 '산골청년'을 만나 '속앓이' 하는 처녀의 모습이 생생하게 그려져 있다.

> 그때부터 금옥의 눈앞에는 온통 그 산골청년의 모습뿐이였다. 그가 꼭 다시 온다는 약속을 한것은 아니였으나 어쩐지 그 초가을 새벽처럼 아무 기별도 없이 불쑥 나타날것만 같아 마음을 진정할수가 없었다. 얼마나 생각이 옴했던지 어느날 금옥은 물을 길러 나갔다가 빈 동이를 그대로 안고 들어온적도 있었다. 텅빈 물독은 처녀의 이상스러운 행동이 놀랍다는듯 입을 항 벌린채 그를 올려다보고 있었다. 그제나 처녀는 소스라치게 놀랐다. 그는 빈 물독이 누군가를 기다려오는 자신의 텅 비여있는 마음처럼 생각되였고 다름아닌 그 산골청년이 자기의 허전한 마음속 공백을 가득 채워주기를 애타게 기다리고있다는 사실에 놀랐다.(홍영남, 「푸른 언덕」, <조선문학>, 2003년 11월호, 63면)

우연하게 길에서 만난 '산골청년'의 강렬한 인상은 오빠의 소개로 두 번이나 찾아온 도시청년의 청혼을 거절하게 한다. 금옥은 산골청년이 다시 찾아오자 '마음 속에서 움터난 첫 사랑을 꽃피울수 있게 되었다는 순정의 환희가' 가슴속에서 높뛰는 것을 느낀다. 따라서 산골청년을 따라 두메 산골로 들어가 훌륭한 방목꾼이 되었다는 후일담은, 금옥의 '허전한 마음속 공백'을 채워주는 잉여의 에피소드일 뿐이다.

이상의 작품들을 감상하면서 필자는 첫사랑의 내밀한 감정이 북한 사회의 이념적 지향을 서서히 잠식하고 있는 듯한 인상을 받았다. 지금까지의 소설이, 이념 지향의 서사적 그물망에 사랑의 물고기가 포획되어 있는 형국이었다면, 위의 두 작품에서는 첫사랑의 신비로운 실루엣을 이념적 서사의 궤적이 뒤좇고 있는 형세가 그려져 있다. 이성(이념)의 자리를 넘어 넘실대는 욕망(첫사랑)의 물결이 서사를 장악하고 있기 때문이다.

여성들을 위한 광시곡(狂詩曲)

이 성 천*

1. 시인의 '여자들'

정숙의 세 번째 시집 『불의 눈빛』(시학, 2007)은 그 동안 처용의 아내를 자처해 온 시인이 자기만의 독특한 방식으로 우리시대 여성들의 고난한 삶을 노래한, 일종의 <여성들을 위한 광시곡(狂詩曲)>이다. 이번 시집에서 시인은 마치 "물너울이 살 비늘 툭툭 터뜨리며/피아노 건반 몸살 나도록 두드리"(「월광 소나타-달빛여자2」)듯이 특유의 도발적이면서도 섬세한 상상력을 분출하여 우리시대 여성들을 둘러싼 세계의 적막한 형상들을 예리하게 포착하고 있다.

새시집에는 각각의 소제목이 환기하는 것처럼 무수한 <여자>들이 살고 있다. 특히 <달빛 여자>, <불의 여자>, <늪의 여자> <거울 속 여자> 등이 연속적으로 출현하는 시집의 부분들은 가히 이 시대의 여성들에 바쳐진 헌정곡(獻呈曲)이라 할 만큼, 시인 자신을 포함한 여성들의 삶을 집중적으로 조명하고 있다. 특이한 점은 『불의 눈빛』에 등장하는 대부분의 여자들은 "한 생애/제 빛깔, 제 소리 다 지우고/하늘 그늘 뒤 그림자로 숨어서"(「낮달-달빛

---

* 문학평론가, 경희대학교 국어국문학과 겸임교수

여자1」) 살아가는 그녀들의 어머니와는 달리, 간혹 현실의 제도적 질서에 적응하지 못하고 일탈의 상상력을 꿈꾼다는 사실이다. 가령, 시인의 분신이기도 한 <밤도장 찍는 여자>는 "차선 약간씩 넘나들며 사는 것도 참, 맛일 텐데"라고 속삭이며 "가끔 내 인주에 이웃집 연장으로/밤 도장 찍"는 마음속의 "우격다짐"(「어떤 차선위반-밤도장 찍는 여자」)을 몰래한다. 또한 <활 쏘는 여자>는 "쌍심지 켠 눈 꼬리로/지그시 깨문 입술로/가슴 속 끓어오르는 불덩이로" "매 순간 불화살을 쏘"며 "내 핏속에서 회오리바람 일으킬/기회, 엿보고 있"(「과녁을 찾아-활 쏘는 여자」)다. 그것뿐만이 아니다. 시집 속의 누군가는 "오후 네 시경이면 도톰한 분첩 바쁘게 두드리며" "타오르는 몸의 불, 감당하지 못하는/여름 나무의 뜨거운 것들 잠시 꺼주는/소방수"(분꽃들-불의 여자10」)의 역할을 담당하기도 한다. 이처럼 이번에 정숙 시인의 여자들, 혹은 그녀들과 관련된 시적 상관물들은 불륜과 일탈, 탈주와 욕망과 같은 낯선 단어들에 무방비적으로 노출되어 있다. 이로 말미암아 시집에 등장하는 여자들의 삶은 언제나 금기와 위반의 경계 지점에서 '흔들'린다.

> 물너울이 살 비늘 툭툭 터뜨리며/피아노 건반 몸살 나도록 두드리는데//그 여자/흐드러진 제 꽃잎 씻어 내리고 있다//밀려왔다가/다시 밀려가는/그 고랑 깊은 선율의 되풀이에 휘감기면서//그 사이/까아만 씨앗 하나가 눈을 뜬다//그 시간, 먼 산속에서 곰 한 마리//달을 덥석 문다/끝내는 붉괴어 어쩔줄 몰라 컹컹 울부짖으며
>
> -「월광 소나타-달빛 여자 2」 전문

> 달빛도 잠든 밤/외진 산길 나무들의 촉수와 더듬이를 깨우는/개구리 울음/그 속엔 불그스름하면서 봉긋한 그러면서 솜털 뽀송뽀송한/젖가슴, 수밀도가 스며들어 있다//저 마돈나의 밀실이 촛불 켜고/관능에 불이 붙기를 기다리는지 쓰렁쓰렁/꽃뱀의 비늘들이 죽은 제 혓바닥 다시 깨워/산의 밑뿌리에서부터 발싸심하기 시작한다
>
> -「한 여름 밤의 몽상-달빛 여자 3」 부분

시집의 도입부에 위치한 위의 인용시들은 이 같은 여자들의 상황을 집약적으로 보여준다. 감각적 이미지의 활용이 돋보이는 이 시들은 <달빛 여자>라는 부제가 암시하듯, <달>의 상상력이 전적으로 지배하는 가운데 쓰여졌

다. 이 시들에서 <달빛>의 몽환적 이미지는 <곰>의 신화적 성격 혹은 <뱀>의 원형 이미지와 중첩되어 묘한 분위기를 연출한다. 달과 곰, 그리고 뱀의 본래적 이미지는 그것이 갖는 상상력의 다양한 변주를 통해 연작시 <달빛여자>의 시적 효과를 극대화하고 있는 것이다. 여기서 한 가지 주의할 것은 여성성과 모성성 아울러 재생성과 주기적 순환성을 동반한 <달빛여자>의 부드러운 이미지는 시의 후반부에 이르면 일순간, "끝내는 붉괴어 어쩔줄 몰라 컹컹 울부짖"는 <곰>과 "죽은 제 혓바닥 다시 깨워/산의 밑뿌리에서부터 발싸심"하는 <꽃뱀>의 이미지로 전이된다는 점이다. "월광 소나타"의 "깊은 선율의 되풀이에 휘감기면서" "흐드러진 제 꽃잎 씻어 내리고 있"는 <그 여자>의 모습은 순간적으로 "관능에 불이 붙기를 기다리는" '마돈나'의 형상으로 변모한 것이다. 이러한 시적 전개 방식은 금기와 위반, "그 사이"에 놓여 있는 이 시대 여성들의 심리 상태를 밀도 있게 형상화하고자 한 시인의 의도로 파악된다. 따라서 "끝내는 붉괴어 어쩔줄 몰라 컹컹 울부짖"는 "곰 한 마리"와 "관능에 불이 붙기를 기다리는" '마돈나'의 형상은 궁극적으로 오늘날 여성들의 심리적 자화상에 다름 아니다. 인용시는 이처럼 <달>, <곰>, <뱀> 등의 기원적 이미지를 <재활용>하여 우리시대 흔들리는 여성적 삶의 쓸쓸함과 비애감을 함축적으로 보여준다.

> 옛 어매들은 거의/가슴에/사리,/몇 알 품고 사셨지//청도 운문사 입구/속 다 비우고 비워 맨 살로/바람을 받아들이고 있는/해묵은 나무,/바람에 열린 치맛자락 맡기고 서 있는/해묵은 나무,/바람에 열린 치맛자락 맡기고 서 있는/실루엣 뒤로 반짝이는 저/보석, 살아있는/사리탑//노루꼬리만한 한 뉘, 속 파서 내게 다 먹이느라/점점 빈껍질이 되어 가시던//어머니
>
> -「느티나무-늪의 여자3」 전문

> 넌 밤마다 피 흘리고 있지 바다 밑으로 철길을 놓으려다가 파도에 밀려나고 부딪치면서 온 몸 상처투성이로 피 철철 흘리고 있지 그래도 다음 날 밤이면 또 비늬한 바다 품속으로 잠수하며
>
> -「네 바다를 난 알고 있지-흔들리는 여자」 부분

그렇다면 <정숙의 여자>들이 이렇듯 끊임없이 흔들리며 제도적 일탈을 꿈꾸는 근원적 이유는 무엇일까. 위의 인용시들은 우리의 이 물음에 대한 해답의 실마리를 제공해준다. 「느티나무-늪의 여자3」은 "옛 어매들"의 보편적 삶의 양태를 차분하게 기록한 작품이다. 이 시에서 <늪의 여자>로 표상된 "옛 어매들"에게 "가슴(마음)"속의 <흔들림>이란 존재하지 않는다. "해묵은 나무"와 같은 "옛 어매들"의 삶에는 <비움>과 <껍질>의 의미만 남아있어 그녀들의 몸은 "사리 익어가는 냄새"(「사리 익어가는 냄새-노을꽃 3」)가 날 지경이다. 반면, <흔들리는 여자>라는 부제가 환기하듯이 「네 바다를 난 알고 있지」에서 등장하는 여자의 삶은 결코 어머니의 경우처럼 <보편적>이거나 순조롭지만은 않다. "상처투성이", "피"와 같은 시어의 빈번한 출현은 이러한 사정을 말해준다. 그럼에도 이 시에서 여자의 삶이 흔들리거나 굴곡진 이유는 여전히 분명하지 않다. 다만 이제까지 발표된 정숙 시세계의 성격과 새시집에 기록된 여러 정황들을 종합적으로 감안하면 그 원인을 짐작하기란 그리 어려운 일이 아니다. 아마도 그것은 남성 중심적 제도의 이기성에서 파생된 것으로 추정된다. 그 구체적 항목은 희생성과 모성성에 대한 맹목적 강요, <해묵은> 성적 강제 및 몸의 억압 등이 될 것이다. 따라서 이 시에서 여자가 흔들리는 이유는 다른 누구의 책임이 아니다. 그것은 우리 사회 전부의 책임이라고 할 수 있는 것이다.

이렇게 보면 결국, 현대 사회에서 정숙 시세계의 여자들은 사회의 불합리한 관습과 왜곡된 전통에 의해 상처의 세월을 살아왔거나, 현재 살아가고 있다. 위의 시는 이 같은 여성적 삶의 실재를 다양한 경로를 통하여 우리에게 제시한다. <늪의 여자>와 <흔들리는 여자> 연작은 그 동안 우리 사회의 가치 질서와 오랜 <불화>관계에 있었던 여성들의 삶과 그들의 소외감을 우회적으로 드러내고 있는 것이다. "사리 익어가는 냄새"가 배어있는 어머니와 "빗금 마구잡이 긋기를 몰래 꿈꾸"(「시,를 위한 광시곡-불의 여자 2」는 여성들을 대상으로 삼은 정숙의 시에 안타까움과 애틋함의 정서가 자주 묻어나는 이유도 여기에 있다.

2. 깊은 상처가 때론 빛을 키운다

여성적 삶의 왜곡된 구조와 남성 중심적 가부장제의 모순 상황을 깊이 있게 응시하면서 한편으로 여성의 고유한 정체성과 존재성을 부각하려는 시작 태도는 사실 정숙 시의 오래된 특징이다. 시인은 그 동안 이미 두 권의 시집을 통해서 기존의 <남성서사>는 물론 여성주의 문학과도 차별화 된 독특한 여성시의 한 사례를 우리에게 선보인 바 있다. 특유의 경상도 사투리를 거침없이 구사한 이 시편들에서 그는 남성 중심의 지배적 문화에 찌들린 여성의 정체성과 그로 인해 억압받는 여성적 삶의 한계성을 투박하지만, 동시에 날 선 언어로 비판적으로 제시하였다. 예를 들어 첫시집 『신처용가』에서 시인은 <처용 아내>를 시적 화자로 내세워 여성성의 역사를 계보학적으로 구축하고 우리 시대 여성 정체성의 문제를 개성 있는 문체로 환기한다. 뿐만 아니라 두 번째 시집 『위기의 꽃』에서는 일상에서 발효된 유연한 상상력을 바탕으로 <위기의 여자>들의 삶을 진솔하게 표출한다. 이 시집들은 공히 여성적 삶의 한계성을 드러내고 새로운 질서체제를 확립하려는 의지를 적극적으로 발현하고 있다.

> 서방님, 서방님예/외로움이 속 골빙 다 들었어예./삐속 씨리게 샛바람이 다 들었어예./여편네들 허전해서예,/고 가슴에 날렵하게 한 마리 제비 키워서예,/그 제비캉 노닥거린다고/또 칼을 빼시겠어예? 우짤랍니꺼예?/퍼뜩이지만예, 볼품없는 우리 여편네들/여왕거치 귀케 모시데예./고 짜릿한 맛/우째 잊을 수 있을까예?/화투장 공산 달 밝은 밤 즐기다 보이/날 새는 줄 모리겠데예./희안한,/참 희한한 제비라 카이예.
>
> -「희안한 제비라 카이예 - 처용아내3」 전문

분명, 첫 시집 『신처용가』에서부터 스스로의 존재를 본격적으로 알린 정숙 시인은 여성적 삶의 고난함과 여성의 본능적 욕망을 진솔하게 발설하는데 조금도 주저하지 않는, 그야말로 <21세기형>의 처용 아내였다. 그 때문인지 시집의 주요 화자로 등장한 처용 아내의 목소리는 자주 도발적으로 느껴질 정도였다. 하지만 이 시집들에 실려 있는 모든 시편들이 동일한 시적 주제의 무게를 지니고 있는 것은 아니다. 엄정하게 말해서 이전 그의 시는 '소박한 순응주의'(김재홍), 또는 남성과 여성을 단순히 대립적 존재로 파악하는 이분법적 사고에 기대어 있다는 혐의에서 자유롭지 못하다. 여성성 더 나아가 페미니즘 담론에 대한 이 같은 편견은 스스로 남성 가부장제도의 질서에서 헤어나지 못하고 있다는 반증으로 작용한다. 따라서 정숙 시인은 무엇보다도 여성과 남성을 대립 항으로 놓는 기존의 시적 대응 방식을 어떤 식으로든 극복해야 한다. 여성적 삶에 대한 편향성과 사소한 집착은 그 자체로 여성성의 문제를 온전하게 해결할 수 없는 까닭이다.

> 진주조개는/어쩌다 뛰어 들어온 모래알, 뱉어버릴 수 없는/그 상처 가슴에 안고 살아가면서/쌓이는 외쪽 생각의 시간과 손잡고/뱉어내려고 몸부림치다 치다가/그냥 끌어안고 같이 되새김질하며 뒹굴며//미운 정 고운 정 서로 자리다툼하다가/사랑이라는 얄궂은 운명 속으로 갇히면서/자신도 모르게 빛을 발한다//흙에 묻힌 항아리가 김치를 익히듯이/캄캄한 지하 창고가 포도주를 익히듯/어둠 속에 자신을 가두고/늪이 되어 제 다숨을 고이 키운다
>
> -「깊은 상처가 때론 빛을 키우는가」 전문

그러나 "깊은 상처가 때론 빛을 키우는" 법인가 보다. 그만큼 이번 정숙의 시집은 여성 문제의 질곡을 끊임없이 제기하면서도 이를 다양한 표현기법과 양식으로 폭넓게 변주하고 있다. 특히 이번에 시인은 꽃을 비롯한 식물 이미지의 은유를 통해 자신의 시세계를 견고하게 구축한다. 이런 측면에서 "진주조개" 생애를 형상화 한 인용시는 시인의 본래 의도와는 무관하게, 그의 시쓰기 차원과 결부시켜, 이 지점에서 <확대>, <변용>해서 사용해도 크게 어색하지 않을 것이다. 다소 투박하고 평이했던 처용 아내의 노래가 진정한 우리 시대의 <향가>로 거듭날 수 있는 가능성을 이 시를 통해서 유추하고 싶은 것이다.

3. 꽃의 은유를 찾아서

정숙의 『불의 눈빛』에는 여자들이 기거하는 두 개의 <상징>적인 공간이

마련되어 있다. 굳이 밝히자면 '벽'과 '거울'의 공간이 그것이다. 시인의 내면이 환히 들여다보이는 이 공간은 주로 여성적 삶의 체험을 식물 이미지를 매개하여 순도 높은 상상력으로 꾸미고 있다는 점에서 공통성을 지닌다. 정숙 시집의 한복판을 차지하는 이 공간들은 시인의 예민한 감각으로 치장된 언어의 공간이자 신선한 상상력이 동원된 시적 공간이다.

> 장미가시 그녀에게 물었다/푸른 잎으로 숨길 수 있는/작고 날카로운 가시를 어떻게 만드느냐고/그러나 장미꽃은 생글생글 웃으며/하늘만 가리키고 있었다/나도같이 한참 바라보고 있으니/절로 웃음눈물 범벅이 되었다//비바람에 한 생애 시달리다 보면/아무도 몰래/몸까시 돋아나는 것을/거친 손길에 꽃가지 자주 꺾이다 보면/어느새 뾰족뾰족 돋아나는 것을/그래도 웃음 머금고 하늘 바라봐야만 하는 것을
>
> -「날마다 하늘을 바라보는 이유-거울 속 여자 9」 전문

먼저 '벽'과 '거울'의 내부를 구체적으로 살펴보자 '벽'과 '거울'의 공간에는 수많은 꽃들이 존재한다. 그 꽃들은 지금 "거친 손길에 꽃가시 자주 꺽이"며 '산다는 건 가시에 수 없이 찔리는 일'이라고 고백한다. 주목할 것은 이 공간에 존재하는 꽃의 모습은 현재 시인의 내면을 무척 닮아 있다는 것이다. 가령, 그곳의 꽃들은 "주책없이/때늦은 내 가슴 설레며/남몰래 꽃 등불 밝혀"(「상사화 피는 사연- 거울 속 여자 7」든다. 또 어떤 꽃은 "늦었어 너무 뒤늦게 눈을 뜬거야"(「시월복숭아-거울 속 여자5」)라며 '애완븐' 시인의 '한 생'을 반영한다. 이처럼 이 공간에 존재하는 꽃은 대체로 시인과 밀착되어, 정서적으로 교감한다. 이로 인해 시인이 이곳의 내부를 들여다보는 순간, 그의 행동과 사유는 매번 이 꽃들과 겹쳐지거나 동일시되어 나타난다. 이러한 경향은 인용시에서 직접적으로 확인할 수 있다.

위의 시에서 꽃은 단순한 식물체가 아니다. 그것은 시인의 의식이 투영된 각별한 존재, 즉 객관적 상관물로 거듭나고 있다. 이 시에서 꽃은 철저하게 의인화되어 있다. 또한 꽃의 가시 돋음은 "비바람에 한 생애 시달리는"것으로 표현되어 여자의 일생을 간접적으로 지시한다. 이처럼 꽃의 존재는 시집 전체에서 의인화되거나 여성성의 이미지를 수용하고 있는데, 이는 이번 정숙 시의 중요한 특징으로 간주된다. 그의 시에서 꽃(식물)은 시인의 내면성

혹은 정체성을 간직한, 곧 시인 자신에 다름 아닌 것이다. 따라서 인용한 시에서 삶이란 '가시에 수없이 찔리는 일'이라는 화자의 목소리와 "시린 가을 여편네 하나/근육질의 남정네 허리 꽉 끌어안고 있"는 형상은 궁극적으로 현재 시인의 삶에 대한 인식이 긍정적이지만은 않다는 것을 의미한다고 할 수 있다. 더 나아가 이 같은 시적 사유는 현대 사회의 여성들이 공유하는 비극적 삶의 양식을 대변한다고 볼 수 있을 것이다.

> 봄날 헝겊지겁 피어나 설레게 하는/저 불륜의 꽃들은/과연 어떤 의미의 시어이며/그 누가 잉태한 씨앗인가//겨우내 눈 덮힌 하늘 아래서/바람이 나무의 살몸 오래 끌어안고 빰 비비며/중중모리에서/휘모리장단 그리 신음 소리 풀무질하더니/기어코 불이 붙어 버렸나//불이 붙어 가지마다 환심장할 듯 수많은/들불 켜 들고/산에 들에 저렇게 환히 어러이 달려오는가
>
> -「꽃의 은유를 찾아」 전문

이렇게 보면, 「꽃의 은유를 찾아」 나서는 시인의 모습을 담은 위의 인용시는 이번 시집의 전체적 성격과 관련하여 상징적 의미를 부여할 수 있다. 시집의 전반에서 들려오는 여자들의 음성이 간혹 자연 대상물의 언어 혹은 복수의 목소리로 혼재되어 있는 것도 이러한 사정과 무관하지 않다.

4. 여자는 무엇으로 사는가

여자는 무엇으로 사는가. 사실 이 질문은 어쩌면 우리 시대의 시(문학)에는 더 이상 소용되지 않을지도 모른다. 여성 존재성 및 여성적 삶의 왜곡된 구조에 대한 본격적인 논의가 이미 한바탕 우리 문단을 휩쓸고 간 마당에, 이 같은 물음은 자칫 게으른 시인의 우둔한 행동으로 여겨질 수 있기 때문이다. 여성의 자기 정체성 회복에 대한 문학의 적극적 '옹호'는 분명 최근의 일만은 아니다. 급진적, 자유주의적, 맑스적, 기호학적 페미니즘 등, 그간에 각각의 수사를 동반하고 다양한 입지점을 마련하며 활동영역을 넓혀온 일련의 페미니즘 문학 이론은 이를 명백하게 입증한다. 그럼에도 불구하고 우리

시대 여성들의 삶은 구체적 일상의 영역에서 여전히 많은 한계점을 안고 있는 듯 하다. 여성의 고유성에 대한 관심이 점차 고조되어가는 현실임에도, 여성적 삶의 궁극적 회복이 아직 요원해 보이는 것은 결코 우리의 둔한 감각 탓만은 아닐 것이다.

이런 측면에서 여성성과 모성성의 주제를 일관되게 환기하는 정숙 시인의 시편들은 우리 시대에 변함없이 유의미하다. 특히 시인 자신이 경험한 여성적 삶을 바탕으로 오늘날 우리 시대 여성들의 각박한 삶의 풍경을 다채롭게 형상화 한 이번 세번째 시집은 그 자체로 소중하다. 다만 아쉽게도 이번 시집에 실려 있는 몇몇 시편들은 <여전히> 우리 시대 여성적 삶에 내재한 복합적 모순까지 깊이 있게 다루지는 못하는 듯 하다. 체험의 깊이와 진솔한 삶의 흔적이 배어나는 작품들 사이에 간혹, 정제되지 않은 음성과 푸념적 목소리가 새어나오는 듯한 인상을 받은 이유도 이러한 사정과 무관하지 않다. 가령 시집의 후반부에 실려 있는 「폐타이어」, 「수런」, 「밤벌레」, 「직선과 곡선」 등의 시들은 우리 시대 여성적 삶의 문제를 지나치게 단순화하여 긴장력의 이완이 감지된다. 특히 이 시들은 각각의 사실적 체험을 바탕으로 여성적 삶의 고통스러운 현실을 형상화하고 있음에도 동시대 여성적 삶의 구조적 모순과 본질적 한계를 시적 언어로 길항하는 데 다소 실패하고 있다. 이런 의미에서 "여성 주체로서 보다 능동적인 현실 타개 의지의 실천력이 부족한 것이 큰 결함"이라고 지적한 김재홍의 해설(『신처용가』)은 여전히 유효해 보인다. 정숙 시인은 시작(詩作)의 시작(始作)지점에서 <획득한> 이 따뜻한 충고를 오래토록 기억해야 할 것이다.

다행히도 현재 시인 자신도 이 점을 충분히 인지하고 있는 듯 하다. 시쓰기에 대한 고민과 여성적 삶에 대한 시인의 진지한 성찰이 시적 주제의 무게감으로 전해지는 시를 이번 시집에서 우리는 자주 발견할 수 있기 때문이다. 시집 말미에 덧붙여진 <시인 산문>의 말대로, 정숙 시인이 삶의 "잃어버린 금싸라기들을" "불의 눈빛"으로 찾아 가기를 기대해본다.

생의 환상, 공전의 미학

-박완서, 『친절한 복희씨』(문학과 지성사, 2007)-

이 훈*

1. 일상과 일탈의 경계

박완서의 『친절한 복희씨』는 일차적으로 속물적 자기인식을 깨닫는 서사이다. 편리함을 위해 사촌동생을 하녀처럼 부리다 마지막엔 "상전의식을 포기한 대신 자매애를 찾았다"(「그리움을 위하여」)라고 자백하거나, 자식에 대한 부모의 사랑이 어느덧 간섭이 되어버린 사태(「촛불 밝힌 식탁」)를 슬쩍 노출한다. 속물적 화자가 허울을 벗어버리는데서 순간적인 깨달음은 명멸하고, 이 낙차가 크면 클수록 작품은 강한 감응을 불러일으킨다. 서술자나 주인공에 대해 작품초반 의도적으로 설정해놓은 독자와의 공모적 상황도 마찬가지이다. 독자는 믿을 만한 초점화자라 생각하고 자식에 대한 따듯한 사랑을 늘어놓는 "나", 험담하는 봉사단원들의 이야기를 우연히 듣게 된 "그 여자"의 시선(게다가 여자는 험담하는 그들을 위해 직접 음식을 나르던 중이었다.)과 동일화된 일체감을 느낀다.

그러다 어느 순간 같이 걷던 서술자는 사라지고 독자는 길을 잃는다. 그리고 깨닫는다. 부모의 사랑은 간섭이었고, 험담과 소문은 사실로 증명된다.

---

* 문학평론가, 경희대학교 강사

어쩌면 삶이란 그 이해할 수 없는 차이와 간극을 견디고 받아들이는 행위 자체임을 말한다. 소설은 이 거리감의 다양한 변주로부터 파생되어 나온다. 박완서 소설은 찾고자 했던 선명한 깨달음의 상황에서조차 거리감 자체가 만들어내는 차이를 관조하는 데 더 주안점을 둔다. 다양한 거리의 낙차는 인식의 스펙트럼으로 펼쳐진다. 소설은 현재와 과거, 혹은 일상과 일탈의 경계 주변에서 자장을 형성한다. 박완서 문학의 친숙함도 같은 지점에서 발생한다. 그녀의 서사적 자아는 대부분 평균적인 일상주체의 수다스런 면모를 보여준다. 1인칭 서술자의 빈번한 사용 또한 독자와의 이런 일체감을 강화해주는데 기여한다. 그녀의 소설은 첫걸음은 항상 친숙한 일상 한가운데서 출발한다. 구구절절한 삶의 다양한 부분에 대한 세세한 언급과 서술이 소설의 상당부분을 차지하는 이유와 마찬가지이다.

그러나 여기서 멈추진 않는다. 소설 속 '길'은 열리고 인물들은 차츰 인생의 미로를 헤매게 된다. 메마른 현실과 대비되는 고향(「후남아, 밥 먹어라」), 안온한 일상과 대비되는 첫사랑(「그리움을 위하여」, 「그 남자네 집」) 등은 생활 속에 마모된 채 살아가는 현대인이 자신의 거세된 지점을 찾아가게 하는 낯선 대면으로 기능한다. 사실 이 충격의 형식이야말로 현대적 의미에서 모든 문학이 지향하는 일반론적 방법이다. 그러나 박완서는 충격의 양상을 개별자의 내밀한 생존전략의 차원에서 그려내고 있다는데서 차별점이 있을 것이다. 일상과 생활현실을 재기발랄하고 섬세하게 포착하다가 어느 순간 삶 전체의 관조적 깨달음과 능수능란하게 연결해낼 줄 아는 능력은 박완서만의 장기이다.

박완서에게 일상은 철저히 전략적인 배치이다. 고향과 그리움의 지점은 그것이 상실되었기 때문에 가치 있는 게 아니라 우리가 더 이상 무언가를 욕망할 수 없는 점을 겨냥한다. 박완서 소설은 철저히 이런 물음에 대한 길찾기이다. 안온한 현실에 대한 사소한 수다는 어느 순간 생의 근원적 결락과의 접촉한다. 그리고 찾고자하는 대상은 일상내부의 세밀한 틈새와 간극으로부터 스며 나오며 일상을 낯설게 만든다. 결국 작가는 더 이상 느끼지 못하는 불감증의 현실 밑바닥에서 우리를 자각의 힘으로 추동한다.

2. 위선의 수사학

이런 인식의 반전으로 박완서가 먼저 제기하는 물음은 위선이다. 위선은 타인의 요구에 맞게 자신을 연기하는 것을 가리킨다. 여기에는 두 가지가 전제된다. 타인이 무엇을 요구하는지 내가 안다와 사람들이 아는 '나'는 진짜 내가 아니다 등이다. 그러나 과연 이 구별과 정체성이 그렇게 자명할 수 있냐고 묻는데서 소설의 진짜 문제제기가 시작된다. 당겨 말하자면 박완서 소설에서 위선은 개인이 살아가기 위해 필요한 최소한의 내적거리를 어떻게 확보할 수 있는지를 개체론 적으로 보여준다. 인물들은 그래서 순수하게 윤리적이라기보다는 자신의 현존을 검증받고 확증하기 위한 개별자의 윤리적 활용에로 향한다. 소설집 전체 중에서 특히 표제작 「친절한 복희씨」에서 가장 두드러지게 드러나는 위선의 문제를 살피기 전에 몇 가지를 수습해보자.

> 힘이야 물론 들지. 힘든 일일수록 때때로 쾌락이 필요한 거 아니겠냐. 이건 순전히 내 이중성의 문제야. 아무리 도덕군자라고 해도 아이 만들기 위한 섹스만 하는 건 아니잖아. 도덕군자에게는 섹스의 쾌락도 없다고 생각하진 말고 이해해줄 순 없냐 …(중략)…
>
> 난 왜 이렇게 겉 다르고 속 다를까. 어디까지가 진실이고 어디서부터 가짜인지 나도 모르겠는 거 있지.
>
> 「마흔 아홉 살」

「마흔 아홉 살」의 "그 여자"는 무의탁 할아버지들을 목욕시켜주는 봉사활동에 열심이다. 그러나 정작 여자는 시아버지의 속옷은 진저리를 치며 이리저리 팽개치기 일쑤이다. 여자는 "난 왜 이렇게 겉 다르고 속 다를까. 어디까지가 진실이고 어디서부터 가짜인지 나도 모르겠다."라고 실토한다. 마침 내 친구와 이야기하면서 봉사활동이 "시어머니에 대한 참을 수 없는 적의"에서 연원함이 밝혀진다. 하필이면 하고많은 봉사활동 중에서 무의탁 할아버지를 선택한 이면은, 별거한 채 시아버지를 자신에게 '의탁'한 시어머니에 대한 강한 복수심이 깔려있었다. 봉사활동에 "거의 성녀"와도 같이 헌신하는 행위는 타인에 대한 복수 때문에 가능하다.

성(聖)과 속(俗)은 필요충분하게 통한다. 작품은 "모든 인간관계 속에 위선이 불가피하게 개입되어"있다는 사실에서 그치는 것이 아니라 위선적 행위야말로 우리가 무언가를 즐기기 위한 초석임을 적시한다. 위선은 버려야 할 추악한 이중성이 아니라 타인의 요구를 받아들이는데서 자신의 요구와 주체성을 형성케 하는 모순적 소통 로로 기능한다. 위선은 타인을 위해 자신의 본질적인 부분을 포기하는 것이다. 혹은 거세된 자신의 존재를 받아들이는 행위이다. 아이러니한 점은 우리는 이렇게 거세된 존재로써 자신을 수용함으로써 궁극적으로 무언가를 즐길 수 있게 된다. 다시 말하자면 욕망을 자신의 환상적 틀로 변환하지 않으면 욕망 자체가 생기지 않는다. 욕망은 타인이 요구하는 것을 주체가 찾았다는 믿음과 환상에 의해서 구성 가능한 어떤 존재로 현상한다. 결국 위선은 주체가 사회 속에서 어떻게 재구성되는지를 보여주는 사이코드라마이다.

위선과 복수의 이 기괴한 조합은 「친절한 복희씨」를 둘러싼 간단치 않은 질문들로 인도한다. 중풍에 걸린 남편과 함께 살고 있는 복희씨. 복희씨는 돈 벌러 왔다가 지금의 남편에게 강간당해 결혼까지 하게 된다. 당시 주변 사람들은 "얼뜨다는 것에 호의적이었"기에 그녀는 그렇게 얼뜬 사람으로 스스로를 연기한다. 그리고 삶이 힘들 때마다 친정어머니에게 훔친 아편이 담긴 "죽음의 상자"를 꺼내본다. 아편은 "내 손아귀에 있었지만 환상이지 실체가 아니었다."라는 고백이 사실이라면 아편은 곧 위선의 다른 이름일 것이다. 아편은 내가 아닌 나를 연기하게 해주는 대상, 연기를 가능하게 해주는 환상의 실체에 다름 아니다. 주인공은 아편상자의 존재로 말미암아 삶의 어려움을 견디게 된다. 진짜 나는 삶의 경계 너머에 있고 타인이 보는 모습은 진짜가 아니라는 인식 말이다. 물론 남편과 현실에 대한 증오는 위선을 가져오는 필요조건이다. 그렇다면 그녀는 자신의 말대로 정말 희생적이었을까. 아니다.

전실 자식과 내 자식을 차별해서 기르지 않았다고 했는데 사실이다. 내 자식이 생기고부터는 마음으로부터 그러기는 쉽지 않았지만, 주위 사람들에게 그렇게 보이는 게 내 신상에 편하다는 걸 안 이상 전실 아이를 더 사랑하는 척이라도 못할 것

> 없었다. …(중략)… 그러면 뭐 하나. 내 자식들이 차례차례 대학에 들어가게 되었을 때 나는 그 대학생의 얼굴을 잊었다. 그래서 나는 내가 목적을 달성한 건지 못하고만 건지도 알 수 없었다. 기대한 성취감 대신 슬픔만이 남았다.
>
> 「친절한 복희씨」

타인의 요구에 맞추는 주인공의 모습에는 사실 못나고 혐오스런 현실에 대한 잔인한 관음증적 쾌락이 녹아있다. 다시 말하자면 그녀는 일방적인 희생자가 아니다. 왜냐하면 자신을 바보같이 잘못 아는 타인에 대한 우월의식은 "대학생"에 뿌리를 대기 때문이다. 변태 같은 남편의 요구를 잠자리에 연기하면서도 그녀의 마음에는 로션을 따스하게 발라주었던 대학생의 기억이 "신전"처럼 남아있다. 여기도 마찬가지이다. 신전과 변태는 통한다. 그녀는 믿지 않지만 곧 알게 된다. 그녀는 현실을 상대로 자기 나름의 환상공식, 위선이라는 이중화 전략을 만든 것이다.

문제는 이 분리가 분리일수 있을까하는 불안이 주체를 늘 괴롭히게 된다는 점이다. 중풍 걸린 남편의 무표정한 얼굴에서 "내가 불안한 건 그가 아니라 나다."라고 말하는 언급, 남편과의 잠자리를 철저히 연기하려는 가련한 서술자의 모습, 혹시라도 쾌락을 느꼈을지도 모를 몸을 결벽증적으로 씻는 행위에는 그런 혐의가 충분히 나타나있다. 서술자는 진짜 '나'라는 환상에 침윤된 시선으로 현실을 바라본다. 그리고 실상은 수동적 쾌락이라 이름 붙일만한 상태로 마음껏 현실을 향유하며 조롱했다.

쾌락의 모순, 불투명성은 왜 아름답게 빛나는 유혹이 우리와 가까워지는 순간 매력을 잃어버리는지를 알려준다. 이를테면 그녀는 남편과 얽힌 현실이 가짜이고 대학생의 추억이 진짜라 믿는다. 그러나 자식을 대학교에 보내게 될 때 정작 "기대한 성취감 대신 슬픔만"이 남는다. 그녀는 이제 알게 된 것이다. 아편약갑이 사실은 자신과 현실에 아무런 간극과 구별을 만들어내지 못하고 있음을 말이다. 남편의 비아그라 요구에 그녀가 그토록 화를 내는 이유도 대학생에의 동경이 사실은 또 다른 헛된 구별에 불과하다는 깨달음은 아닌가. 아편을 강에 버림으로써 그녀는 자신과 남편은 다르다는 속물적 자존심도 버린다. 짐승 같은 남편과 대학생의 대립은 무너진다. 소설이

윤리적으로 현실과 갈라지는 지점이 바로 여기이다. 현실이 환상을 확인하는 폐쇄회로만을 반복한다면, 박완서 소설은 환상이 지니는 공백과 결락을 가시화함으로써 우리가 그것을 횡단하도록 유도한다.

3. 추억, 삶을 가능하게 하는 잉여

"사치"(「그 남자네 집」)라는 표현은 그래서 재미있다. 전혀 생산적이지 않으며, 유효하지도 않은 웃자란 이런 욕망은 실체라기보다는 주체성을 각인해주는 의미론적 변별 항이다. 부가되고 남는 잉여의 것으로 아편, 대학생으로 상징되는 존재가 여기에 속한다. 그 대상은 자신에겐 속하지 않지만, 있음으로 해서 현실을 받아들일만하게 만들어준다. 그러니 박완서 소설에서의 추억이란 사치이다. 이제 다시 되돌아갈 수 없고, 만약 되돌아간다고 하다라도 인물은 똑같은 선택을 했을 것이다. 박완서 소설은 잉여적 가치와 생활로의 복귀라는 선명한 대립 항을 지닌다. 어느 한쪽으로의 귀결을 말하고자 하는 것은 아니라는 점에 유의해야 한다. 가령 「거자나 마찬가지」는 운동권 선배의 별장에서 전세금 오백을 주고 사는 주인공이 결국은 주변사람들에게 "거저나 마찬가지"의 대접을 받게 되는 과정을 그리고 있다. 작품 말미에 주인공은 집도 없이 떠도는 남자친구를 자신의 전셋집에 부른다.

> 못난 건 아녜, 못났으니까 자식 덕이라도 좀 보자는 거야. 아이가 우리에게 비빌 언덕이 될지 누가 알아. 우리는 아이 핑계로라도 달라져야 해. 어떡하든지 달라지고 싶어. 거저는 사절이야. 우리 거저 근성부터 고치자. 응? 싫음 그만두고
>
> 「거저나 마찬가지」

현실에 어떻게든 뿌리를 내려야한다는 정언명령은 박완서 소설의 저류를 흐르는 법이다. 또한 삶의 허상이 만들어내는 수많은 허위의식을 걷어내는 마찬가지의 법이기도 하다. 생존에 대한 가차 없는 보편법 앞에서 더 이상의 토론은 불가능해 보이지만 문제는 그리 간단한 게 아니다. 박완서는 비현실적인 시, 사랑, 추억과 현실의 두 측면을 다 긍정하고 있다. 현실을 충분

히 살아가면서도 채워지지 않는 공허는 추억으로 메워진다. 이를테면 집을 공통적인 소재로 한 「그 남자네 집」과 「거저나 마찬가지」는 언뜻 보기에 서로 상이한 결말을 보여주지만 그건 표면적인 것에 불과하다.

앞에서 그녀의 소설이 개별자의 윤리적 활용으로 향하고 있다고 언급한 점을 떠올려보자. 즉, 전자는 삶에서 선택하지 못한 수많은 "사치"들, 시와 사랑에 대한 뒤늦은 권고와 보상을, 후자는 좀 더 현실에 밀착한 선택을 종용하려는 듯이 보이지만 이런 표면적 차이는 결국 무화된다. 외설은 순결을 필요로 하고 순결도 외설을 필요로 하는 것과 마찬가지이다. 현실과 환상은 생을 살아가기 위해 필요한 두 가지 측면에 다름 아니다. 「그 남자네 집」을 자세히 살펴보자. 소설은 후배와 함께 어릴 때 살던 동네를 우연히 가며 시작된다. 그리고 그곳에서 옛 사랑이 서린 그 남자네 집을 찾는다. 먼 친척이었던 그 남자와 "나"는 전후의 피폐한 서울에서 만나 서로에 대한 사랑을 키워나간다. 당시에 그들은 정신적인 사랑의 열렬한 신도들이었고 그 범주 내에서 시와 사랑을 나눈다. 그리고 시간이 흘러 "나"는 다른 남자와 결혼을 하고 그 남자와 이별을 한다.

> 내 머릿속 지도의 거리는 실재하는 거리가 아니라 다만 확보하고 싶은 거리에 지나지 않았던 것이다…(중략)… 내 예상을 뒤엎고, 이 시대의 도도한 흐름에서 홀로 초연히 그 남자네 집은 그냥 조선 기와집으로 남아 있었다. …(중략)… 그러나 그건 전부터 예정된 일이었다. 나도 따라 울었다. 이별은 슬픈 것이니까. 나의 눈물에 거짓은 없었다. 그러나 졸업식 날 아무리 서럽게 우는 아이도 학교에 그냥 남아 있고 싶어 우는 건 아니다.
>
> 「그 남자네 집」

얼핏 보면 추억과 생활과의 선명한 대립을 보여주고 있지만, 사실 우리는 다른 조건이 주어지더라도 오직 생활을 선택할 수 있을 뿐이다. 선택의 가능 항은 이미 결정된 상태이다. 문제는 우리가 주어진 틀을 선택적 상황으로 오인하려 하는데 있다. 선택항으로 보이는 이유는 주체가 오직 가능하지 않은 현실을 회고와 추상화하는 형식으로서 존재해서이다. 헤겔이 『정신현상학』에서 말했듯이 정신은 현실의 규정된 바로 반발자국만큼의 간극에서

날아오를 수 있다. 가능하지 않은 것을 가능하다고 오인하고 환상을 품는데 주체는 발생한다.

때문에 자신의 존재가치를 증명해주는 환상의 공간은, 추억을 "외설스러운 순결주의"라고 실토했던 것처럼 현실을 즐기기 위해 순결주의라는 이질적 틀을 필요로 한다. 모순적 상황, 위선적 태도에서 우리는 어떤 대상과 상황을 가장 잘 체감한다. 고결과 타락은 외설스럽게 한 몸으로 화한다. 박완서는 여기서 인간주체의 모순적 상황을 적시하고 있다. 결국 인물들이 왜 추억의 언저리에서 늘 맴도는지 이해할 수 있다. 뒤늦은 후회와 아쉬움은 그렇게 현실에 협착한 채 살아갈 수밖에 없었던 수많은 조건에 대한 합리화이자 알리바이이다.

물론 사람들이 여기서 회피하는 것은 자신의 진정한 환상이다. 결코 현실에선 용납될 수 없었기에 버렸던 수많은 주체성의 파편들. 그렇다면 인물들이 선택의 상황을 받아들이듯이 수용하는 자세가 어디서 연원하는지 알 수 있다. 추억과 회상의 가상적 선택은 우리를 대신해서 현실을 다시 번역하고 간극을 만들어주는 존재이다. 마치 상주를 대신해서 울어주는 곡비(哭婢)와도 같이, 성가신 주체적이고도 히스테리적 물음에 대한 방어로써 추억은 그 되돌아갈 수 없음이라는 안전한 간격 안에서 충분히 우리를 대신해서 '울어준다.'

4. 그리움의 정체

내면의 정체성들은 사실 속물적인 기만에 불과할지 모른다. 다시 말하자면 우리가 믿고 있는 정체성은 사실 아무런 내적 필연성도 없는 우연적 계기의 연속에 불과할 수 있다. 우리가 그걸 믿고 있는 절박한 이유는 사실 아무런 이유도 그곳에 없기 때문이다. 이 전제를 수긍한다면 「그리움을 위하여」에서 제기하고 있는 그리움의 정체에 한발 다가간 셈이다. 주인공 "나"는 사촌동생을 파출부로 고용해왔다. 다양한 음식솜씨를 가지고 있는 사촌동생 덕분에 "나"는 집안의 여러 대소사를 손쉽게 해결할 수 있었다. 그러던 중

남편이 죽고 혼자가 된 사촌동생은 남해안의 사량도로 "피서"를 갔다가 그 섬의 늙은 어부를 만나 다시 사랑에 빠진다.

이 소설의 묘미는 사촌동생과 "나"와의 간극에서 발생한다. 즉, 사촌동생은 열두 살 연상의 유부남과 사랑에 빠져 결국 그와 결혼하기도 하고, 파도가 치는 죽을 고비의 바다를 건너 어부와 사랑에 빠지기도 하는, 생의 다면적 면모를 아무런 거리낌 없이 행하는 생명력을 표상한다. 반면 "나"의 주된 관심은 주어진 일상의 사소한 불편을 향해있다. 서술자에게 사촌동생은 오직 생활의 편리함을 위해 존재할 뿐이다. 때문에 사촌동생에 대해 변명처럼 늘어놓는 "나"의 걱정들은 철저히 이중적인 현대인들의 자화상이기도 하다. 타인에 대한 배려는 타인이 자신의 사소한 쾌락에 결코 방해가 되지 않는다는 전제에서 겨우 수용된다. 좀 더 정확히 말하자면 자신의 사소한 쾌락에 도움이 된다는 점에서 타인의 존재를 수용한다. 여기서 사촌동생의 존재는 실제로 "종"의 신세 이상이 아니었던 것이다.

> 공단이 생기면서 그 흔한 식모가 귀해지기 시작하자 남의 집 식모를 배돌리다가 탄로가 나서 친하던 이웃끼리 쌈박질이 나기도 했다. 나는 그런 일을 당했을 때처럼 그 민박집한테 맹렬한 적의를 느꼈다. …(중략)… 외국여행 갔다가도 행여 며느리한테 얕보일까 며느리 주라고 비싼 영양크림 사오는 걸 한번도 잊은 적이 없는 것 등등 열거하자면 한정이 없었다. 그게 어떻게 보통 파출부에게 할 수 있는 일인가. 그러나 그런 걸 잊지 않고 꼽고 있는 자신이 문득 남처럼 역겨워지는 걸 어쩔 수가 없었다.
>
> 「그리움을 위하여」

일상의 한가운데서 서술자가 느끼는 역겨움이야말로 박완서 문학의 또 다른 목표임이 분명하다. 평소에는 인식되지 않다가 문득문득 돌출해 기어이 비상하는 저 파편들은 소중한 깨달음의 지평이다. 사촌동생은 "나"가 도저히 그렇게 해보지 못한 것을 행했기에 결국에는 그리움의 표상이 된다. "나"의 그리움은 삶의 선택에서 버릴 수밖에 없었던 수많은 가능성으로부터 연원한 종류이다. 우리가 타인을 그리워하게 되는 거리감은 오히려 축복이다. 타인의 존재는 숨막히는 응시와 물음의 시선이 아니라 자기편리와 자기 이해의 나르시시즘적 관계망을 넘어선 지점에서 스며 나온다. 주체가 체현하지 못하는 불가능한 존재로써의 타자의 존재는 근원적 욕망을 향한 추동을 가능하게 한다. 우리는 타자가 불투명한 실루엣에 숨어있는 지점에서 그를 욕망의 원인으로 인식한다. 마치 찾고자하는 해답을 지니고 있는 듯한 욕망의 잔여물은 우리를 유혹하는 타자의 권력이다.

그리움은 위에서처럼 불가능한 생의 선택과 응시에서 발생하며 또한 자신이 떠나온 세계에 대한 뒤돌아봄이라는 이중적 의미를 지니고 있다. 늘 무언가를 찾으러 떠나는 행위는 반드시 되돌아오는 귀향을 염두에 둔다. 우리는 오직 되돌아오기 위해서 길을 떠난다. 박완서 소설에서는 추억과 기억이 그 기제를 대신한다. 소중한 것은 오직 그것을 떠나있을 때, 소중한 것으로부터의 거리감과 간극에서 발생한다. 그러니 지나간 시간 속에서 과거는 더욱 아름답게 빛나게 된다. 가령 「후남아, 밥 먹어라」에서 미국으로 이민간 "앤"은 늘 고향을 향한 마음을 선물로 대신하곤 한다. 고향의 친척과 가족의 생일과 정보를 정리한 앤의 수첩은 작품에서 말하고 있듯이 "그녀의 일부"가 되어버렸다, 이민이라는 상징은 길 떠남의 다양한 형식중 하나로 제시되고 있다. 우린 가장 멀리 떠나도 늘 마음은 고향을 향한다. 고향은 자신이 떠나온 상징적 좌표지점을 가리킨다. 이 이중의 시선이야말로 생의 모든 길 걷기가 보여주는 노정임은 두말할 필요가 없다.

> 무디어졌던 계절 감각이 눈뜨는 것 같은 설렘을 따라, 걸어오던 길을 벗어나 시냇가를 바싹 붙어 길 없는 길을 걷다가 편안해 보이는 둔덕을 찾아 앉았다. 시차보다도 더 깊은 피로, 뭔지 모를 것을 찾아 여러 생을 헤맨 것 같은 지독한 피로를 이기지 못해 그녀는 따습고 폭신한 둔덕에 점점 깊이 파묻혔다. 얼마나 그러고 있었을까. "후남아, 밥 먹어라. 후남아, 밥 먹어라."
>
> 「후남아, 밥 먹어라」

앤이 아니라 후남 이라고 불러주는 어머니, 그리고 고향의 둔덕은 결국 우리가 되돌아와야 할 지점의 상징으로 제시되고 있다. 맛에 대한 향수는 쉽게 바뀌지 않으며 나이를 먹을수록 "맛의 시간여행"(「그리움을 위하여」)을 하고 싶은 것도 같은 이유이다. 때문에 박완서의 『친철한 복희씨』는 생의 아름다움이 사위어가는 슬픈 세월을 추억으로 불러내는 노래이다. 노래의 선율에 따라 우리는 생을 다시 찾게 되고 풍성한 기억의 잠속에 빠져든다. 이 노래의 선율은 늘 우리가 상실한 것 주위를 맴돈다.

「그 남자네 집」에서처럼 시와 사랑을 나누었음에도 불구하고, 생활을 빌미로 "탄탄하고 안전한" 다른 곳을 선택한 사람이 어디 여자뿐이었을까. 현실을 살아가는 것도 다 마찬가지이리라. 작가의 깨달음을 빌리자면 결국 현실은 스스로의 꿈을 감당하지 못하는 사람들의 회고록인 셈이다. 짐짓 강해 보이지만 한 꺼풀만 들춰보아도 연약하고 다급한 몸짓의 중얼거림들. 『친절한 복희씨』는 우리가 만든 환상의 공백을 세밀하게 공전한다. 소설을 읽고 나서 우리는 뼈아프게 그걸 자각한다.

현대시에서 구현되는 판소리 미학

조 연 향*

1. 머리말

오늘날, 판소리는 음악, 무용, 연극의 놀이 양식을 포괄적으로 수렴하며, 하나의 종합예술로서, 그 위상을 찾아가고 있다. 현대는 영상문화시대이고, 전자매체가 우리의 모든 일상을 이끌어간다고 해도 과언이 아니다. 이처럼 모든 놀이의 양상 또한 사이버매체와 영상매체가 지배하고 있는 일상에서 판소리가 현대에 와서 시, 소설뿐만 아니라 공연예술 분야의 창극, 연극, 뮤지컬, 오페라, 가극, 영화, 무용 등에서도 지속적으로 현대적 수용의 길을 걷고 있다는 것은 무척 소중한 일이다. 판소리가 다양한 예술적 성취를 수용하면서 그 형식이 끊임없이 재구현 될 수 있는 것은, 판소리라는 장르가 인간 삶의 여러 가지 모순들을 극적으로 해결함으로 인해서 우리에게 보편적인 진리를 찾아주는 방법을 간직[1]하고 있기 때문에 가능하다. 더욱이 현대예술 양식에서 판소리의 형식과 내용이 패러디되고 있고, 특히, 현대문학에서도 판소리의 양식이 새롭게 구현 되고 있는데, 이 현상은 해학적인 양식

---

* 시인, 육군사관학교 문학부 강사

1) 이진원, 「판소리 춘향가의 현대적 재창조에 관한 연구」, 『판소리 연구』 제19집, 판소리학회, 74면.

과 서사성을 포함한 판소리의 예술적 유전자 때문[2]이기도 하다. 또한 판소리의 독자적인 개성이 현대 예술 장르와 잘 융화되면서, 우리의 고전정신과 민족·민중의 세계관을 효과적으로 드러낼 수 있다는 이점은 가장 중요하게 다루어야 대목이다. 그 가운데 특히 판소리의 서사적 양식은 한국문학의 특수성으로 볼 수 있으며, 시에서 구현되는 판소리는 그 소재만으로 이미 특별한 역사성과 사상성을 암시하고 있기 때문에 우리 고전의 정서를 환기 시키는데 많은 효과를 불러 온다. 그런데, 판소리의 수사적 특성이 가지고 있는 문장의 흐름의 배면에는 우리 민족만이 가지고 있는 神明[3]이 있다. 판소리는 구전문학이기 때문에 글보다는 말에 바탕을 둔 사고와 표현이 두드러진다. 만약 현대시에서 구술적 양식의 빠른 템포와 반복과 열거를 발견할 수 있다면, 그것은 판소리라는 우리의 장르에서 이어져 내려온 우리민족 특유의 詩的리듬이라고 말할 수 있을 것이다. 그리고 이러한 詩的리듬은 神明과 연관지어 생각해 볼 수 있을 터인데, 왜냐하면 구술성과 해학성이 밑바탕이 되는 것은 우리 민족에게만 있는 민족 특유의 주술성[4]이라고 볼 수 있기 때문이다. 그러므로 본고에서는 먼저 판소리를 패러디한 작품들[5] 중 서정주와 김지하, 강은교의 작품을 중심으로 살펴보고, 그 작품들의 밑바탕에 흐르고 있는 주술성과 신명의 의미를 간략하게 살펴보는 것을 목적으로 한다.

2) 허원기, 「판소리 미학의 사상적 세 층위」, 『판소리 연구』 제15집, 판소리학회, 298면.

3) 신채효가 그의 <광대가>에서 광대의 '인물치레', '사설치레', '득음', '너름새' 등을 거론한 이래로 '이면'과 '한' '신명풀이'에 대한 논의들이 있었다(허원기, 위의 글에서 재인용).

4) 판소리의 연행공간은 고대 제의에서의 신성공간의 희미한 그림자를 드리우고 있다. 판소리의 선행형태가 굿이었다는 주장에 동조하지 않는다 하더라도 판소리가 연행되는 시공과 연행되는 내용, 그리고 판소리 행사의 전후 현실맥락을 살펴볼 때 판소리에 드러나는 집단적인 신명풀이의 현장을 목격할 수 있다(김진영 외, 「판소리의 축제적 성격」, 『판소리의 비평적 이해』, 민속원, 2004, 46면).

5) 판소리 중의 한 내용을 소재로 삼기도 하고 테마로 삼기도 하였으나 일부에 지나지 않는다. 판소리는 누구나 민요처럼 누구나 다 할 수 있는 양식이 아니기도 하거니와 남도라는 국한된 지역에서 전래되어 왔다는 점에서 그것을 재인용하고 패러디하기에는 한계가 있었다고 본다. 그러나 판소리는 우리 문학양식 가운데 민중·민족의 정서를 가장 잘 대변해 주고 있으므로, 현대의 화두인 생명공동체 우주 공체 의식과도 상통한다고 볼 수 있다. 이러한 점에서 현대시에서 충분히 더 활발히 재현될 가치와 장치를 두루 갖추고 있다고 보여진다.

2. 판소리의 시적 구현

1) 서정주의 「춘향의 말」 시리즈

판소리의 장르에 대해 살펴보면 '판소리는 소설이다'라는 주장도 있으나 판소리와 소설에 관해서 이미 이병기 교수가 탁월한 견해를 보인 적 있다.[6) 즉, 그 문체가 산문체가 아니고 시가체여서 소설의 그것 보다는 생략된 대사가 많다는 것이다. 소설 '춘향전'과 판소리 '춘향가'를 비교 해 볼 때 소설은 판소리에 비해 어느 한사건의 장면을 자세하게 설명하고 있는데 비해 판소리 춘향가는 정황을 간단히 설명하고 바로 동작으로 안내하는 것을 볼 수 있다. 반대로 대화와 동작에서는 판소리가 자세하고 소설이 간단하다. 판소리에서는 대화와 동작의 시늉 및 묘사가 그 정황의 슬픔과 기쁨을 자세하고 실감있게 나타낸다. 즉, 소설은 상태에 치중하고 있고 판소리는 대화와 동작에 치중한다는 것이다. 대화와 동작을 묘사할 때에 시적리듬을 사용함으로써 청중은 그 내용과 공감할 수 있는 상태에 쉽게 몰입 할 수 있게 된다. 물론 대사에서는 이야기를 들려주듯이 청중을 이끌어 들여 관객과 주인공의 거리를 좁히기도 하지만, 정황 묘사에서는 필요 없는 말을 줄이고 시적리듬을 사용함으로서 그 정황을 보다 실감 나게 한다.

현대문학에서 나타난 판소리의 수용양상을 보면 소설보다는 시에서 그 변용과정이 두드러지는 것을 알 수 있다. 이것은 판소리와 시의 뿌리가 똑같이 '노래'에 기인한다는 점에서 그 원인을 찾을 수 있을 것이다. 감정이나 정서를 응축적으로 보여주는 노래가 이들을 하나로 묶어주면서 많은 시들에서 판소리가 수용되는 양상을 보여주는 것이다. 특히 춘향가는 많은 시인들을 통해 재창조 되었는데, 이는 춘향가가 지니고 있는 점층적이고 중축적인 주제의식과 내용 때문이라고 보여진다. 다시 말하면 춘향가라는 하나의 작품속에는 춘향과 이도령의 신분을 초월한 사랑을 보여주면서 동시에, 탐관오리 변학도로 상징되는 지배계급의 횡포를 비판하고 있으며, 또한 신분제

6) 조동일, 「판소리의 장르규정」, 『어문논집』 제1집, 계명대, 47면.

에 대한 서민들의 날카로운 비판의식도 담겨있다. 이러한 입체적인 주제나 내용은 춘향가가 다른 판소리작품들보다 현대적으로 구현되는데 많은 도움이 되었으리라고 판단된다. 이 때 詩的 변용 과정에서 살펴보면 춘향가를 이야기하는 정보전달 차원이 아닌, 서정화된 장면, 화자의 목소리, 이미지 등을 통해 다양한 시적 효과와 문학적 관습을 문학사회학적 의미구조를 내포한 재창작 과정[7]을 거치는 것을 확인할 수 있다.

서정주의 경우 초기의 동물적 심상(꽃뱀) 그러니까, 대지적 상상력을 구현시키던 시절에서 천상적 상상력(동천)으로 상승해가는 과정 안에는 판소리 '춘향가'를 자신의 시와 접목시키고 있다 「춘향의 말」 1, 2, 3이 그것이다.[8] 다시 말하면, 서정주의 詩的世界觀의 변화 속에서 춘향가는 그 변화의 교량 역할을 한 것이다. 흔히 춘향가의 일반적인 서사 사건은 만남과 이별, 사랑의 시련으로서 억압이라는 현재적 상황 아래 두 사람간의 재회를 기대하는 것으로 전제한다. 현대시에서 춘향은 사회적 맥락 속에서 민중의식을 반영하고 사랑의 신화를 구축한 전형적 한국 여인상으로서 자리 잡고 있다. 이런 원형적 사랑의 회귀는 현대의 소외감이나 갈등을 극복하고 민족의 정체성을 공유하는 장치의 한 양상이라 할 수 있다.[9] 춘향가가 현대시 가운데 서정주 시에서 어떻게 변용되고 있는가를 살펴보는 것은 우리 민족의 사랑의 원형을 이해하는데 도움이 될 것이다.

추천사-춘향의 말 1

향단아 그넷줄을 밀어라
머언 바다로

---

7) 신익호, 「현대시에 수용된 춘향전의 패러디 양상」, 『한국 언어문학』 제50집, 한국언어문학회, 21면.

8) 이밖에도 김영랑(「춘향」, 「두견」), 노천명(「춘향」), 박재삼(「수정가」, 「바람 그림자를」, 「화상보」, 「무봉천지」), 전봉건(「춘향 연가」), 송수권(「5월의 사랑」, 「춘향이 생각」), 이수익(「단오」), 복효근(「춘향의 노래」) 등이 춘향을 새롭게 형상화한 바 있는데, 작품마다 조금씩 춘향의 모습은 달리 표현되고 있다.

9) 신익호, 「현대시에 수용된 춘향전의 패러디 양상」, 『한국언어문학』 제50집, 한국언어문학회, 3면.

배를 내어 밀 듯이.
향단아

이 다수굿이 흔들리는 수양버들 나무와
벼갯모에 뇌이듯한 풀꽃뎀이로부터,
아조 내어 밀 듯이, 향단아
산호도 섬도 없는 저 하늘로
나를 밀어 올려다오
채색한 구름같이 나를 밀어 올려다오
이 울렁이는 가슴을 밀어 올려다오!

서으로 가는 달 같이는 나는 아무래도 갈수가 없다
바람이 파도를 밀어 올리듯이
그렇게 밀어 올려다오
향단아

판소리 문학에 나타나는 춘향가는 발화자가 수화자에게 내던지는 발화의 어감은 특별한 친근감을 함유하고 있다.[10] 위 시에서도 보면 판소리에서 발화자가 수화자에게 주인공의 거동을 안내하듯이 시적 화자인 춘향이 시적 청자인 향단과 대화하는 형식을 취하고 있는데 이 '향단'에게 청하는 청유형으로 시작되는 것이 특이한 점이다. 향단은 춘향가에서도 춘향의 모든 아픔과 고통을 같이 해온 존재이다. 이와 마찬가지로 시인은 현세에 대한 고통과 미망을 향단이를 통해 이상 세계에 대한 소망을 간곡한 어조로 호소하고 있다.

이 시는 춘향가에서도 가장 극적인 장면 즉, 그네를 타는 장면에서부터 시작하는데 1연에서는 '향단아 그넷줄을 밀어라/ 머언 바다로 배를 내어 밀 듯이'를 봐서도 알 수 있듯이 그 장면이 생생히 눈앞에 펼쳐지는 것처럼 묘사한다. 이는 독자를 가장 효과적으로 시적 공간으로 가감없이 끌어들이고 있다.

10) 김현주, 「申在孝 춘향가 연구」, 『서강어문』 제8집, 서강어문학회, 1면.

2연에서는 현세에서의 사랑과 꿈을 이루고자 하는, 다시 말하면 이상세계로 닫고자 하는 화자의 간절한 소망을 '저 하늘로 나를 밀어다오'라고 표현하고 있다. 여기서 서정적 자아는 현실적 고뇌로부터 초탈과 미지의 이상세계를 열렬하게 동경하는 인물인 춘향의 자아와 동일성을 이루고 있는 것으로 다시 한번 확인 한다.

3연에서는 화자인 자신 스스로의 힘으로 갈수 없는 곳으로 이끌어 주기를 향단에게 다시 한 번 호소한다. 이는 인간 존재의 한계성을 의미하는 것이고, 시적 화자의 내면적 갈등을 자각하는 것으로 본다. 여기서 보면 서정적 화자인 춘향과 청자인 향단과 시적 자아인 시인이 동일성을 이루고 있다. 판소리의 양식인 청자와 화자의 관계를 시에서 재구현하고 있음으로 더욱 가까이 춘향의 애절한 사랑에 다가서고 있다고 할 수 있다.

다시 밝은 날에-춘향의 말 2

신령님,
처음 내 마음은 수천만 마리
노고지리 우는 날의 아지랭이 같았습니다.
번쩍이는 비늘을 단 고기들이 헤엄치는
초록의 강 물결
어우러져 날으는 아기구름 같았습니다.

신령님,
그러나 그의 모습으로 어느 날 당신이 내게 오셨을 때
나는 미친 회오리바람이 되었습니다.
쏟아져 내리는 벼랑의 폭포,
쏟아져 내리는 소나기비가 되었습니다.

그러나 신령님,
바닷물이 작은 여울을 마시듯
당신이 다시 그를 데려가시고
그 훠—ㄴ한 내 마음에

마지막 타는 저녁 노을을 두셨습니다.
그리고는 또 기인 밤을 두셨습니다.

신령님,
그리하여 또 한번 내 위에 밝는 날
이제
산골에 피어나는 도라지꽃 같은
내 마음의 빛깔은 당신의 사랑입니다.

위 시는 춘향이가 사랑하는 이와 이별 한 뒤의 재회의 날을 간절히 소망하며 자신의 사랑을 굳게 지키겠다는 의지를 그리는 시이다.

1연에서는 춘향이가 그를 만나기 이전의 심리 상태를 보여주고 있다. '처음 내 마음은 수천만 마리/노고지리 우는 날의 아지랑이'였으며 '번쩍이는 비늘을 단 고기들이 헤엄치는/초록의 강물결/어우러져 나는 애기 구름' 같다고 함으로서 사랑의 격정에 휩싸이기 전의 마음을 보여주고 있다.

2연에서는 '그'를 만난 이후 미친 회오리 바람과 벼랑의 폭포와 소나기비와 같은 열정에 바친 자신의 심리를 나타내고 있다

3연은 '당신이 다시 그를 데려가시고 그 훠-ㄴ한 내 마음에/마지막 타는 저녁 노을 두셨습니다'라고 표현하고 있듯이 이별을 겪은 후의 마음을 애절하게 보여주고 있다. 4연에서는 화자가 '도라지꽃 같은 사랑을 지키며 또 한번 내 위에 밝은 날'로 표상된 재회의 날을 기다리겠다는 화자의 굳은 결의를 보여주고 있다.

「춘향의 말 1」에서 시적 청자를 향단으로 설정하고 시적 화자는 자신의 소망을 그에게 청하는 구조를 보였으나, 이 시에서는 '신령님'을 청자로 설정하고 있다. 이는 사랑이 왔다가 지나간 것은 인간의 힘으로는 불가항력이며, 춘향의 사랑이 그만큼 신령하고 신비함을 나타내는 것으로 보인다. 이는 우리들 가슴속에 남아 있는 춘향의 사랑에 대한 신령한 원형성을 심어주는데 충분하다.

춘향유문-춘향의 말 3

안녕히 계세요.
도련님.
지난 오월 단옷날, 처음 만나던 날
우리 둘이서 그늘 밑에 서 있던
그 무성하고 푸르던 나무같이
늘 안녕히 안녕히 계세요.

저승이 어딘지는 똑똑히 모르지만,
춘향의 사랑보단 오히려 더 먼
딴 나라는 아마 아닐 것입니다.

천 길 땅밑을 검은 물로 흐르거나
도솔천의 하늘을 구름으로 날더라도
그건 결국 도련님 곁 아니예요?

더구나 그 구름이 소나기 되어 퍼부을 때
춘향은 틀림없이 거기 있을 거예요.

위 시는 춘향이 죽음을 앞에 두고 이도령과 헤어진 후 유언을 남기는 독백 형식이다. 여기서 시적 자아는 춘향이지만 2연에서 보면 '춘향의 사랑 보단 오히려 더 먼 딴나라는 아닐 것입니다'라고 했듯이 3인칭 화자 형태로 일정한 거리를 유지함으로써 슬픔을 극도로 절제하는 형식을 보인다. 또한 이 시는 이승과 내세를 넘나들면서 현세의 사랑에 대한 비극성을 극복하고자 하는 것으로 보아 서정주의 평소 불교적 세계관을 잘 드러내 주는 시이기도 하다.

3, 4연에서도 여전히 화자의 객관적 3인칭인 발화법을 유지하고 있으며, 내적 화자인 춘향의 존재성이 현상적인 곳에 머물지 않는다는 확인시켜주는 어조다. 그는 죽어서 '천길 땅밑을 검은 물로 흐르거나/도솔천의 하늘을 구름으로 날더라고' 언젠가는 다시 결국 도련님 곁으로 돌아온다는 것은

사랑의 승화를 말하는 것이며 육체적, 현실적 공간에서 수직 상승의 '나무'와 '그네'를 통하여 정신적, 천상적인 세계를 향하는 영원성을 획득하고자 한다.

판소리에서 그 소재를 차용한 「춘향의 말」 1, 2, 3 뿐만 아니라, 「국화 옆에서」, 「무등을 보며」, 「학」, 「다시 밝은 날에 」, 「푸른날」 등에서 보듯이, 미당은 우리 고전이나 전통적인 정서를 시의 소재와 제재를 택함으로써 우리 민중의 전통의 맥을 잇고자 하는 의지를 보여준다. 그리고 미당은 이러한 소재들을 통해, 대체로 원숙한 경지에 이른 즉, 인간의 정신세계를 천상으로 이끌어 올리는 도정의 모습을 그리고 있다.

그러므로 「화사」의 격정적 호흡과 핏빛 붉은 색채가 중화되어가는 과정에 발표된 <춘향>을 소재로 한 세 편의 시는 많은 의미를 지닌다. 「춘향의 말」 시리즈 작품들에서 서정주가 춘향가의 내용적이 면을 詩的으로 구현시키면서 인간의 한계를 극복하고 정신세계를 이끌어 올리려는 의지라는 주제적 측면을 부각시켰다면, 이 연작들 이후의 그가 발표한 일련의 이야기 시에서는 이러한 내용적 측면이 아니라, 판소리의 서사적인 형식과 호흡을 그대로 이어받는 모습이 나타나기 시작하는 것이다. 다시 말하면 서정주의 「춘향의 말」연작시들은 이후 서정주가 판소리적-민중적이고 해학적인 세계로 진입하는 계기가 되었다고 볼 수 있는 것이다.

앞에서도 밝혔듯이 '춘향'은 恨이라는 우리 민족의 보편적 정서의 원형이며 슬픔을 초월하는 아름다움을 표상하는 상징적 인물이다. 현대시에서는 恨이 발생하게 된 역사적 · 사회적 인식보다 단지 恨을 초월과 승화라는 관념성에 머문 느낌이기는 하나 現代詩에서 판소리의 주제의식을 패러디하는 것은 이미 역사성과 사회성을 암시하고 있다. 恨은 우리 민족 고유의 심상으로 신명, 주술성등의 판소리가락을 통해서 면면히 이어 내려오고 있다. 이러한 점은 판소리의 양식인 시가체에서 기인 한다. 판소리의 주제를 현대시에서 새롭게 패러디하는 의미는 우리 민족의 심상인 恨의 매듭을 풀고자하는 화해의 한 양식이라고 볼 수 있다.

2) 김지하의 '담시'와 '대설'

김지하의 시세계는 슬픔과 분노, 절망으로 이어지는 죽음에서 새로운 생명을 향한 희망으로의 여정을 보여준다. 또한 개인적인 인생사를 넘어 민중들의 억압된 삶과 핍박의 상태를 극복하고자 하는 의지를 나타낸다. 이때 그의 방대한 시세계는 우리의 전통을 바탕으로 하고 있기 때문에 더 의미가 있다. 우리의 전통적인 탈춤 판소리, 무속, 민속극 등을 창조적으로 활성화하고, 그것들에 내재되어 있는 정신적 측면을 재건하면서 억압된 민중의 생활정서를 반영하고 자각시키며, 동시에 대동적인 삶의 문화를 재건하고자 하는 의지를 보여준다.

더욱이, 판소리라는 전통적인 민족예술의 유산을 현대적으로 계승하여 문학작품으로 형상화 하였는데 이는 고전의 현대적 계승이라는 점에서 매우 의미가 있다. 이렇듯이 다양한 장르를 문학작품으로 접목을 실현시켰으며. 장르(민요시, 담시, 대설, 민중극 등)에 대한 명칭은 김지하가 스스로 붙인 명칭이다. 이점은 기존의 문학장르에 얽매이지 않고 근본적으로 새로운 질서와 양식 원리를 구현시키고자하는 의도로 보인다.[11] 그 가운데 적극적으로 판소리를 시세계에 받아들인 이야기시 형식인 담시는 김지하 시세계의 거의 대부분을 지배하고 있다고 해도 과언이 아니다. 오세영 역시 김지하의 시 형식을 ①민요시 ②담시 ③대설로 분류하고, 민요시의 경우는 서정양식의 민요시라고 명명하였고, 담시의 경우, 발라드와 서정양식의 판소리이며, 대설은 서사양식의 판소리로 볼 수 있다고 하였다. 이러한 분류는 김지하의 실험적인 양식을 하나의 관습적인 장르체계로 자리매김한다는 데 그 의의가 있다.

그 장르 가운데 담시 속에는 창작판소리라 일컬음만큼 전통 판소리의 리듬이 시적으로 잘살아 있다. 그 결과물인 『오적』은 담시라는 이름으로 전통 판소리의 특성이 가장 잘 패러디된 작품이다

---

11) 홍용희, 「민족민중문화운동의 양식화와 "민중극"」, 『김지하 문학연구』, 시와시학사, 1999, 13면.

전라도서 굶고 살다 서울와 돈 번다더니 동대문 남대문 봉천동 모래내에 온갖 구박 다 당하고 기어이 가는 구나 가막소로 가는 구나 어절거나 억울하고 원통하고 분한 사정 누가 있어 바로잡나 잘가거라 꾀수야 부디부디 잘 가거라

-「오적가」 중에서

오른 눈이 하늘 볼 때 왼쪽 눈은 땅을 보기
한입으로 두말하고 귀 따로 각각 듣고
오른발이 첩질 갈 때 왼발은 마누라 집
욕하며 칭찬하고, 절하며 침을 뱉고
화내고 웃고, 떨어지며 불고, 엎드리며 눕고, 굽히며 서고
쳐다보겨 내려다보고, 윗놈 붙어 아랫놈치고, 아랫놈 긁어 위에 상납
큰기침하며 잔기침, 과부돈으로 처녀오입, 기다 걷다 뛰다 날다 마침내
우루루루루

-「앵적가」 중에서

김지하는 유신 독재로 말미암아 이땅의 근본 이념인 자유민주주의 체제가 흔들리는 역사적 수난기를 극복하고 대응하고자 하는 문학적 전략으로서 담시라는 형식을 선택했다. 이는 우리 민족의 오랜 전통인 양식인 전통적인 판소리에서 그 틀을 마련하였다.[12] 즉, 지배계층에 대한 풍자와 해학은 장황한 이야기를 음악적 요소를 지닌 시적인 형식에 담을 수 있는 담시는 전통판소리에서 패러디 된다. 패러디가 기존의 것을 전복 하면서 새로움을 추구하는 기본정신을 반영하는 것[13]이라면 김지하가 명명한 담시가 가지는 의미는 판소리의 현대적 인 시적 구현이라고 할 수 있다. 「오적가」와 「앵적가」는 시에서 나타나는 리듬이나, 형식에서도 쉽게 알 수 있듯이 판소리의 형식적 측면이 가장 잘 나타나고 있는 작품이다. 그런데 김지하의 이러한 시들이 의의를 갖는 것은 그 내용이 판소리라는 조선시대의 민중문학이 가지고 있는 정신적인 측면들 역시 간과하고 있지 않다는 데 있다. 다시 말하면 김지하의 시들이 판소리의 형식적인 측면들을 빌려온 것은 단순히 시의 형태적

---

12) 송영순, 「<오적>-판소리 패러디 분석」, 『한국 문예비평연구』 제23집, 한국문예비평학회, 8면.
13) 위의 글 9면.

문제에 국한된 것이 아니라, 김지하가 추구하는 주제적 측면과 판소리 형식이 가장 잘 들어맞는다는 전략 하에 이루어져 있다는 것이다. 판소리의 중심사상을 양반의 관념적 인과론을 거부하고 민중의 경험적 갈등론을 제시하며, 기존 사회의 불평등과 허위를 비판한 것[14]이라고 할 때, 당시 김지하의 詩的 세계를 나타내는 데 적절한 형식이었다고 볼 수 있다. 시에 등장하는 지배층은 민중들을 괴롭히는 착취의 한 전형이고, 그 반대편에는 반생명적인 지배층에 의해 핍박받고 고통 받는 힘없는 대상이 있다. 이러한 대립과 갈등의 구조, 그리고 그것을 풀어나가는 과정에 나타나는 반복 열거, 풍자와 해학은 판소리의 일반적 특성이고, 이러한 특성이야말로 시대의 불화와 화해의 모습을 잘 묘사 낼 수 있는 이야기의 특성으로 볼 수 있다.

> 운천이놈 길 떠난다 인간세상 한반도로 운천이놈이 길 떠난다 도솔천 皐丸宮 세정관 높은벽/으리으리 비까번쩍 배아상피우주정류장으로 쓱쓱 들어가 대뜸 핵단추 찌익 - 내리누르니 번쩍 섬광 나고 우루루루루벽력치고 운천이놈 순식간에 정원세포로 변해 버리는 구나/ 섬광 괴음 진동중에 정원세포 분열한다 정원세포 분열한다 …(중략)… 시커먼 하늘나무 삐곡히 들어찬 음모천을 또 지나서 자궁천에 이르러 육천 卵管天으로 돌입하여 난자천에 진입하매 꼬리는 난자천 밖에서 툭 - 떨어져 나가고 캡슐만 들어가 번개같이 착륙하자 난자천의 천문이 탕- 굳게 닫혀버리니 이곳이 곧 곧 태양계 중 지구 인간세상 동쪽 아시아 한반도 남조선 전라도 김해군 모악산 금산사 돌미륵 배꼽 바로 밑이요
>
> -「남」 중에서

위의 시는 김지하의 대설 중 대표적인 작품이다. 도솔천에서 살던 운천이가 지상으로 적강된 사건을 주 내용으로 하고 있는데, 대설의 문체는 <…아니리 - 창 - 아니리…>의 교체로 이어지는 가창의 방식으로 전개된다. 대설은 비선형적인 활성원리를 가창을 통해 전개함으로써 독자와의 집단적인 해방의 쾌감과 동류의식의 확산을 도모하면서, 판소리의 일반적 특징에서 볼 수 있는 스타일상의 다양성과 이질성을 지향한다.

또한 위에서 소개한 담시나 대설은 판소리의 언어 유희성을 그대로 취하

---

14) 조운조, 「판소리의 개괄적 이해에 관한 고찰」, 『국악과교육』 제22집, 한국국악교육학회, 47면.

고 있다. 특히 언어의 유희성은 판소리의 패러디의 절정을 이룰 만큼 중요한 부분이다 인물의 행동이나 인물의 이름을 비틀어 풍자의 대상을 삼는 것에서 판소리의 기법을 패러디 하고 있다

따라서 대설은 마치 전통판소리가 그러했던 것처럼, 지식층의 언어와 하층민의 언어가 혼용되는 양상을 보이고, 풍자, 해학 등의 수사가 다채롭게 구사되고 혼합되는 묘미를 담고 있으며, 판소리 장단이 묘사의 내용에 따라 느린 진양조부터 빠른 휘모리를 넘나 들며 전체와 부분의 조화를 이루어 청중과 함께 호흡하면서 정서적으로 환기할 수 있는 장치가 된다. 이런한 리듬은 판소리에서 구술하던 언어의 형식에서 기인 한다. 이 구술적 형식은 각 부분의 긴장/ 이완은 몰입/ 해방이라는 작품 전체의 흐름을 따라가는 독특한 서사적 구조의 특징을 이룬다.[15] 이러한 언어의 리듬을 통해 삶의 현실을 있는 그대로 긍정하고 갈등과 화해의 세계에 도달 할 수 있다. 대설이나 담시는, 민중 · 민족의식에 바탕을 둔 정신을 지향한다는 점에서, 현재의 부조리들을 극복하고자 하는 김지하의 근원적인 시세계와의 접점을 찾을 수 있을 것이다.

3. 주술성과 신명의 시적 구현

판소리를 세속적 삶의 비애와 고통을 잠시나마 잊게 해주는 세속적 시공으로의 격리라는 측면에서 본다면, 판소리는 집단적 신명풀이를 통한 통과의례[16]고 할 수 있고, 이러한 통과의례는 한 집단의 구성원들이 사회적 모순이나 불합리에 대한 속풀이나 한풀이, 그리고 갈등의 불씨를 거두고 융합의 정신을 따라 집단적 융화를 추구하는 것을 그 목적으로 하고 있다.

많은 지식인들은 특수한 정치 · 사회적인 변화 과정을 겪으면서 민중 · 민족의 정체성을 찾으려고 했고 그 가운데 시인들은 전통적인 양식의 詩的 구현이나 전통적인 민중정신의 구현을 통해서 그 해결점을 모색했다.

15) 송연순, 위의 글, 21면.

16) 김진영 외, 「판소리의 축제적 성격」, 『판소리의 비평적 이해』, 민속원, 2004, 46면.

그 가운데 김지하는 '민족 · 민중문화운동'의 일환으로 '민중극은 즉 '극시'라는 이름으로, 희곡의 형식을 통한 전통 판소리의 현대적인 계승을 추구하고자 하였다. 1970년대는 성장주의 하에서 민중, 즉 노동자, 농민, 소상공업자, 지식인, 도시빈민 등의 수난과 고통이 가장 극명하게 대두되던 시기였다. '극시'는 이러한 시대사적 상황을 배경으로 출현하였으며, 민중들의 인간다운 삶의 세계를 향한 해방의 정서와 의지를 역동적인 표현을 통해서 전통 민속극인 마당극을 창조적으로 수용하는 면모를 보인다. 마당극의 연행원리의 가장 큰 특징은 연희자와 관객이 일체화되어 어우러지는 뒤풀이 장면이다. 김지하의 작품 중 『진오귀』는 마당극 형식으로 씌어진 최초의 극시인데, 여기에는 농촌사회에서 구조적 모순을 해결하고자 하는 염원이 담겨져 있다.

여기에는 농사꾼들을 못살게 하는 외곡魂, 소농魂, 수해魂들이 등장하고, 해설자의 해설(해설자; 여러분 나오십쇼 나와서 모두 함께 춤춥시다. 저 도깨비 때려잡는 진오귀 굿 하는데 에 뛰어들어 우리도 도깨비 놈들 발길로 한 번씩 걷어차고 그놈들 쓰고 다니는 무시무시한 탈도 아주 벗겨 버립시다. …(생략)…)에 의해서 진오귀 굿이 진행[17]된다. 위의 대사를 통해 민중의 생명력이 역동적으로 상승하는 집단적 신명성의 광경을 볼 수 있다. 이 굿은 마을 굿과도 같은 제의형식으로 볼 수 있으며, 신명, 또한 제의를 행하는 제사자와 관객이 한마음이 되어 그것을 풀어내는 한마당이 되는 것으로 볼 수 있다.

김지하는 마당극을 통해서 우리의 민속극을 양식화 하였으며, 민중공동체의 애환과 부조리를 씻어내려는 의지를 보여주었다. 그의 문학세계의 중심사상은 생명사상이다. 그의 생명사상 예술론에 나타나는 神明은 우리나라의 대표적인 전통정서로 인식되고 있으며, 그 신바람은 우리 내부에 있는 혼을 불러내는 것이다. 그의 시적 행위 또한 신명성으로 귀추가 모아지고 있으며 그 근원이 동학의 인내천 사상에 닿는다는 것을 확인할 수 있다. 신명은 신바람과 근원적으로 동일성을 지니는 것으로 파악 된다. 여기서 신명이라고

17) 홍용희, 「민족민중문화운동의 양식화와 "민중극"」, 『김지하 문학연구』, 시와시학사, 1999, 80~99면.

하는 神은 사람과 분리되는 것이 아니고 동학에서는 神人合一이라고 표현했으며 "하늘이 곧 사람이다" 라는 인내天사상의 원리에 닿는다. 神은 사람이 지니고 있는 본디 성품 가운데 있다고 해석해 볼 수 있겠다. 주기론의 입장에서 설명하자면 神은 사람의 내면속에 존재하는 신명에 다름 아니다[18] 라고 한다. 다시 말해 신명은 자신의 몸 속에 있는 신을 깨우는 행위 내지 소망을 구현하는 행위로 규정해 볼 수 있겠다. 이렇게 볼 때 우리의 무속이나 샤먼에서의 주술성 역시 우리속의 있는 신명을 일깨우고자 했던 것은 아닐까 한다. 무당이나 소리꾼들은 이미 타고 난 운명적 신명의 기질 때문에 병을 앓기도 하고 평생 소리와 함께 몸 부비며 살아가야 한다. 시인 또한 몸속의 언어라는 詩魔 때문에 숙명적인 삶을 살아가는 존재라고 할 수 있다. 강은교(1945～) 또한 몸속에 들끓는 언어의 주술력에 빠져서 고투하는 모습이 역력하다. 첫 시집이 나온 시기는 1970년대였으므로 그 역시 시적 주제는 이 땅의 민중과 민초를 위한 노래로써 무속적 주술력을 느끼게 한다. 그의 여러 시에서 주술적 가락의 범주를 벗어나지 않고 있으며, 이승과 저승, 영과 육이 확연이 둘로 구분되는 것이 아니라 하나로 이어지는 것으로써 우리의 전통적인 무속 발상에 뿌리 내리고 있다.[19] 언제나 힘없이 부대끼는 민중에 대한 사랑이나 유대감으로 직결되는 그의 민중적 이미지와 견해는 지금까지 지속되어 왔다. 근래 그의 시집 『초록 거미의 사랑』에서 확연히 드러나는 것은, 마치 김지하가 민중극에서 보여주었던 신명이며 김소월의 交魂과도 같은 느낌이다. 이러한 시편들을 두고 김양헌은 절망의 심연에서 솟아오르는 굿소리라고 해설에 덧붙이고 있듯이, 그의 시는 하나의 시극이라 할 수 있다.

열어주소 열어주소
이 말문 열어주소
남해용왕님 북해용왕님
워어이워어이 워어이워어이

---

18) 홍용희, 위의 책, 264면.
19) 이선영, 「꿈과 현실의 변증법」, 『벽속의 편지』, 창작과비평사, 1996, 120면.

쓰다듬으소서내말문
출렁이소내말문

동쪽소나무가지칭칭
햇빛으로동여매어따뜻이
내말문도햇빛으로동여매어 따뜻이
열리게하소
내핏문도출렁출렁
열리게하소

-「사랑의 뿌리에 바치는 굿시」 부분[20)]

강은교는 이미 『소리集』(1982) 시편에서 보여 준 바가 있듯이 남들이 듣지 못하는 우주의 소리에 대한 민감한 촉수를 지니고 있었다. 깨달음을 하나의 이미지로 형상화 하는 과정에서 언어의 힘을 빌린다고 할 때, 언어는 이미지를 따라가게 마련인데 그의 시는 언어가 이미지를 앞서 간다. 이미 언어의 평면적인 탈과, 그림과 같은 이미지를 버리고 소리 그 자체가 생생히 살아 움직이는 시이며 주술이다.

여기서 시적 화자/퍼소나는 고백체로 청자/대상에게 청유형 또는 말걸기를 시도한다 이 말걸기는 '신에게 말걸기'라는 특성을 지니고 있다. 이 말걸기를 통해서 어떤 절망적인 상황과 고통스러운 상황으로부터 자신을 구출하려는 방법을 취한다. 이것은 백석 시에서 보여주던 醫巫와 같은 것이며, 의사주술의 전형적인 방법이자 시가 가지고 있는 주술성이다. 의사주술은 현실의 부정성을 전제로 한다. 현실이 어둠이 아니라 밝음으로 가득 차 있다면 비손이며 푸닥거리 굿이라는 게 필요없다. 즉, 절망에서 희망으로 마음을 돌려놓는 것이 의사주술의 구조이다. 부정성-긍정성, 죽음- 재생이라 소박한 형식 때문에 시에서 의사주술은 그 힘을 가진다.

위의 시 '굿시'라는 제목에서 보듯이 무가의 형식을 빌려서 詩의 소리를 실험하고 있는데 이는 우리 민족의 심상에 자리 잡고 있는 주술적 가락에 그 맥이 닿는다. 그 가락은 우리의 恨과 분리될 수 없는 관계선상에 있다.

---

20) 강은교, 「사랑의 뿌리에 바치는 굿시」, 『초록거미의 사랑』, 창작과 비평사, 2006, 114면.

판소리에서 패러디 된 문학적 양식이 서상성과 역사성을 내포하면서 근대에서는 민중 · 민족을 위로하는 가락으로서 그 맥을 이어왔다면, 현대에 와서는 개인적인 절망에서 벗어나려는 양식으로 기여하고 있다.

4. 맺음말

판소리는 인간 감정의 문제를 매우 중시한다. 판소리 연행의 현장에서 향유층에게 '울리고 웃기기'는 중요한 미적 특질로 이해 할 수 있다. 울음 속에는 웃음이 있고 웃음 속에는 슬픔이 깃들여져 있다는 것이다. 이러한 판소리의 미의식은 인간의 감정을 과불급 없이 이면에 맞게 표현 하려는 태도에 기인 한다.[21] 현실세계의 일상에서 억눌린 서민 대중의 정서적 문제를 해결하고 정서적 중용태를 이루는 점에서 슬플 때 슬퍼하지 못하고 기쁠 때 기뻐하지 못하여 생기는 여러 정서적 지체 현상을 이면에 맞게 기뻐하고, 화내고, 슬퍼하고, 즐거워하면서 건강한 심성을 갖도록 한다. 즉, 누구나 둥글게 앉아서 한마당이 되는 감정에서 저쪽과 이쪽이 대립이 아니라 서로가 서로에게 연유가 되고 끈이 되는 우주 상생의 원리를 도모한다는 점에 근거한다.

즉, 종내에는 웃음과 울음의 경계가 없는 한마당에는 소리가 서로와 서로를 이어주는 언어적 기표가 되는 것이다. 이 소리는 우리의 무속적인 무가와도 연관이 있으며, 우리내부에 있는 神明에서 출발한다. 슬픈 목소리에도 웃음을 선사하는 의미가 있고 웃음의 소리에도 울음이 베여 있는 골계미는 결국 울음과 웃음의 경계를 지운다고 할 수 있다.

어떤 것에도 얽매이지 않는 판소리의 미학의 감성은 예술의 정리를 향하여 열려있다고 할 수 있다. 이렇듯이 현대시에서 구현되는 판소리의 미학은 '울리고 웃기기'에서부터 한마당이 되어 우주 공동체를 이루는 일, 이는 곧 우리의 신명에서부터 출발하고 있다. 따라서 신명은 우리의 민족 시인에서

---

21) 허원기, 「판소리의 정리적 합리성」, 『고전서사문학의 사상과 미학 』, 경인문화사, 2007, 42면.

부터, 민중 시인까지 언어의 주술적인 힘을 빌려서 민중·민족의 정체성과 민초들의 아픔을 달래기 위해 굿을 벌였다면, 근래에 와서는 개인적인 의사 주술적인 경향을 보이기 시작 한다. 산업화이후 우리의 삶이 마을공동체, 민족공동체와 이념의 테두리에서 비켜나 개인의 존재가치에 더 무게를 두게 되었다는 것이다. 거대 자본이 지배하는 삶의 공간속에서 개인의 삶의 이유와 가치에 대해 갈등을 겪고 그것에 대한 해답을 구하고자 하는 것이 21세기의 예술의 새로운 패러다임이라고 할 수 있다. 위에서 소개한 시인들 역시 초기에서 보여주던 민족혼의 소리 찾기에서 존재의 소리 찾기로 변모해 왔음을 확인할 수 있다. 이 소리는 일상에서 들을 수 있는 소리가 아니라, 초자연적인 것에 호소하는 것, 어떤 허구의, 가상의 세계의 소리를 말하는 것이다. 없는 세계를 있는 세계처럼 노래하고 허구를 있는 사실로 믿도록 하기 위하여 시인은 주술적 방법론을 선택한다. 이 주술적 시적 방법은 결국 존재의 소리를 듣기 위한 의무의 한 방법이며 내면의 소리를 이끌어내기 위한 몸부림이라 할 수 있을 것이다. 이 내면의 소리는 곧 神明에 다름 아니다. 위에서 살펴본 서정주, 김소월, 김지하, 강은교의 경우가 아니더라도 많은 예술가의 경우 그들이 어떤 행위를 하는 순간 이미 신이며 우주와 합일이 이루어진다고 본다. 이럴 때 그들이 하는 행위는 이미 주술성을 가지고 있는 것이다. 이러한 주술성은 특히 우리민족에게는 더 강력한 신화성과 설화성을 거느리고 오늘에까지 전승되고 계승되어 왔다. 그것을 가까스로 전통의 한 계승이라 결론 지어 본다.

즉, 우리 민족은 神明이라는 것을 가지고 있고 이 신명은 초자연적인 것과 내가 둘이 아니라 하나라는 것이며, 내속에 있는 우주의 소리를 어떤 행위를 통해 일깨우고자 한다. 무속의 소리굿, 판소리 등에서 나타내는 이러한 행위는 현대에 와서 예술적 방법으로 또는 실용적으로 승화되고 있다. 살펴보았듯이 현대 문학에서는 이 신명과 주술성은 일정한 리듬과 템포와 해학성의 미학을 가진 판소리의 양식에서 전통성이 계승되어 왔다. 전통이 과거에 대한 의식을 뜻하지만 모든 문학작품은 작품을 표상하는 언어자체가 과거의 유산[22]인 점을 다시 한 번 상기 하면서 피상적으로나마 살펴보았으나 많은 과제의 필요성을 다시 한 번 절감한다.

참고문헌

강은교, 『벽속의 편지』, 창작과비평사, 1996.

_____, 『초록거미의 사랑』, 창작과비평사, 2006.

김진영 외, 『판소리의 비평적 이해』, 민속원, 2004.

김현주, 「申在孝 춘향가 연구」, 『서강어문』 제8집, 서강어문학회,

송영순, 「<오적>-판소리 패러디 분석」, 『한국 문예비평연구』 제23집, 한국문예비평학회.

신익호, 「현대시에 수용된 춘향전의 패러디 양상」, 『한국 언어문학』 제50집, 한국언어문학회.

오세영, 『문학연구 방법론』, 시와시학사, 1991.

이진원, 「판소리 춘향가의 현대적 재창조에 관한 연구」, 『판소리 연구』 제19집, 판소리학회.

조동일, 「판소리의 장르규정」, 『어문논집』 제1집, 계명대.

조운조, 「판소리의 개괄적 이해에 관한 고찰」, 『국악과교육』 제22집, 한국국악교육학회,

허원기, 「판소리 미학의 사상적 세 층위」, 『판소리 연구』 제15집, 판소리학회.

허원기, 『고전서사문학의 사상과 미학』, 경인문화사, 2007.

홍용희, 『김지하 문학연구』, 시와시학사, 1999.

22) 오세영, 「전통이란 무엇인가」, 『문학연구 방법론』, 시와시학사, 1991, 361면.

한국근대 대중연극계의 기억과 침묵읽기

-남성필자의 회고록과 자서전을 중심으로-

문 경 연*

1. 들어가며

1920년대에 사회전반으로 촉수를 뻗어나가기 시작한 대중문화는 1930년대를 통과하면서 식민지적 자본주의의 토대 위에 막강한 위세를 떨치게 된다. 조선인들은 대중문화의 소비자로 끊임없이 호출되었고, 극장은 그들을 수렴하는 상상적 공간의 하나였다. 그 한가운데에 사회현상의 하나로 '동양극장 신드롬'이 놓여있기도 하다. 최근 연극사에서는 1930년대의 대중연극이 원각사 이래 축적된 조선의 연극적 경험을 바탕으로 한 연극의 호소력과 대중적 향유의 밀도가 정점을 치달았던 시기로 재의미화하고 있다. 저급한 통속극이라는 평가가 전회하면서, 서구 멜로드라마의 이론적 틀을 바탕으로 이 시기 대중극의 양식과 구조에 대한 엄밀한 분석들이 이루어지고 있고,[1] 근대적 시각 체험으로서의 관극 경험이나 관객 구성, 근대 초창기 연극-영화

* 경희대학교 강사

1) 김미도, 『한국근대극의 재조명』, 현대미학사, 1995.
윤석진, 「1930년대 한국멜로드라마 연구」, 서강대 석사학위논문, 1997.
홍재범, 「1930년대 한국 대중비극 연구」, 서울대 박사학위논문, 2001.
이승희, 「멜로드라마의 근대적 상상력」, 『한국극예술연구』 제15호, 한국극예술학회, 2002.

-대중음악 간의 상호 교류적 생산관계 등을 추적하면서 연구의 범위가 확대되고 있다.

그런데 이상의 연구 동향은 서구 근대극의 유입과 근대 신극의 성립을 기준으로 서술되었던 기존의 엘리트 중심 연극사, '정극(正劇)'을 표방한 순문학으로서의 희곡사·연극사 기술과는 분명 다른 지점에 놓인다. 실증적인 자료와 문헌을 토대로 연구된 선학들의 정전(cannon)으로서의 연극사에서 누락된 부분, 의도적으로 배제한 부분들을 복원하고자 하는 연구자들의 새로운 입장이 설정되어 있기 때문이다. 연극사뿐만 아니라 역사학과 인류학의 최근 추세는 구술사 연구, 지배 역사에 대한 도전을 통한 '총체적 경험'의 복권, 대안적 역사읽기의 제공 쪽으로 연구 방법이 옮겨가고 있다.2)

연극사에서도 중요한 몇몇 연극인의 구술과 회고록이 남아있다. 초창기 한국 연극에 대한 기록과 자료가 턱없이 모자라는 현실에서 이들의 글은 연구에 기여하는 바가 크다. 그런데 본고에서 제기하고자 하는 문제는 이 자료들의 발화주체, 서술 주체가 전적으로 남성이라는 점이다. 안종화, 박진, 박승희, 고설봉, 이서구 등의 남성연극인들이 남겨놓은 회고담과 자서전을 통해 재생산된 근대 연극계의 지형도는 전적으로 남성중심적인 시각을 담고 있다. 한국 연극사의 헤게모니를 장악했던 지식인 연극인들에 대항한 이들 대중연극계 연극인들의 대안적 역사 쓰기는, 여성 연극인과 여성 관객들을 남성중심주의적 시각에서 재해석하고 재현해 냄으로써 또 하나의 남성 공식 역사가 된 것이다. 본고는 남성연극인들의 회고담과 자서전을 통해 만들어진 한국대중연극계에 대한 우리의 집합적 기억을 찾아내고, 그 안에서 당대 여성의 섹슈얼리티가 전유되는 양상을 고찰하고자 한다. 더불어 대중 예술인으로서의 존재를 인정받지 못했고, 문자와 사회 권력을 확보하지 못했기 때문에 자서전이나 회고록을 남길 수 없었던 여배우와 기생의 존재 조건을 전제하면서, 당시 그녀들의 목소리와 의식을 추적해보고자 한다.

---

2) 전진성, 『역사가 기억을 말하다』, 휴머니스트, 2005
조경식, 「망각의 담론, 기능 그리고 역사」, 『기억과 망각, 문학과 문화학의 교차점』, 최문규 외, 책세상. 2003, 255~308면.

2. 기억과 역사 혹은 연극 이면사(裏面史)

인간의 경험은 직접적이건 간접적이건 간에 기억이라는 장치를 통해 재현된다. 수많은 사적인 기억 중의 일부는 사회적 기억이 되고, 사회적 기억들은 일정한 선택과정을 통해 역사적 기억으로 표출된다. 그 역사적 기억은 경험을 재현시키는 문헌으로 남게 된다. 문헌은 가장 객관적이고 과학적인 가치를 지닌 것으로 평가되어 왔고 공식역사의 자리를 선점하면서 반복되게 마련이다. 그러나 경험의 총체적 표현이라고는 측면에서 볼 때, 역사에는 빈 공간이 너무 많은 것이 사실이다. 그 틈을 채워주는 것이 사적 기억이고, 구술사적 방법론일 것이다.

한국 연극사에서 연극 붐을 일으켰던 1920~30년대 대중 연극과 관련된 가장 오래되고도 뿌리깊은 인상은 대중적인 연극이 기생연극이었다는 것과 여배우는 곧 기생이라는, 두 가지일 것이다. 그리고 이것은 우리의 집합적인 기억이 되어, 그것을 부정하거나 떨쳐내려고 하면 할수록 오히려 그 발화 자체가 증식되어 혹이 되는 경우들이 있었다. 기억이 선별되고 사적인 발화가 사실(fact)이 되는 과정에, 남성 연극인들의 기억 매커니즘이 놓여있음을 확인할 수 있다.

현재 한국연극 연구자들이 인용하고 있는 구술적 자료로 안종화의 『신극사이야기』(진문사, 1955), 『한국영화측면비사』(춘추각, 1962), 박진의 『세세년년(世世年年)』(경화출판사, 1966), 고설봉의 『증언연극사』(진양, 1990), 『빙하시대의 연극마당 배우세상』(이가책, 1996), 『이야기 근대연극사』(창작마을, 2000)가 있다. 이상의 것은 모두 단행본으로 출간된 것이다. 본고에서는 비교적 긴 분량으로 초창기 연극계를 회고한 박승희의 「토월회이야기」(『사상계』, 1963년 5월~6월호 연재)와, 이서구의 「명우 이월화」(≪세대≫, 1973년 1월호)까지 참고로 했다. 이상의 저서와 저술은 1세대 연극사가인 이두현, 유민영, 장한기의 한국 연극사를 위시하여 최근 연구까지, 다양한 연극관련 연구서들의 참고자료가 되면서 주석의 공간을 차지하고 있다.

안종화(1902~1966)는 신극운동가이자 배우였고, 연극연출가이자 영화감독으로서 초기 연극영화계에 기여했던 인물이다. 그는 『신극사이야기』서문에서 "著題를 '新劇史 이야기'라 했다. 그것은 우리 융희 말 이래로 발생한 신연극의 창생으로부터 그 消長史實을 놓고 裏面史를 編述하기 때문이다."[3] 라고 밝혀 놓음으로써, 연극계 이면의 비화를 서술할 것임을 명시하였다. 『한국영화측면비사』의 서문에서는 "영화 40년으로 운위하면서도 이 땅에 개척의 씨를 뿌려 온 선구자들의 개척사는 물론 하다못해 이면비화(裏面秘話) 등속을 묶은 책자 한 가지나마 없이 왔다는 것은 부끄러운 일"이라면서, "내용이 말하듯 물론 정사(正史)는 아니"라고 쓰고 있다. 『한국영화측면비사』의 경우, 한국 초기 대중문화의 특성상 연극과 영화의 왕래가 빈번했고 생산자와 소비자 역시 구분되지 않는 시기였기 때문에 연극계 인물과 사건들에 대한 당시 풍경을 쉽게 찾아낼 수 있다.

박진(1905~1974)은 20년대에 토월회에서 활동하며 <아리랑>을 연출했고, 30년대에서는 동양극장의 전속작가이자 연출가로 활약했던 대중연극계의 중요 인물이다. '연극에세이'라는 부제가 달린 『세세년년』 서문에 "작년 9월 대한일보에서 '세세년년'이라는 제목을 지어놓고 지나간 이야기를 쓰라 하였다. 그러나 나에게는 일기도 없고 기록도 없고 참고할 것 아무 것도 없다. 그래서 기억을 더듬어 가며 쓴 것이 이 시시한 이야기다. 이것은 연극사도 아니요, 연극의 전모도 아니다. 다만 내 자신이 보고 듣고 내 발로 디뎌 온 실지의 사실을 쓴 것"이라며 "조금도 거짓이나 조작이나 과장함이 없는 솔직한 그대로라는 것만은 증언할 수 있다"[4] 힘주어 말하고 있다.

고설봉(1913~2001)은 1937년부터 동양극장의 청춘좌에서 연극활동을 시작한 연극배우로, 이후 60년간 한국 연극무대에 섰던 연극계의 증인이다. 그의 세 권의 책 중에서 앞 선 시기 두 권은 장원재, 김지숙이 고설봉의 구술을 정리해서 발간한 것이고, 나머지 한 권은 저자의 회고록 형식으로 기술되었다. 『이야기 근대연극사』 서문에서, 저자는 "현재까지의 연극사 연구는 극예술연구회 활동에 치중되어 왔"다면서 "편중된 연극사를 고르게 정립할 수 있는 사람도 내가 마지막 주자일 거라는 의무감"[5]에서 책을 쓰게 되었다

3) 안종화, 『신극사이야기』, 진문사, 1955, 5면.
4) 박진, 『세세년년』, 경화출판사, 1966, 8면.
5) 고설봉, 『이야기 근대연극사』, 창작마을, 2000, 7면.

고 한다.

안종화가 비교적 이른 시기인 1900년대 후반부터 해방 전까지의 연극영화계를 회고했다면, 박진과 고설봉은 주요 활동시기였던 1930년대를 전후한 대중연극과 동양극장 회고에 많은 비중을 두었다. 이들은 모두 개인적인 기억에 의존하여 초기 연극계를 소환하고 재현하였다. '이면사(裏面史)', '야사(野史)', '이야기', '비사(秘史)'라는 기표를 통해, 공식 연극사나 정사에 대항하는 새로운 입장의 연극사 서술임을 분명히 했지만, '되도록 객관적'으로 기술하고자 했고 '거짓이나 조작이나 과장함없이 솔직하게' 썼다면서, 객관성과 신뢰성을 놓치지 않으려는 입장을 강조했다. 그럼에도 불구하고 이들 회고록과 자서전을 실증주의적으로 검토해보면, 시기와 연표와 인명, 사건의 선후 순서, 인관 관계의 해석 등에서 많은 오류들을 발견할 수 있다. 그러나 그것을 여기서 지적함으로서 자료로서의 가치를 절하하고자 함은 아니다. 순수한 기억이란 없으며 회상의 기제 안에서는 재구성의 작업이 따를 수 밖에 없기 때문이다. 게다가 회고담이나 증언록, 구술담과 같은 자기서사(개인의 역사 서술)의 서술들은 자기 드러내기, 자기 현시의 동기가 강하게 작용하는 특징이 있다. 실제적인 사건이나 역사를 담고 있는 과거를 기억해내고 최대한 객관적으로 술회하려고 애를 쓰는 것과는 다른 층위에서, 기억하고 싶은 과거를 강조하거나 어쩔 수 없이 채색되는 낭만성, 배제되거나 무시되는 기억의 사각지대가 있는 것이다. 회귀된 기억에는 시간적인 두께가 있고 '있는 그대로의 사실'이라고 누차 강조하는 것들도 실은 기억의 주체가 그렇게 보고 싶어하거나 선택된 사실인 경우가 많다. 일면 진실이지만 일면 허구인 것이 기억이며, 매순간 의지와 선택을 통해 경합의 과정을 거치는 것이 기억의 현현(顯現) 방식이기 때문이다. 필자는 연극의 구술적 자료 안에서 기억의 내용보다는 회고담이 만들어내는 남성 서사로서의 역사를, 그것의 신빙성보다는 '기억의 작동' 매커니즘을 살펴보는 것이, 초기 연극사에서 침묵하고 있는 여성의 역사를 복원하는데 절실하다고 본다.

3. 남성 연극인들의 기억과 회고담 속의 여성표상

1) 여배우의 표상

1910년대 연흥사, 단성사, 장안사, 광무대를 중심으로 박승필이나 김재종과 같은 전문적인 흥행사들에 의해 극장가에는 지속적인 예술인의 수요가 창출되었고, 다양한 기생공연들을 통해 기생들의 약진이 두드러졌다.[6] 전통가무를 중심으로 한 기생들의 활약은 1920년대 후반이 되면 다른 방식으로 전환하였다. 물적 토대가 바뀌고 매체가 발달하면서 전통적인 음악과 무용만을 전수하던 기생업의 전반적인 분화가 이루어진다. 이후 음악기생, 문학기생, 무용기생, 극단 여배우, 대중가요 가수, 화초기생 등으로 나뉘며 대중예술 일반을 담당하게 되었다.[7]

기생들이 문화예술계에서 실제적으로 보여줬던 활약상과는 다른 층위에서, 기생이 탄생하는 지점이 있다. 바로 재현의 장 안으로 호출된 기생들이 이미지를 구축하는 과정에서 만들어지는 '표상으로서의 기생'이다. 남성 연극인들의 회고록에서 재생산되고 있는 여배우와 기생의 표상은, 지극히 남성주의적인 성애적인 입장에서 부각된 것들이다. 연극장의 풍기(風氣)를 흐트러뜨렸던 퇴폐적인 기생 관객, 전직 기생 출신으로 곡절많은 삶을 살다간 여배우, 연극의 흥행에 지대한 영향력을 끼쳤던 권번의 기생들, 화려한 연예계의 삶을 구가했던 기생, 젊은 문사와 자유연애를 스캔들을 뿌리고 다녔던 기생. 이 모든 것이 '재현의 경연장'[8]서 살아남은 이미지와 담론들이다.

초창기 연극사에서 여배우가 탄생했던 자연스럽고 자발적인 장면을 찾아내기란 쉽지 않다. 최초의 여배우였던 <개량단> 소속의 기생출신 김소진(金少珍)이 세상에 이름을 내걸기는 했지만, 1910년대 말 20년대 초반은 여전히 여형배우(女形俳優[9])가 무대에 등장하던 시절이다. 토월회 초기에 박승희는

---

6) 1900~1920년대 음악과 무용 분야에서 보여준 기생들의 활동상은 권도희, 이재용, 이재옥, 성기숙, 송문숙의 논문을 참조할 것.

7) 권도희, 「20세기 기생의 음악사회사적 연구」, 『한국음악연구』 29집, 한국국악학회, 2001, 334면.

8) 이경민, 『기생은 어떻게 만들어지는가』, 사진아카이브연구소, 2005, 13면.

여배우를 찾기 위해 당시 <동아일보> 기자였던 이서구를 앞세우고 직접 기생집을 돌아다니며 여배우를 물색했다고 한다. 그러나 많은 기생들이 광대를 하라는 것은 사람을 무시하는 처사라며 거절했고, 광대노릇을 하면 놀음비도 못받는다는 현실적인 이유로 기피하기도 했다. 그 때 인연이 된 배우는 신파극을 하던 <민중극단>의 이월화(李月華)[10]였다. 이월화의 본명은 이정숙으로, 기생 강향란 이후 여배우로써는 최초의 단발랑(斷髮娘)으로 유명해졌다. 토월회 여배우였던 석금성(石金星)은 기생 출신으로, 권번에 소속된 기생 신분으로 토월회 연극을 구경 왔다가 이서구의 눈에 띄어 여배우가 되었다. 토월회에서는 여배우에게만 월급을 주었는데, "여배우의 희소가치도 있었지만, 대체로 기생 출신이었으므로 당초 극단으로 데려올 때 기생 수입은 보장한다는 약속을 했기"[11]때문이라고 한다.

한국연극사에서 여배우를 거론함에 있어 빠지지 않은 인물의 하나가 이월화이다. 20년대에 토월회에서 활동했고, 카츄사 연기로 일약 유명스타가 되었으며, 무수한 스캔들을 뿌리다가 이른 나이에 세상을 하직한 배우이다. 그녀의 출생과 죽음은 다양한 버전이 존재할 만큼 이슈였다. 안종화는 『한국영화측면비사』에서 그녀가 "현해탄의 푸른 물에 몸을 던졌다"고 주장하며, "이미 몸집은 이미 볼품없이 비대해졌고 연애에 번번히 실패한 그녀가 염세에 빠져 자살"[12]한 것으로 서술하고 있다. 그는 이월화가 연극 「영겁의 처」에서 맡은 '오르가'역이 인기를 끌었는데, 그 이유가 "음성과 육체의 뇌살적인 측면"에 있었고 "관객들은 아찔함을 느낄 정도"였다고 한다. 여배우 이월화에 대한 안종화의 기술과 박승희의 「토월회 이야기」에서 가장 많은

---

9) 극예술협회 회원들이 참여했던 동우회 순회공연에는 젊은 식자층 관객들이 많았다(동아일보, 1921년 7월 30일자). 그 중에서 여형배우(女形俳優)가 되어 신여성역을 맡았던 마해송(馬海松)의 연기가 가장 많은 인기를 끌었다고 한다(유민영, 위의 책, 73면). 민족계몽의 근대연극을 지향했던 유학생중심의 극예술협회도 여형배우의 관습은 아직 떨쳐내기 어려운 상황이었던 것 같다.

10) 김영무, 『동양극장의 연극인들』, 동문선, 89~90면.
그러나 박진의 회고에 의하면, 당시 진명여고보 중퇴생이었던 이월화를 발굴한 사람은 이서구와 김기진, 안석주였으며, 아주 어렵게 이월화 부모에게 승낙을 받았다고 한다. 박진, 위의 책, 136면.

11) 유민영, 『우리시대 연극운동사』, 단국대학교 출판부, 1990, 86면.

12) 안종화, 『한국영화측면비사』, 춘추각, 1962, 72면.

지면을 차지하는 것은 그녀의 연애행각이다. 박승희와의 연애와 결별로 인한 토월회 탈퇴(박승희 자신의 토월회 회고에서는 이 부분과 관련된 내용이 없다), 윤백남과의 염문설과 민중극단 탈퇴, 중국에서의 도피애정행각, 다시 권번으로 들어가 기생이 된 사연, 자살인지 정사인지 병사인지 밝혀지지 않는 죽음까지, 매체와 남성필자들이 만들어낸 그녀는 섹슈얼리티의 화신이다. 매일신보는 이월화의 죽음을 알리는 기사에서 "요부같이 남성의 역을 한 입에 삼켜버리는 이월화"[13]였다고 표현한다. 게다가 "실로 기구한 운명의 희롱이 파탄을 중첩"한 삶을 살았다며 비극적 파토스를 더해, 대중의 호기심을 자극하고, 그녀의 삶을 상품화했다.

실제로 조선에서 직업적인 여배우로 활동했던 여성들의 출신 성분은 기생이나 여급 출신, 엘리트 신여성, 1930년대 대중문화의 수혈을 받고 새로운 욕망을 감지하기 시작했던 여학생까지 다양했다.[14] 그 중에서도 기생이 여배우가 되는 것이 가장 자연스럽게 여겨지던 시절이었다. 실제로 조선의 최초 여배우는 '개량단(改良團)'의 연쇄극으로 데뷔한 기생 출신 김소진(金少珍)[15]이었다. 기생출신인지라 창(唱)을 잘 불렀기 때문에 구극과 신파를 함께 하는 연극에서 돋보이는 활약을 했지만, 정숙하지 못한 행동으로 극단에서 쫓겨나 영화계로 옮겨갔다고 한다.

이월화를 비롯하여, 신일선, 복혜숙, 전옥, 차홍녀 ,김명순, 신은봉 등의 여배우가 탄생하였다. 배우가 되고 무대를 장악하기 시작한 여배우들은 많은 공연에서 흥행을 담보하는 생산의 주체가 되었다. 그런데 이들이 매체와 연극장에서 소개되고 소비되는 방식은 화류계 여성과 다르지 않았다. 기생/여배우의 진열된 섹슈얼리티와 쾌락적 관람 현상을 상징적으로 압축하고 있는 것이 바로 연극장이었다. 기생/여배우의 섹슈얼리티와 육체의 호명은 시각

---

13) 「이월화객사」, 『매일신보』, 1933년 7월 19일.

14) 1921년 이기세가 조직한 <예술협회>의 주연 여배우로 인기를 끌었던 이채전(李彩田)은 이화학당 출신이었고, 복혜숙 역시 이화학당 출신으로 일본 기예학교 유학 후 강원도 금성(金城)학교 교사로 일하다가 김도산 일행의 신극좌 배우가 되었다.

15) 유민영, 『우리시대 연극 운동사』, 단국대출판부, 1990, 56면.
박진은 1917년 창단한 <취성좌> 김소랑의 부인이여, 궁중나인 출신인 '마호정'이 최초의 여배우였다고 기술한다(박진:134). 유민영은 마호정이 여배우 2호(유민영:53)라고 말하고 있는데, 현재로서는 '김소진'의 이름과 관련 기록을 다른 매체나 회고에서 발견할 수 없었다.

적 재현이나 서사적 표상 등 다양한 형태로 이루어졌다. 상품화된 기생의 몸과 섹슈얼리티를 관통하는 지점에 남성의 관음증적 시선(욕망)이 놓여있었고, 자본을 욕망하는 대중문화의 생산자들은 이런 남성들을 이용하면서 상품전략을 구축했다. 공적 공간에 존재를 드러낸 기생/여배우는 무대 위에서 노골적으로 육체를 드러내거나 일상적인 현실에서 남성관객들이 보였던 호기심/호출이 아니더라도, 늘 심리적 시선의 회롱과 추파를 받는 존재였다. 박진은 신일선을 기억하며 다음과 같이 기술하고 있다.

> 나는 그 계집아이를 잘 아꼈다가 연극에 써먹으려고 귀지중지애지 하는데, 그 많은 벌레 중에 박덕양이라는, 나에게는 아저씨뻘되는 청년이 늠실거려서 그것을 제거하려고 "일선아 너 나보고 오빠라고 해라"해서 살충제가 되었었다. ……[16]

여성계의 내부에 존재하는 '외부'였던 기생, 그리고 기생 이미지의 연장선상에 놓인 여배우의 삶은 보여지는 화려한 삶과 이면의 삶이 다른 경우가 많았다. 토월회와 태양극단을 거쳐 명일극단의 여배우였던 '강석연'은 연극에서 별로 인기를 끌지 못했고 경제적 곤란이 심각해지자 막간가수가 되었다. 이후 빅타 레코드의 명가수가 되어 유명해지는데, 극단과 음반회사 사이의 갈등으로 자살을 감행했다.[17] 동양극장의 배우였던 '신은봉'은 1933년에 '오케 축음기 회사'에 평범한 여사무원으로 취직하면서 호화로운 10년간의 무대생활을 이렇게 회고하고 있다. 신은봉이 당시 여배우의 처지를 한탄하는 내용들은, '에로 써비-스'를 제공하면서 남성의 성애화된 욕망을 환기시키는 기생의 그것과 다르지 않다.

> "이월화(李月華) 김정숙(金靜淑) 김명순(金明淳) 윤선희(尹善姬) 강정애(姜貞愛) 전옥(全玉) 복혜숙(卜惠淑) 신일선(申一仙) 김연실(金蓮實) 김일송(金一松) 문예봉(文藝峯) 등 여배우로도 만헛거니와…… 이러한 俳優들은 실로 조선의 은막게에서 넘우나 그 일홈들이 자자하든 스타! 들이엇다. 이만한 재조의 미모와 인긔를 한 몸에 모이면서도 그 마음먹은 바 뜻 둔 대로 銀幕 우에서 一生을 못 보내고 이리 저리 바람

16) 박진, 위의 책, 54면

17) 「극단의 花形이 독을마시기까지 : 강석연자살충동기」, 『신여성』, 1933년 1월호, 46~51면.

부는 대로 물결 치는 대로 사방으로 흐터져 버리고 마니……긔박한 운명으로 허는 수 업시 애처롭게 생(生)을 긋막은 이도 잇스려니와 고닯은 삶에 발버둥 치다가 헐 수 할 수 업시 눈물을 먹음고 카페-, 땐서-, 로 발굼치를 돌여버린 이 허다하다. …… 애오라지, 이 땅의 배우된 자 네 이름은 불행한 자이다"18)

2) 여성관객과 기생의 표상

고설봉과 박진의 회고에서, 그리고 당대 동양극장의 연극인들이 신문이나 잡지에 발표한 회고담에서 공통적으로 추출되는 '기억시키기'의 대명제 중의 하나는 바로 동양극장은 "기생극장이 아니었다"는 항변이다.

동양극장이 잘되어 가니까 배가 아픈 사람이 많았던 모양이다. 그래서 신파를 한다고 욕하다가 고등신파 소리에 쏙 들어가더니 그놈의 「사랑에 속고 돈에 울고」 이후에 "동양극장은 기생극장이다" "기생 연극만 한다" 이런 독설로 동양극장의 명예를 훼손했다. 그러나 따지고 보면 기생 연극이라는 「사랑에 속고 돈에 울고」에서 돈냥간 벌었고, '기생 몰락극'에서는 테러 등 손해를 보았다. 그 당시 사회가 그랬으니만큼 기생을 주인공 내지 소재로 한 연극이 몇 개 있기는 했지만 그렇다고 기생극장이란 말도 안되는 소리다. 기생들이 다리를 놓아 많은 사람이 자주 왔을 뿐이다. 그러니 이 자리에서 그 누명을 벗어야겠다.19)

동양극장의 배우였던 고설봉은 『이야기 근대 연극사』에서 "당시 최고의 연극계 전문가들이 연출, 무대미술, 분장, 의상, 진행 등을 맡았고 최고의 시설을 갖춘 레파토리 시스템에 의해 운영"되었던 동양극장의 전문성과 근대성을 강조한다. 그리고 "동양극장을 제대로 분석조차 하지 않고 신파 연극의 본산지라고 치부하는 것은 우리 연극이 스스로 퇴행하는 길"20)이라고 말하고 있다.

동양극장 연극에 관해 흔히 하는 이야기로 동양극장의 연극은 기생들이 고정관객

18) 초사, 「은막에서 사라진 화형배우」, 『삼천리』, 1936년 6월호, 181면.
19) 박진, 『세세년년』(증보판), 세손출판, 1991(초판 1966), 154면.
20) 고설봉, 위의 책, 8면.

으로 있어서 그들이 연극의 흥행과 선전의 일익을 담당하였기에 기생을 의식하고 작품을 만들었다는 설이 있다. 물론 동양극장에서 기생 이야기를 소재로 한 연극을 더러 상연했던 것은 사실이다. 그러나 소위 화류비련의 기생을 소재로 한 연극은 열 편 중 세 편 정도에 지나지 않았고 그 당시 기생은 당당한 직업인으로 인기인이었다. ……그리고 기생 관객이 중요한 역할을 했다는 것도 그렇다. 기생들은 대개 남자를 동반하여 2층 중앙의 특석을 이용했고, 화장이나 용모 등이 눈에 뜨이는 것이었기에 여러 사람들에게 깊은 인상을 남겼을 뿐 그것이 기억의 과장으로 연결된 결과인 것이다.[21]

그런데 박진과 고설봉이 주장하고 있는 내용의 진위여부를 떠나, 반복적으로 발화되고 있는 '기생연극'이라는 언표는 계속해서 '기생연극'이라는 고정관념을 확대 · 재생산시키는 역설적인 과정을 밟게 만든 것으로 보인다. 부정하기 위해 반복적으로 발화하고 있는 기표가 마치 사실이고 전체인 것처럼 인식하게 만드는 현실효과(real effect)를 낳은 것이다. 동양극장의 산증인들이라고 할 수 있는 박진과 고설봉이 동양극장을 기억/증언하는 태도의 기저에는 늘 '기생연극'에 대한 세간의 평가를 전복하고자 하는 공통된 욕망이 깔려있다. 그런데 연기자 고설봉과 연출가 박진의 기억에서 하나의 간극을 발견할 수 있다.

고설봉이 '고등신파'라는 평가조차 부정하고 싶어한다면, 박진은 동양극장의 연극이 일부 신파적임을 시인하면서 이전 신파와는 차이를 부각시키는 담론을 펼친다. 그 때문에 '고등신파'라[22]는 변별적인 기표를 사용하고 있다.

비록 신극 예술을 한다는 사람들이 신파를 한다고 비방을 하였지만, 나는 '고등신파'를 한다고 맞서면서 몇 해를 버티었으나 생각하면 나의 30대의 정열은 모두 동양극장에 바친 셈이다. 지금에 와서는 신극이니 하는 용어가 없어지고 다만 연극으로 단일화됐지만, 그때만 해도 그 틈새에서 고등신파를 하기란 그리 쉬운 일이 아니었다. ……그러던 중에서도 동양극장은 엄연히 존재하였고 '고등 신파'일망정 중간극적인 위치를 잃지 않았었다.[23]

---

21) 고설봉, 『이야기 근대 연극사』, 도서출판 창작마을, 2000, 144면.

22) 이두현은 『한국신극사연구』(서울대 출판부, 1990, 165~166면)에서 1930년대 동양극장의 개관을 중심으로 이전시기의 '개량신파'와 동양극장의 '고등신파'를 구분한다.

박진은 동양극장 최고의 날을 상기하는 순간에도 양가적인 감정을 느끼며 마냥 흥행을 기뻐할 수만은 없었던 심정을 피력했다. 임선규의 『사랑에 속고 돈에 울고』 원고를 오랫동안 처박아 두었을 만큼 스스로도 '너무나도 지독한 신파'라고 생각했었던 박진은, 극장주 홍순언의 의사를 거부할 수 없어서 연출을 맡았지만 자신의 이름을 바꾸고 싶을 만큼 낯이 뜨거웠다는 것이다.[24] 동양극장 연극인들에게 '기생연극' '기생극장'이라는 레테르는 마치 외상(trauma)처럼 떨쳐버리기가 어려운 것으로, 끊임없이 의식 아래로 밀쳐내거나 봉합시켜버리고 싶은 평가였던 것이 사실이다. 그러나 역설적이게도 기생연극의 기생 이미지는 다른 한편으로는 그들이 끊임없이 생산해 낸 상업주의적 전략이기도 했다.

그렇다면 '기생연극=신파극=통속극=저급한 연극'이라는 공식이 어느 정도 의심없이 통용되는 당대의 일반적인 평가 안에서, 이데올로기에 의해 호출되는 집합적 주체로서의 기생은 어디에 위치하고 있을까? 기생은 부정적인 평가를 받으며 남성 연극인들에 의해 은폐 혹은 폐기의 대상으로 간주되었지만, 끊임없는 재현의 전략 아래 가시화된 존재였다.

기생들은 극장 공간에서 보는 주체인 관객의 위치를 점하게 되는 순간에도 '가시화'의 대상이었다. 일제시대 경성의 새로운 문화공간으로 극장, 요리집, 카페를 꼽을 수 있는데 당시 명월관, 태화원, 식도원, 국일관 등 요릿집을 드나드는 기생들은 곱게 화장을 하고 동양극장에 구경갔다.[25] 권번에 소속된 기생들이 요리집이나 요정으로 불려나가는 것을 '놀음 나간다'라고 표현하고, 요리집이 아닌 일반 가정집으로 불려나가는 것은 '사랑놀음 나간다'고 표현했다.[26] 그런데 연극공연 중에도 요릿집 심부름꾼들은 동양극장

23) 박진, 위의 책, 139면.

24) "이것을 보러 기생 · 오입쟁이 · 노나니꾼 · 바람둥이 · 시골사람 · 촌사람 몰리고 극장 전면을 환하게 박아 놓은 유리가 모조리 깨지고 서대문 경찰서에서는 정리한다고 나와서는 구경온 사람을 두들겨패고 새문 마루턱이 막혀 전차가 못 다닐 지경을 하면서 아흐렛 동안 공연을 했다. ……그러면서 그 연출을 맡은 나를 찾는 할미 하나 없었으나 나는 이름을 바꾸고 싶도록 낯이 화끈거렸다. ……홍순언의 입이 귀밑까지 찢어져 돈 주체를 못할 정도의 연극이긴 했지만, 그 연출은 내가 했다. 연극의 신이시여! 죄를 사하여 주소서!" 박진, 『세세년년』, 144~145면.

25) 백현미, 「나의生, 나의藝: 무대미술가 이원경」, 『경향신문』, 2004.12.15일자.

26) 김천홍, 『심소 김천홍 무악 칠십년』, 민속원, 1995, 122면.

의 문을 열고 "○○아씨 놀음이오"라고 외치면 연극은 일시 중단되고 이름이 불린 기생은 객석의 다른 관객에게 자신을 '광고'하며 천천히 극장을 빠져나갔"[27]다고 한다. 기생은 무대가 아닌 어두운 객석에서도 빛을 발하는 꽃이었던 셈이다. 남성 관객들은 "공짜로 기생 얼굴을 쳐다보기" 위해 극장을 찾기도 했고 "재수 좋은 사람은 기생 옆자리에 앉아 살냄새, 분냄새, 향수냄새에 취해"[28] 극장 분위기를 즐겼다.

지두한의 <朝鮮演劇舍(1929년 12월 창단~1936년 해산)>에서 눈물의 여왕 이경설과 커플로 활약했던 인기 미남배우 이경환(李敬煥)이 결국 악화된 건강으로 무대를 떠나게 된다. 여성 배우들이 연극계를 떠나게 되는 이유는 천편일률적으로 그녀들의 스캔들이 물의를 일으켰기 때문으로 기억되지만, 이경환의 은퇴에는 '기생들'이 소환된다. 이경환은 기생들에게 인기가 너무 좋았는데, 나중에는 "장안 기생들의 등쌀에 견디지 못해 아편까지 맞아가며 무대에"[29] 올랐다고 한다. 아편 복용이 문제가 되어 종로서에 구금당하기도 했다는 것이다. 남자배우 이경환의 사생활이 문란했고, 자신의 관리 소홀로 건강을 지키지 못했으며, 결국에는 아편에 의지하게 된 것[30]에 대해, 어떤 필자도 이경환 자신의 윤리적 문제나 정신적 유약함을 거론하지는 않았다. 오히려 그를 가만두지 않았던 기생 팬들을 이구동성으로 언급하고 있고, 이것이 구술의 과정을 거쳐 연극사에 하나의 사실(fact)로 기록되었다. 과도한 성욕과 퇴폐의 이미지, 남성을 타락시키는 요부의 이미지야말로 여성관객 기생의 섹슈얼리티가 재현되는 전형적인 방식이라고 하겠다.

동양극장 시절 극작가 이서구는 원효로의 미생정(彌生町-당시 모모야마)에 있는 <황금루>라는 기생집에서 연극내용을 시연하고 기생들의 반응에 따라 작품을 수정, 보완하고 흥행을 미리 점쳤다고 한다. 기생들은 창작 대본의 흥행을 미리 점쳐주는 표본 관객이었던 셈이다. 당시 이서구를 조선인 기생집 황금루에서 직접 찾아왔던 연출가 박진은 『세세년년』에서 '이서구의

27) 이원경, 위의 글.
28) 박진, 위의 책, 146면.
29) 김영무, 『동양극장의 연극인들』, 동문선, 1998, 64면.
30) 유민영, 위의 책, 121면.

집필실은 유곽'이었다면서 '창녀', '창루', '유곽'이라고 표현을 사용하고 있다.[31] '기생'과 '창녀', '기생집'과 '유곽' 사이에는 예기(藝妓)로서의 흔적인 남아있는 존재와 매음녀 사이의 거리가 존재한다고 할 때,[32] 당시 박진의 의식에 기생이 어떤 식으로 각인되어 있었는지 추정할 수 있다.

<사랑에 속고 돈에 울고>가 공연되자 "그때까지 별반 고등신파에 흥미를 안 느꼈던 기생 아씨들이 몰려오는데, 심지어는 돈냥간 쓸 작정으로 저녁때부터 명월간, 식도원, 송죽원 등 요리집에 들어간 얼간이들이 술상은 놓아둔 채로 기생의 꽁무니를 따라 동양극장으로 와 그 연극을 끝까지 보고 눈이 퉁퉁 부은 기생을 따라 다시 그 술상 앞으로 돌아가서 밤새도도록 기생아씨네의 관극 평과 각자의 하소연을 들"었다고 한다.[33] 기생 덕분에 동양극장은 나날이 수입이 늘어났고, "임군의 연극마다 기생이 안 끼인 것이 없었다. 박진은, 임선규 작품의 기생마다 순진하고 착실하고 의리와 인정이 있는 인격을 갖춘 것들이었으니 어찌 기생족들이 동양극장을 위해서 자리에 넘도록 사람을 안 끌고 갈 수"[34]가 있었겠느냐고 회고한다. 하지만 앞선 홍재범의 논문에 의하면 기생의 삶을 소재로 한 레퍼토리는 전체 연극에서 그렇게 많은 비율을 차지하지 않는다. 필자가 확인한 바로도 <사랑에 속고 돈에 울고> 외에 임선규 작품에서 기생이 등장하는 것은<유정무정>(1936)과 <님자 없는 자식들>(1937) 정도이다. 그나마 <유정무정>에서의 기생출신 여성은 순박한 본처를 괴롭히는 악녀 캐릭터이다.

홍순언의 죽음 이후 동양극장 출범 2년 6개월 만인 1938년 5월 최독견, 박진의 운영체제로 바뀌었다. 그 후 1년 만에 10만원이라는 거액의 부도를 내고 1939년 8월 24일 동양극장이 채권자들의 손에 넘어가게 된 사정을 기술

31) 박진, 위의 책, 93~95면.

32) 1932년 5월호 『삼천리』에 실린 「여배우좌담회」에는 태양극장 전속 여배우 김연실, 연극사 여배우 전옥·신은봉, 푸로덕슌 영화배우 김명순, 평양기생학교 학생 장학선이 참여하였다. 기생학교에 소속되어 있는 기생이자 단성사에서 '서도잡가'를 부르는 장학선이 직업 배우가 아님에도 불구하고 여배우좌담회에 초청되어 예술인의 대접을 받고 있는 것을 볼때, 예기(藝妓)=예술인=여배우의 도식이 그 때까지도 유효했던 것으로 보인다. 「女俳優座談會」, 『삼천리』 제4권 5호(1932년 5월).

33) 박진, 위의 책, 144면.

34) 박진, 위의 책, 162면.

함에 있어 다시 '기생'이 호명된다. 최독견과 박진이 고상한 연극을 하겠다며 기생연극을 당장 집어치웠고, 그 후 동양극장의 고정 관객들이었던 기생 5백 명[35]도 발길을 끊어버렸다"[36]는 것이다. 최독견은 기생관객에 대해 이렇게 회고한다.

> 손님들 중에는 화류계 여성, 특히 기생들이 중요한 위치를 점령하였다. 동양극장으로서는 무시할 수 없는 단골이었다. 그 당시 서울장안에는 종로와 한성 등 권번에 적을 둔 기생만도 오백명이 훨씬 넘었다. 그들이 극장에 미치는 영향은 깔볼 수 없었다. 아래층이 사십전, 이층이 오십전, 이층 맨 앞줄에 놓인 소위 의자석이라는 것이 칠십전의 입장료이었는데 칠십전짜리 특등석[37]은 대개 기생과 그녀들이 달고 온 놈팡이들의 독점장이었다. 이 특등석이 차고 안차는데에 따라 그 흥행은 살고 죽는 판이었다.[38]

기생들은 극장의 존속여부와 연극의 레퍼토리를 좌우할 만큼 영향력 있는 관객이었지만 당대 연극인들은 물론이고 후대 연극사적 평가에서도 매도의 대상이었다. 기생의 돈주머니에 당시의 예술과 연극이 기생하고 있었음[39]에도 불구하고, 기생은 저급한 관객의 표상이었고 과도한 감상성이나

---

35) 여러 곳에서 회자되고 있는 동양극장의 '고정관객 기생 500명'은 실제적인 당시의 극장 통계에서 나온 수치는 아닌 것 같다. 1934~5년 당시 경성의 기생이 오륙백 명이었다는 구절은, 신문이나 잡지의 사회 · 풍속란에서 발견된다(『별건곤』 9권3호(34년 3월호), 17면). 경성의 기생전체가 동양극장의 잠재적인 고정관객으로 간주되었던 셈이다.

36) 김영무, 위의 책, 138면.
유민영, 위의 책, 145면.

37) 고설봉에 의하면 2층의 중앙에 자리한 특등석은 의자도 넓고 푹신한 소파형이었다고 한다. 게다가 일반석은 남자석과 부인석의 구별이 있었으나 2층 좌석은 구분이 없었다고 하니(고설봉: 129), 경제력과 사교를 겸비한 기생이 주로 차지할 수 밖에 없었다.

38) 최독견, 「낭만시대-인생과 연극」, 『조선일보』, 1965년 4월 15일자.

39) 『문예영화』 창간호(1928년 3월)에는 강홍식(姜弘植)의 「技藝에 대하야」라는 글이 실린다. 그는 "우리의 사업(기술)이 철없는 중학생이나 코흘리니는 아해들이나 그러치 안으면 기생배(妓生輩)들에게 칭찬바듬으로 만족한다면 그것으로써 나도 사람이다 할수가 잇슬가"(15면)라고 묻는다. 전체적으로는 배우들에게 돈벌이나 흥행이 아닌, 예술을 한다는 자부심으로 연기의 개척자가 되라는 내용이다. 이 글은 강홍식이 영화계 사람들을 대상으로 기술한 것이기는 하지만, 영화에서도 주요 관객인 기생은 '기생배'로 명명되면서, 지적인 면에서 미숙한 점이 많은 어린 학생들과 동류의 취급을 받는다. 강홍식은 심지어 기생들의 기호에 맞는 영화를 만드는 이들을 사람이하의 사람이라고 비하하고 있다.

퇴폐적인 외모와 음란한 정서의 소유자로 각인되었으며, 연극발전의 발목을 잡는 부정적인 이미지로 일축되었다. '극평가(劇評家)'나 '선전가(宣傳家)'라[40]는 고상한 명칭으로 불릴 때도 실은 허명(虛名)으로서의 주체일 경우가 다반사였다. 동양극장의 운명에 대한 후대 연극사의 평가는 이러하다.

> (1938년 5월 이후 동양극장은-필자)연극이 품격이 올라가니까 눈물짜기로 훈련된 저급관객의 경원을 받을 수밖에 없었던 것이다. 특히 500여명의 장안 기생들이 고정관객을 형성하고 있었는데, 기생연극을 지양하다 보니 그들이 극장을 멀리 하게 된 것이다. 도대체 기생들이 우리나라 유일의 전문극장의 운명을 좌우했다는 것도 특이한 현상이었다고 아니 할 수 없다.[41]

권번기생들이 흥행을 점쳐주는 표본관객이었고, <기생의 애인>이라는 연극이 흥행참패를 하면서 극장에 엄청난 경제적 손실을 주었으며, 결국 동양극장이 문을 닫게 하는데 결정적인 역할을 한 기생관객들. 이들의 행위는 선택의 주도권을 가진 소비행위였고, 자신들이 "욕망하는 것을 추구하기 위해 미시적 저항을 시도한 일종의 문화적 실천"[42]으로 해석할 수 있을 것이다.

동양극장의 연극은 곱게 치장하고 교태를 떠는 여성을 공적인 구경거리로 등장시키는 연극[43]이 아니었다. 1930년대 조선 대중문화의 중요 키워드였던 '에로·그로'와도 전혀 다른 맥락에 위치해 있다. 식민지 조선의 사회경제적 현실 속에서 일상적으로 겪게 되는 사건들이 주요 레파토리였음이 선행 연구들을 통해 확인된 바 있다. 그럼에도 불구하고 동양극장이 '기생연극'이라는 평가절하의 꼬리표를 뗄 수 없었던 이유는 당시 연극인들과 언론

---

40) 최독견, 위의 글.

41) 유민영, 위의 책, 145면.

42) 유선영, 「제국의 영화에 대한 식민지 소비 대중의 대응」, 『일본 제국주의의 지배와 일상생활의 변화』, 2005년도 한국사회사학회 특별 심포지움 자료집, 26면.

43) 19~20세기에 서양에서 연극이 기본적으로 음란하다는 단정을 피할 수 없었던 것도 곱게 치장하고 교태를 떠는 여배우를 공적인 구경거리로 등장시켰기 때문이다. 극중의 문란한 여주인공와 현실의 여배우가 분리되지 않는 당대인들의 상상적 기제 안에서, 여배우 역시 주변주의 삶을 살게 되는 경우가 많았다. 조르주 뒤비 외, 『여성의 역사 3』, 새물결, 1999, 426~427면.

이 주도했던 담론에서 끊임없이 '기생'을 소비하고 있었기 때문이다. 남성발화자들은 기생들의 정서와 지적 수준은 끊임없이 의심하고 비난하면서, 그녀들이 여배우에 자리에 있건 관객으로 위치하건 간에 일관되게 섹슈얼리티의 대상으로 재현하고 있었다.

4. 대항기억의 가능성

회고록을 통해 고정된 문헌의 형태로 전달된 대중연극계의 재현은, 과거 그대로라기보다는 사람들이 과거 연극계에 대해 기억해야 한다고 남성필자들이 판단한 것을 기억하도록 강요하는 형식이다. 그런데 과거의 특정 성별, 특정 집단의 기억을 해체시키는 작업 또한 회상, 즉 대항 기억(counter memory)을 통해서일 것이다.

근대 초기 여배우와 여성관객, 기생들은 당대에는 문화적 헤게모니를 잡지 못한 집단이었고, 그녀들의 말로는 병사나 자살로 인해 단명했거나 화류계로 흘러들어가면서 불행해진 경우가 많았다. 결혼을 통해 안정적으로 가정에 귀환한 일부 배우출신 여성들은 그들의 과거를 숨기고 싶어 했고, 감히 자서전이나 회고록을 쓸 엄두도 내지 못했다. 근대 기생의 자기 서사로 거의 유일하게 『내사랑 백석』[44]이 남아있을 뿐이다.

과거에 대한 다수의 공적 재현 사이에서 끊임없는 경합이 일어나고 그 중에서 하나가 지배적인 기억이 되면, 다른 것들은 대항 기억이 된다. 이 두 가지 형태의 기억은 그것들이 만드는 역사적 진실의 정당성을 주장하면서, 두 개의 대립되는 역사적 해석을 내놓게 마련이다.[45] 1920~30년대 매체에서 소비했던 여배우와 기생 이미지, 그리고 남성 연극인들의 회고록을 통해 재생산된 연극사적 기억에 대항할 수 있는 여성적 기억과 그 문헌은 찾기 어렵다. 여성적 기억을 찾아내고 그것을 통해 대항 기억을 구성해내는 것이 가장 생산적인 연구이겠지만 현실적으로 어려운 상황이다. 그러나 아무 것

44) 김자야, 『내사랑 백석』, 문학동네, 1995.
45) 윤택림, 「기억에서 역사로」, 『한국문화인류학』 25집, 284면.

도 말하지 않는 방식으로, 혹은 아무 것도 말할 수 없는 상황을 통해 보여주는 진실의 일면을 읽어내는 것 또한 연구자의 몫일 것이다. 문화의 장(場)에서 활약하는 여배우들은 정치적, 사회적으로 약자였다는 것, 담론의 소재나 대상일뿐 담론 자체를 형성해 낼 수 없는 집단이었고, 주체적으로 선택한 직업이었지만 직업인의 소명의식을 갖기 어려웠던 시대적 맥락들 말이다.

아쉬운 데로 당대 매체에 실렸던 여성 연극계 종사자, 여배우, 기생출신 배우들의 발화를 통해 대항적인 역사쓰기를 시도해 볼 수 있다. 퇴폐로 일관된 여배우들의 삶, 공연 문화가 천박할 수 밖에 없었다고 일관되게 기억하고 믿고 있는 남성적 회고에 반박하는, 여성들의 자각적이고 진지한 성찰을 발견할 수 있기 때문이다.

1) 여배우의 '목소리'

1932년 삼천리사는 여기자 최정희의 사회로 '여배우 좌담회'[46]를 열고 그 좌담 내용을 『삼천리』, 1932년 5월호에 게재하였다. 참석자는 태양극장 전속 여배우 김연실, 연극사 여배우 전옥, 신은봉, 영화배우 김명순, 평양기생학교 학생 장학선으로 당대 유명 여배우들이었다. 전옥을 제외한 나머지 배우들은 모두 생계를 책임지고 있으며, 장학선은 공부시켜주겠다던 고모가 기생학교에 억지로 집어넣어서 기생이 되었다고 한다. 김명순은 "별 희망이 업서요. 나는 거저 빵문제를 해결할려는 것이지요. 조선에 극계가 완전하다면 일생을 투신하고 십지만요. 인제는 향촌에 가서 가정살님이나 하고 어린애나 나아서 길르겟다는 것이 희망이라고 할가요"라고 말한다. 김연실은 "리상하는 상대자는 영화인이 아닌 순진스런 부인없는 남자"라고 대답하는데, 이 말에 김명순도 동의하고 장학선은 남자를 믿기 못하기 때문에 상대자를 구하지도 않겠다고 한다. 그러나 이들은 자세한 말은 하지 않겠다고 한다. 남성필자들이 여배우나 기생의 사생활을 구구절절 서사화하여 기사로 내는 것과는 달리, 이들은 연예계에 종사하지 않는 순진한 남자, 부인이 없는 남

46) 「여배우 좌담회」, 『삼천리』, 1932년 5월호, 12~14면.

자라는 말로 간략하게 언급할 뿐이다. 여성의 입장에서 가해자로 설정할 수 있는 동류집단 남성들에 대해 말하기를 꺼려하는 부분은, 매체 기사들에서 어렵지 않게 발견할 수 있다. 결혼과 연애문제, 출산과 산아제한 문제, 문사나 남선생의 애정 행각 등에 관한 다양한 글에서 여성들은 말하기 곤란하거나 말해도 이해받지 못할 것이라며 침묵으로 응수한다. 이 때의 침묵은 말보다 더 많은 의미를 품고 있으며, 남성중심의 사회에서 여성의 지위와 실존의 문제를 역설적인 방식으로 선명하게 드러낸다.

여배우 신은봉은 10년간의 배우생활을 정리하면서 다음과 같은 날카로운 비판을 했다. 당시 연극계의 인식과 자본주의의 폐해를 정확하게 인식한 글이라고 하겠다.

> 아직까지 이땅사람들이 여배우를 사람으로 취급한줄 아심니까……여배우의 생활의 전변(轉變)은 다만 세상사람들의 호기(好奇)를 끄는 화제가될 쑨이요 인간생활의 정당의 일로 취급해주지를 안습니다그려……극단 흥행주의 한 개의 상품도구로서 의연히 유한(有閑)관중(觀衆)의 향락심리를 만족해주려 애쓰는 한 개의 완롱물 외에 더 이상의 자신을 차즐수 업섯습니다……나 아니 우리들은 정당한 인간이 아니외다. 조롱, 비난, 멸시, 천시. 이것이 상금(尙今)까지 조선여배우들이 사회로부터 밧는 대접이 아니고 무엇이엿습니까……다시 흥행무대로 나가 유한계급의 저열한 관중에게에로의 향락물이되고십지는안습니다.[47)]

극단 호화선의 인기배우였던 한은진은 자신의 10년 연기 인생을 반추하는 글에서, 소박하게 자신의 경험을 서술하면서 극계의 문제점을 지적하고, 스스로 '연기 푸란(필자 : 플랜)을 세'울 수 있게 된 변화를 기술하고 있다.[48)] 그녀는 연극작업을 하면서 스스로 정체성과 전문성을 찾아가는 과정을 서술하면서, 근대적인 직업배우로서의 여배우의 자각을 드러냈다. 여배우 지경순은 신파적인 애정물과 다른 리얼리즘 연극에 대한 애정을 통해, 작품에 대한 배우로서의 가치관 피력했다.

---

47) 신은봉, 「극단참회록: 무엇이 나를 극단에 애착을 일케하엿다」, 『신여성』, 1933년 10월호, 102~108면.

48) 한은진, 이선용, 「名優와 무대」, 『삼천리』, 1941년 3월호, 210~215면.

오늘까지 정말 속 씨원한 연극을 못해봤읍니다. 억지로 뒤저 낸다면 「임자 없는 子息」 「悲戀草」 두 편이라고나 할까요. 「임자 없는 子息」에는 내가 기생 딸 月」이로 분장했는데 단순한 연애만을

취급한 내용이 아니고 현실에 종종 있섬 즉한 이얘기라 열과 성의를 다해서 했읍니다."[49]

그리고 당시 연극계와 여배우의 고민, 그럼에도 불구하고 버릴 수 없는 배역에 대한 욕망을 말한다.

그러는 때마다 한 평생을 연극만 하고 싶은 충동도 느끼게 됩니다마는, 다시 냉정해진 뒤에 생각하면 나는 연극을 오-래 해서는 안될 것을 알었습니다. 그 이유를 무르신다면 저는 이렇게 대답하겠읍니다. 조선의 가정제도나 사회제도는 여자가 가정을 가지고 또 다른 일을 한다는 것은 아주 어려운 일로 되여 있읍니다. 가정을 가지고 일한다는 것은 두가지를 다- 완전히 못하는 것이니까요. 그런 까닭에 나는 결혼을 하게 된다면 연극이고 뭐고 다- 그만두고 단지 가정에서 충실한 안해가 되겠다는 생각 뿐입니다. 뭐니 뭐니 해야 지금에 있어서는 여자의 행복이란 한 가정의 완전한 주부가 될 수 있는 데서만 어들 수 있는 것이니까요.

그러나 아직은 내 나이가 어린 까닭에 나는 앞으로 2년이나 3년은 더 연극을 하겠읍니다. 「하이델, 베르히」나 「카츄샤」와 같은 연극도 꼭 한 번은 해 볼 생각입니다.[50]

당대 여배우들은 시간이 흐르면서 자신들의 존재에 대한 고민과 연극인들으로서 미래를 전망하는 직업인으로 변해갔고, 당시 연극계의 모순과 부조리를 자각할 수 있는 의식의 성장을 경험하고 있었고, 이것은 그네들의 목소리에서 소박하지만 진솔하게 표명되고 있었다. 그러나 동시대 남성연극인들에게 이들의 목소리는 들리지 않았거나, 들으려고 하지 않음으로써, 남성 중심의 일관된 여배우의 표상이 생산되고 있었던 것이다.

---

49) 지경순, 「스타의 고백-청춘좌의 스타 지경순양」, 『삼천리』, 1938년 8월호, 174면.
50) 지경순, 「스타의 고백-청춘좌의 스타 지경순양」, 『삼천리』, 1938년 8월호, 168면.

2) 잡지 『장한』을 통해 본 기생의 발화

1930년대의 기생들은 "하위계급에 위치하면서도 문화적으로는 근대 형성의 선두주체의 하나로 공모되었다."[51] 연극장의 주변에서 그녀들은 여배우로 이직(移職)하기도 했고 연극장의 관객으로 집단적 신체를 만들기도 했다. 그녀들에게는 늘 과도한 찬사와 가혹한 폄하가 동시에 투하되었고, 이들은 자신의 섹슈얼리티를 상품화하면서 사회와 제도 사이에서 위험한 곡예를 펼쳤다. 당시 연극계의 소비주체라는 부름에 응답하는 동시에, 자신들의 욕망을 표출하면서 자본주의 하의 근대적인 존재방식을 획득해갔다. 물론 남성사회의 성애적 요구와 자본의 논리에 의해 수동적으로 끌려가는 삶을 살았던 기생들도 다수 있었을 것이다. 그러나 시간차를 두면서 기생과 여배우는 대중문화에 종사하는 직업여성의 정체성을 확보하게 되었고, 자신들의 섹슈얼리티를 적극적으로 활용하면서 대중사회의 스타가 되기도 했다.

『장한』[52]은 1927년 1월에 발간된 '기생 잡지'로 그 해 2월에 제2호를 끝으로 발간되지 않았다. '여배우 잡지'가 발간되지 않은 상황에서, 잡지 『장한』의 면모를 간단하게 살펴보려는 이유는, 당시 기생과 여배우의 사회적 위상이 거의 동일했고, 당대를 살던 남성, 여성은 물론 여배우 스스로도 그런 의식을 가지고 있었기 때문이다. '오랜 한'이라는 의미를 지닌 이 잡지의 창간호에는 「기생과 녀배우」라는 글이 실려있는데, 당시 기생과 여배우에 대한 이미지의 친연성을 확인할 수 있다. 이글은 외부필자가 쓴 것으로, 남성필자로 추측된다.

> 여배우가 예술가이고 싸러서 기생도 예술가이니까 그런지는 모르겟지만 조션의 여배우와 기생과는 끈을래야 끈을 수 업는 무슨 깁흔 관계가 잇는듯십다. 첫재 조션극단에서 손쑤락 쏩는 배우로 ○○○과 ○○○과 ○○○과 ○○○등은 모다 전신이 기생 출신이니 그것만 보아도 조션의 기생과 녀배우와의 관계를 알 것이 안인가? 그리고 기생노릇을 한 사람이 배우 노릇을 하면은 대개다 - 성공을 하는 모양이니 기

51) 김일란, 「기생, 혹은 근대여성의 증식주체」, 『문화과학』 제31호, 문화과학사, 262면.

52) 『장한』 창간호와 제2호가 연세대학교에 소장되어있다. 필자는 디지털카메라로 원본 접사촬영과 인쇄의 과정을 통해 원고를 입수할 수 있었다.

생과 녀배우는 사촌간이라구나 할까. 지금의 기생 중에서 얼마나 훌늉한 배우가 나올른지도 모르지만 배우의 소질이 풍부한 사람은 얼는얼는 나와서 조선 제일의 녀배우가 되기를 바란다. 기생 예술가 제씨! 당신의 의향은 엇덧습니까?[53)]

실제로 여배우들 중에는 기생출신이 많았다. 필자가 확인한 기생 출신 여배우는 김소진, 석금성 정도이고 복혜숙과 최성해는 토월회 해체이후 조선권번으로 들어갔다. 토월회 여배우가 대개 기생출신[54)]이었다는 진술은 있지만, 단명한 여배우의 이름을 연극사나 회고담에서 발견하기란 쉽지 않다.

그러나 1930년대가 되면 식민지의 자본주의적 토대 위에서 대중문화의 성장은 다층의 반향과 사회적 파장을 가져왔다.[55)] 유행가(창가) 가수와 여배우를 지망하는 여성들이 대거 등장하는데 가수나 여배우처럼 대중의 스타가 되고 싶어하는 것은 근대가 만들어낸 새로운 유형의 욕망이었다.[56)] 여배우를 물색하기 위해 굳이 권번의 기생들을 찾아다니거나 길거리 캐스팅을 하지 않아도, 자발적으로 극단을 찾아오고 배우를 지망하는 여성들이 많아진 것이다. 그래서인지 1930년대에 기생출신 여배우를 찾는 것이 오히려 더 어렵고, 대부분은 일정 정도의 학력을 갖춘 평범한 여성들이 더 많다.[57)]

조선의 남성들은 기생과 근대적 직업으로서의 여배우를 구별하지 못했던 상황에서, 기생들의 의식은 날로 현실화되어갔고, 자기성찰적이며 사회비판적인 시각을 갖추어갔다. 『장한』 창간호에는 총 48편의 기사 실려 있는데, 기생필자의 글이 26편 실렸고 외부 필자의 글이 6편 실렸다. 2호에는 총 40

---

53) KO생, 「기생과 녀배우」, 『장한』 창간호(1927년 1월), 32면.

54) 유민영, 위의 책, 86면.

55) "도회는 번화하다 또 편리하다. 전신 · 전화 · 전등 · 전차 · 병원 · 극장 · 공원 등의 모-든 것이 구비하여 잇기째문에 조곰도 부자유를 늣기지안는다. 이러케 자유로우니만콤 도회는 화려하고 날로진보되는 문명적긔분이잇다……도회의모-든것이 홀리기가쉬운녀자의 마음을 움지기도록 된것이다. 웨그러냐하면 도회는 물질문명이 극단으로 발전되여 보는것 듯는것이 모다 화려하고 호활하기째문이다: 박경식, 「都會의 여자와 農村의 여자」, 『신여성』 4권 8호.

56) 졸고, 「1920~30년대 대중문화와 <신여성>-활동사진과 유행가를 중심으로」, 『여성문학연구』 12호(2004.12), 한국여성문학회.

57) 복혜숙, 마면객, 「장안 신사숙녀 스타일 만평」, 『삼천리』 제9권1호(1937년 1월), 109~110면. "더구나 (동양극장의 여배우인-필자)지경순이나 차홍녀나 금선초나 모다 미인들인데다가 여학교서 체조교육까지 밧고 나온 모던껄이니만치 곡선미(曲線美)도 있고 각선미(脚線美)도 있고, 한다 하는 파리(巴里)나 론돈(倫敦)에 갔다 세워도 일류일거야."

편의 기사가 실리고 기생 필자의 글이 26편, 외부필진 6편이 실렸다. 그 외는 필자명이 명기되지 않은 글이다. 『별건곤』, 1927년 3월호에는 "편지 한 장 잘 못쓰는 기생이어도 『장한』 『신춘』잡지에 글쓰는 것은 불가사의"[58]라는 짧은 기사가 발견된다. 그리고 『별건곤』, 1927년 11월호 「단발여보」라는 소식글에 기생 "강향난, 이소춘, 강명화, 최성해, 김남수"[59]가 잡지 『장한』에 기고했다는 기사가 실린다. 잡지 『장한』이 출간되었고, 필자 중의 일부는 당시에 이름만 대면 알 수 있는 유명한 기생들이었던 것이다.

창간호에 실린 26편의 글 중에서 필자의 주장이 담긴 논설류의 글이 17편에 달하고, 2호에서는 26편 중에서 11편이 논설이다. 그 외 기생필자의 글은 문예류에 해당한다. 논설의 대사회적 발언을 통해 당시 기생들의 의식 수준과 그들의 관심사, 고민거리를 가늠해 볼 수 있을 것이다. 논설의 제목을 보자면 「지금부터 다시 살자」(1호, 28면) 「기생노릇을 할바에는 녯기생을 본받자」(1호 57면) 「내가바라는 여성」(1호, 59면) 「단발과 자살」(1호, 65면), 「기생생활의 이면」(1호, 68면), 「장한에 대하야」(1호, 45면) 「波瀾重疊한 前半生」(1호, 30면), 「기생도 사람다운 생활」(2호, 13면), 「同志諸妹에게」(2호, 19면), 「신생활경영에 대한 우리의 자각과 결심」(2호, 28면), 「인의 일생은 고통의 역사」(2호, 22면) 「화류계에 다니는 모든 남성들에게 고함」(2호, 39면), 「예기의 입장과 자각」(2호, 46면) 등이 있다.[60] 이 기사들에서 기생 필자들은 자신들의 신세 한탄과 비천한 사회적 위상에 대한 서러움을 토로하기도 하고, 남성사회의 모순을 지적하기도 한다. 기생 철폐를 외치는 필자도 있고, 문화의 향상과 풍속 개선에 힘쓰자는 계몽적인 글도 있다. 화류계에 대한 사회의 비판을 수용하면서 기생계 내부의 변화의 직업여성으로서의 자각을 촉구하는 글도 있다. 비록 두 번의 발행으로 그치고 말았지만 잡지를 발행함으로써 기생들의 존재감과 인간적인 삶을 추구했던 그 시도만으로도 기생들의 근대적 변화를 발견할 수 있다. 외부적 압력이나 사회의 시선으로부터 자유로울 수 없는, 신분적 성적 차별의 삶을 살았던 그들 내부에서 근대적 개인으로

58) 「잡동산이 칠불가사의」, 『별건곤』, 1927년 3월호, 114면.
59) 「단발여보」, 『별건곤』, 1927년 11월호, 74면.
60) 잡지 『장한』에 대한 구체적인 분석은 후속 연구를 통해 이어나가기로 한다.

서의 자각과 변혁의 의지를 읽을 수 있기 때문이다.

창간호 편집후기에는 편집자로 추정되는 기생 보패는 "이것은 책이라고 이름 짓는이보다 우리의 입이라고 이름짓는 것이 지당하오니 가슴에 품으신 생각이 잇삽거든 이 입을 빌어서 세상에 전하여 주시옵기를 크게 바랍니다. 보패"[61]라고 쓰고 있다. 실제로 잡지 『장한』은 문자로서의 역사의 위치를 점하지는 못했지만, 당대 남성들이 서술한 문화적 현실과 역사에 대항하는 '목소리'를 내고 있었다고 평가할 수 있을 것이다. 기생을 바로 여배우로 환원할 수 없는 것이 사실이고, 잡지 『장한』에서 여배우의 발화를 찾을 수 없는 것은 유감이다. 하지만 사회적 약자인 여성들, 그 여성들의 내부의 타자인 기생들의 내면에서 여성 소수자의 근대적 자각과 개혁의 의지를 읽을 수 있음은 하나의 수확이라고 할 수 있겠다.

5. 나오며

안종화, 박승희, 고설봉, 박진, 최독견, 이서구 등 남성 연극인들의 회고담과 진술, 그리고 이들의 기록을 바탕으로 연극사를 재구성하고 있는 후대 연극인들의 연구에서 발견한 기생/여배우의 재현 양상은 그들이 의도했건 하지 않았건 간에, 마치 깔대기의 넓은 입구에 존재하는 많은 담론들이 작은 구멍으로 한결같이 흘러드는 지점에 동일한 방식으로 표출되었다. 기생/여배우는 남성 주도의 지배 담론 안에서 섹슈얼리티만으로 의미화된 신체와 천박·무지·문란·퇴폐·유혹·타락과 같은 일련의 부정적인 기호들로 의심없이 재현되었다는 것이 확인된다. 그리고 이런 기생의 이미지가 확장되면서, 남성 연극인들이 불명예로 받아들이고 떼내기 위해 수십 년의 시간을 두고 고군분투했던 '동양극장'의 '기생연극' 꼬리표가 더욱 강조될 수 밖에 없었던 상황이 전개되었다.

한국 연극사의 대항하며 시도되었던 구술사로서의 대안적 역사 쓰기는

61) 보패, 「편집후기」, 『장한』 창간호, 1927년 1월호.

분명 연극사적 의의를 갖는다. 그러나 연극사의 경우 남성 연극인에 한정됨으로써 여성 연극인과 여성 관객들을 배제하고 오독한 또 하나의 남성 공식 역사가 되어버렸다. 이들 연극이면사 혹은 남성서사는 그들의 이야기일 뿐 여성의 이야기는 되지 못했다. 여성들의 대항 기억과 역사는 당대 여배우와 기생들의 발화를 통해 미흡하지만 다시 구성될 가능성을 발견할 수 있었다.

참고문헌

1. 1차 자료

잡　지 : 『개벽』, 『별건곤』, 『삼천리』, 『신여성』, 『신동아』, 『장한』, 『문예영화』
신　문 : 『대한매일신보』, 『매일신보』, 『황성신문』, 『조선일보』, 『경향신문』
자료집 : 양승국 편, 『한국근대연극영화비평 자료집 1～17』(태동, 1991)
안종화, 『신극사이야기』, 진문사, 1955.
_____, 『한국영화측면비사』, 춘추각, 1962.
박　진, 『세세년년』, 경화출판사, 1966.
고설봉 증언, 장원재 정리, 『증언 연극사』, 진양, 1990.
고설봉, 『이야기 근대연극사』, 2000.
_____, 『빙하시대의 연극마당 배우세상』, 1996.
박승희, 「토월회이야기」, 『사상계』, 1963년 5월～6월호 연재.
이서구, 「명우 이월화」, 《세대》, 1973년 1월.

2. 단행본

가와무라 미나토, 유재순 역, 『말하는 꽃, 기생』, 소담출판사, 2002, 5～342면.
고설봉, 『이야기 근대 연극사』, 도서출판 창작마을, 2000, 17～283면.
권보드래, 『연애의 시대』, 현실문화연구, 2003, 10～288면.
김미도, 『한국근대극의 재조명』, 현대미학사, 1995, 20～420면.
김영무, 『동양극장의 연극인들』, 동문선, 1998, 17～328면.
김자야, 『내사랑 백석』, 문학동네, 1995.
김천흥, 『심소 김천흥 무악 칠십년』, 민속원, 1995, 21～89면.
양승국, 『한국근대연극비평사 연구』, 태학사, 1996, 15～542면.
이경민, 『기생은 어떻게 만들어지는가』, 사진아카이브 연구소, 2005, 10～272면.

이두현, 『한국신극사연구』, 서울대 출판부, 1990, 9～348면.
유민영, 『우리시대 연극운동사』, 단국대학교 출판부, 1990, 21～532면.
전진성, 『역사가 기억을 말하다』, 휴머니스트, 2005.
조르주 뒤비 외, 『여성의 역사 3』, 새물결, 1999, 425～452면.

3. 논문

권도희, 「20세기 기생의 음악사회사적 연구」, 『한국음악연구』 제29집, 한국국악학회, 2001, 319～344면.
김기수, 「국악교육」, 『예술연구논문집』, 예술원, 1986, 267～353면.
김일란, 「기생, 혹은 근대여성의 증식주체」, 『문화과학』 제31호, 문화과학사, 2002, 261～275면.
나당 바슈텔, 윤택림 역, 「기억과 역사 사이에서」, 『역사연구』 2001, 역사연구소, 245～268면.
문경연, 「1920～30년대 대중문화와 <신여성>-활동사진과 유행가를 중심으로」, 『여성문학연구』 12호, 한국여성문학회, 2004, 303～339면.
서지영, 「식민지 근대 유흥 풍속과 여성 섹슈얼리티」, 『사회와역사』 65집, 2004.5, 132～168면.
성기숙, 「일제 강점기 권번과 기생의 전통춤 연구」, 『한국민속학회 추계학술대회 자료집』, 2001, 1～13면.
송문숙, 「진주 권번의 춤과 인물에 대한 연구」, 『한국체육철학회지』, 2000.12, 143～159면.
양승국, 「1930년대 대중극의 구조와 특성」, 『울산어문논집』 12집, 1997, 125～201면.
윤석진, 「1930년대 한국멜로드라마 연구」, 서강대 석사학위논문, 1997, 91면.
윤택림, 「기억에서 역사로」, 『한국문화인류학』 25집, 273～294면.
이승희, 「멜로드라마의 근대적 상상력」, 『한국극예술연구』 제15호, 한국극예술학회, 2002, 93～120면.
이재옥, 「1930년대 기생의 음악활동 고찰」, 『한국음악사학보』 30집, 한국음악사학회, 2003, 587～631면.
이재용, 「예인집단을 중심으로 한 근대초기 한국춤 연구」, 『공연예술저널』 3호, 2002, 107～123면.
유선영, 「제국의 영화에 대한 식민지 소비 대중의 대응」, 『일본 제국주의의 지배와 일상생활의 변화』, 2005년도 한국사회사학회 특별 심포지움 자료집, 24～48면.
장혜전, 「동양극장 연극의 대중성」, 『한국연극학』 제19호, 한국연극학회, 2001, 5～43면.

조경식, 「망각의 담론, 기능 그리고 역사」, 『기억과 망각, 문학과 문화학의 교차점』 최문규 외, 책세상, 2003, 255~308면.

최은옥, 「기생인물 소재 텍스트에 나타난 전통성과 근대성-1930년대 대중극을 중심으로」, 『어문학교육』 제27집, 한국어문교육학회, 2003, 267~307면.

홍재범, 「1930년대 한국 대중비극 연구」, 서울대 박사학위논문, 1998, 5~139면.

탈식민주의 페미니즘과 저항적 글쓰기

-차학경의 『딕테(DICTEE)』를 중심으로-

조 영 희*

1. 서론

미국 문학사의 관점에서 볼 때 1980년대는 포스트모더니즘(Post-modernism)이 막을 내리고 다문화주의 영향 하에 소수 민족 문학이 일어나기 시작한 시기이다. 80년대에 들어와서 하나의 특기할만한 사실은 특히 소수 민족 작가인 Asian-Americans와 Native Americans와 Mexican-Americans에 의해 쓰여진 소설이 증가[1]하고 있다는 사실이다.

1990년대는 "Korean American Renaissance"(한국계 미국인 문학의 르네상스 시대)라고 일컬어질 만큼 한국계 작가들의 황금기였는데, 80년대 작가들은 이러한 전성기를 수놓을 제 2세대의 젊은 작가들에게 선배 작가로서 그들에

---

* 경희대학교 국어국문학과 박사과정

1) 이들 소수 민족 작가들 중에 특출한 것은 Maxine Hong kingston(Chinese-American)에 의해 쓰여진 China Men(1980)과 Tripmaster Monkey(1989), Amy Tan(Chinese-American)의 The Joy Luck Club(1989), Bharati Mukherjee(Indian-American)의 Jasmine(1989), 1990년 퓰리처상 수상자인 Jessica Hagedorn(Philippine-American)의 Dogeaters, Louise Erdrich(Native-American)의 Love Medicine(1984)와 The Beet Queen(1986) 등이 있다. 여기에 한국계 미국인 작가들이 편승하여 Chung Mi Kim, Cathy Song, Theresa Hak Kyung Cha, Ty Pak, Ronyoung Kim, Peter Hyun 등의 작가들이 등장했다(유선모, 『미국 소수민족 문학의 이해-한국계편』, 신아사, 2001, 109면).

게 희망과 용기를 주는 등 많은 영향을 미쳤다. 80년대 한국계 미국인 작가들은 대체로 두 개의 그룹, 즉 소설가와 시인의 그룹으로 나누어진다. 이들의 공통적인 작품 주제는 한국인의 전통과 조국에 대한 애국심이라고 볼 수 있다.

한국계 미국인들의 제3의 이민의 물결은 1965년부터 시작된다. 60년대 후반부터 미국으로 이민 온 이들 이민의 역사는 노동으로 인한 고생과 인종차별의 서러움, 이민 사회에서 겪는 실패와 시련의 연속이었다. 한국계 작가들은 이러한 이민의 쓰라린 경험을 토대로 하여 작가 자신이 체험한 풍부한 사회적 경험과 문학적 재능을 발휘하여 글을 썼기 때문에 좋은 작품이 나올 수 있었다. 그러므로 이들 작품에서의 공통적인 주제가 "미국의 꿈"으로부터 시작하여 조국의 향수와 애국심, 한국인의 전통과 한국성(Koreanness)이 되는 것은 자연스러운 귀결이라 하겠다.2)

미국 이민 1.5세대 작가 Theresa Hak Kyung Cha(이하 '차학경'이라 지칭한다)의 Dictee(이하 『딕테』라 지칭한다)도 대부분의 미국 소수민족의 작품들처럼, 미국 문화에 적응해가는 이주민의 삶을 드러내는 작품의 하나이다. 그러나 『딕테』는 미국 소수민족 작품들 중에서 아주 독특한 작품에 해당한다. 이 작품은 자서전적인 요소가 많으면서도, 포스트모더니즘의 문체를 본받아 완전히 실험적인 형식을 시도했으며, 영어와 불어를 혼용하여 포스트모던 성격의 텍스트로서 성공한 유일한 작품이다. 또한 탈식민주의 페미니즘을 드러내는데 있어서도 부족하지 않다.

『딕테』를 소설로 간주하는 학자들이 있으나, 그것을 어느 하나의 문학 장르에 한정하여 언급하는 것은 쉽지 않은 일이다. 『딕테』는 탈장르의 문학이다. 즉, 어느 장르로 규정할 수 없는 작품인 것이다. 그러나 장르가 없다고

2) 좀 더 자세히 말한다면 Ronyoung Kim은 Clay Walls(토담: 1986)에서 한국 유교 가정의 전통을, Ty Pak은 Guilt Payment(죄의 대가: 1983)에서 이민의 고난사를 그 주제로 하고 있으며, Theresa Hak Kyung Cha는 Dictee(1982)에서, 그리고 Peter Hyun은 Man Sei(1986)에서 애국심과 3·1 독립 운동을 각각 그 주제로 삼고 있다. Chung Mi Kim은 Chungmi(정미: 1982)에서, 그리고 Cathy Song은 Picture Bride(사진 중매 신부: 1983)에서 Myung Mi Kim은 Under Flag(깃발 아래로)에서 그들의 시를 통하여 이민 사회의 소외감과 한국성(Koreanness)을 그 주제로 다루고 있다(유선모, 『미국 소수민족 문학의 이해-한국계편』, 신아사, 2001, 110면).

단정하여 언급할 수는 없다. 그것은 엄연히 문학작품으로, 다장르적이라는 특성으로 설명하는 것이 옳은 판단이라고 생각된다. 고로 본고에서는 『딕테』를 텍스트[3]로 지정하여[4] 글을 전개하고자 한다.

지금까지 『딕테』에 관한 논의는 영문학 분야에서 중점적으로 다루어왔다.[5] 그렇지만 그 연구가 미비한 실정이다. 이에 대해 이귀우는 미국 소수민족의 작품들 대부분이 자서전적인 성장소설로서, 미국에서 정체성을 확립하고 미국 문화에 적응해 가는 과정을 사실적인 문체로 재현하는 경향이 강한데 비하여, 『딕테』는 파편적인 구조에 여러 장르와 언어를 혼합하여 사용하고, 역사적 문서를 인용하거나 설명 없는 사진과 그림을 삽입하는 등 아시아계 미국 작가들의 작품에 대한 독자들의 기대에 어긋나기 때문에 일반 독자들이 쉽게 접근하기 어려운 작품이라고 설명한다. 그러나 이와 같은 이유로 『딕테』는 80년대 초반 출판 당시에는 비평가들의 관심을 모으지 못하였으나, 1990년대 들어 『딕테』에 대한 비평서가 출판되어 많은 관심을 받기 시작했다. 다시 말하여 이 텍스트는 출판 당시에는 주목받지 못하였지만 90년대 중반 들어서 이목을 집중시키며 연구되기 시작하였다. 그러므로 현재 우리나라에서도 이 책에 관한 많은 연구를 기대하기는 어렵다. 우리나라 역시 마찬가지로 90년대 후반에 들어서 『딕테』에 대한 연구가 서서히 시작되었기 때문이다.

따라서 본고는 그동안 『딕테』에 대해 연구된 소정의 연구 자료를 바탕으

---

3) 이해할 수 없을 것 같은, 모든 가능한 설명을 넘어설 것 같은 이 텍스트에 접근하기 위하여 적어도 이 텍스트가 언어로-사진, 낙서, 손으로 쓴 편지 등도 포함하지만 그래도 이것들 역시 언어이다-쓰여졌다는 사실을 염두에 두고 우리는 이 텍스트에 대하여 이야기 할 수 있을 것 같다(고부응 · 유충현은 「차학경의 『딕테』 읽기-자기 정체성의 해체」, 『인문학연구』 제34집, 2002, 69면).

4) 『딕테』가 비록 장르의 틀을 벗어나긴 했지만, 내용적인 측면에서 살펴보았을 때 다장르적인 특성을 갖추고 있으며 문자 언어로 쓰여졌기에 텍스트라고 명할 수 있는 것이다.

5) 이는 『딕테』를 영문학의 범주로 보아 주로 영문학의 논의 대상이 된 것으로 보인다. 하지만 최근에 재미한국인문학을 비롯하여, 재외한국인문학을 국문학으로 보아야한다는 이론이 대두하고 있다. 물론 이 이론들은 아직 시작단계에 지나지 않아서 근거들이 부족하고 자료도 불충분하다. 그리고 재외한국인문학을 국문학으로 인정하는데 앞서 그 기준이 불명확하다. 하지만 본고는 재미한국인문학을 국문학인가 아닌가 하는 것에 논의를 두고 있는 것이 아니라, 『딕테』를 국문학의 한 작품으로, 한 텍스트로 간주하여 글을 전개하고자 한다. 이는 차학경의 문학가적 정신이나, 그의 삶, 그의 작품에서 드러나는 한국적 정서를 고려하여 간주되었다.

로 이 책을 종합적으로 고찰하고자 한다. 물론 차학경의 생애를 근거로 텍스트를 바라보는 관점이 그 바탕이 될 것이다. 그것을 기반으로 우선 『딕테』에서 지배자와 피지배자의 관계가 어떻게 드러나고 있는지, 그것을 차학경이 저항 언어로서 어떻게 드러내고 있는지 살펴보고자 한다. 그와 더불어 텍스트에 드러나는 이산자의 자기 정체성 문제에 관해 논의하려 한다. 또한 텍스트에 등장하는 다중적이고 복수적이며 분열적인 주체[6]의 모습이 어떻게 나타나고 있는지 살펴볼 것이다. 차학경의 문학을 고찰하는 것은 그동안 기피되어왔던 재미한국인문학의 작품을 발굴하고 조명하는 것으로 의의가 있으며, 더 많은 재미한국인문학 연구의 가능성을 이끌어 내는데 의미가 있다. 또한 탈식민주의 페미니즘 문학 연구의 한 부분으로 그 의의를 찾을 수 있다.

2. 피지배자의 저항 언어

이 텍스트에서 볼 수 있는 지배하는 자와 지배당하는 자의 관계는 하나가 아니다. 『딕테』에서 드러나는 지배자와 피지배자의 계급적인 관계는 다양한데, 우선 역사학적인 측면에서 보자면 한 국가 내에서의 지배자와 피지배자의 관계가 있고, 다른 나라를 침략하여 그 나라를 지배하는 침략자와 침략당한 채 지배당하는 자의 관계가 있다. 그리고 페미니즘적인 측면에서 보자면 그 당시 사회에서 우위를 형성하여 지배자적 위치에 군림한 남성과 그들에 비해 피지배자적 위치에 존재하는 여성의 관계가 있고, 사회학적인 측면에서 보자면 백인문화 중심의 식민주의 지배자들과 그 속에 복속해 살아가는 소수민족(텍스트의 내용과 차학경의 생애[7])로 보아 본고에서는 아시아계,

---

6) 서하나, 「이산의 미학과 다중적 주체」, 부산대 석사학위논문, 2002, 43면.

7) Dictee(딕테)의 작가 Theresa Hak Kyung Cha는 차형상씨와 허형순 여사 사이에 5남매 중 셋째로서 1951년 3월 4일 부산에서 태어났다. 그녀의 부모는 만주 용정에서 살다가 해방후 한국으로 돌아왔고 1950년 한국 동란이 일어나자 부산으로 피난하였다. Theresa Hak Kyung Cha는 1962년 그녀가 11살 되던 해 가족과 함께 하와이로 이민 왔으며, 이때 그녀는 영어 때문에 어린이들이 다니는 유아학교를 다닌 적이 있었다. 그곳에서 Mrs Ko라는 보모 선생의

특히 한국계 소수민족으로 제한한다) 피지배자들의 관계가 있다.

이런 지배자와 피지배자의 계급적인 관계를 통해서 차학경은 탈식민주의적 측면과 페미니즘적 시각[8]을 보여주는데, 이를 직접적으로 텍스트에 서술하고 있는 것은 아니다. 작가는 사건의 나열을 통해서 이를 제시하는 것이 아니라 언어의 기술을 통해서 보여주고 있다. 『딕테』는 소설도 아니고 시도 아닌 다장르적인 텍스트라고 앞에서 언급한바 있다. 『딕테』가 다장르적인 텍스트라는 주장에 타당성을 부여해 주는 것은, 텍스트에서 통합되지 못하고 분산적으로 사용된 언어 때문이다.

소개로 캐톨릭교에 다녔고 Theresa라는 이름도 이때 얻은 것이다.

1964년 샌프란시스코로 이주하여 캐톨릭 재단인 샌프란시스코 성심 학교를 더 다녔다. 그 당시 이 학교에서 유일한 동양계 학생이었지만 백인 학생들과 함께 부모에게 효성이 지극했다. 고등학교 졸업 후 그녀는 캐톨릭 사립 대학인 샌프란시스코 대학교(University of San Francisco)에 진학하였으나 곧 버클리 대학교(U. C. Berkeley)로 전학하여 도공예 및 불문학과 비교문학, 그리고 영화학을 공부했다. 그녀는 1973년 비교문학의 학사학위(BA)를 받았는데, 특히 한국의 현대시를 비롯하여 유럽의 모더니스트 작가들인 새뮤얼 버켓트, 제임스 조이스, 스테판 말라르메, 나탈리 샐로트, 마그리트 뒤라스 등의 작품을 탐독했었다.

Theresa는 1973년부터 약 3년간 버클리 대학교 부속 영화 예술관에서 안내 겸 입장권 판매원으로 근무하면서 많은 실험 영화와 접할 기회를 가졌는데 그녀는 이 시절을 가리켜 "프로듀서, 감독, 연기자, 비디오와 필름 작가, 공간 예술 설치가, 공연과 출판 문학가로서의 생애의 시작"이라고 말하고 있다. 또한 그녀는 1975년 버클리 대학교에서 미술 부문에서 학사 학위를 받은 후 대학원 과정을 시작한다. 이 해에 세 번의 공연을 가졌으며 <입에서 입으로>라는 8분짜리 흑백 비디오 작품도 상영함으로서 비디오와 영화에 주어지는 "아이즈너 상"을 받았다.

1976년 그녀는 미국 영화 연구 센터에서 공부하기 위해 프랑스로 건너가 크리스찬 메츠, 레이몽 벨루르 등의 영화 이론가들과 같이 공부하는 기회를 가졌다. 1977년 버클리 대학교에서 미술 석사 학위를 받았고 그녀의 사진 작품은 "스튜어트 멕케나 멜슨 기념상"을 받았다. 또한 이 해에 미국 시민으로 귀화하였다. 1979년에는 고국을 떠난지 18년만에 처음으로 모국을 방문해 2년간 머물렀는데, 이때 영감을 얻어 Dictee를 쓰게 된 것이다.

1980년에는 뉴욕으로 이주하여 Tamam 출판사에서 편집장으로 일했으며 이때 영화 예술에 대한 논문과 수필을 모아 Apparatus를 출판했다. 뉴욕으로 이주해 '딕테'와 '아파라투스' 등 두 권의 책을 냈다. 이중 우리말로도 번역된 '딕테(받아쓰기)'는 버클리대에서 소수민족 관련 강의 교재로 쓰이고 있다.

1981년 그녀는 <몽고로부터의 하얀 먼지>라는 영화 촬영을 위해 남동생 제임스와 같이 한국을 방문했고 1982년 5월 리차드 반즈와 결혼하고 Dictee를 출판했으나 그해 11월 5일 뉴욕에서 아파트 관리인에 의해 어처구니없이 피살당했다. 휘트니 미술관은 93년과 95년 두 차례 차학경 회고전을 열어 그녀의 예술세계를 재평가했고 버클리대는 학교박물관에 그녀의 모든 유품과 작품을 보관하고 있다(유선모, 『미국 소수민족 문학의 이해-한국계편』, 신아사, 2001, 118~119면).

8) 그 외에도 최근 활발하게 논의되는 탈식민주의 페미니즘적 시각을 찾아볼 수도 있다.

본 텍스트에 대해 이귀우[9]는 탈식민적 언어와 파편적 구조를 취하고 있다고 주장한다. 그에 따르면 언어는 이데올로기의 도구로 사용될 수 있는데, 남성중심적 · 식민적 · 권위적 언어에 저항하기 위해서 깨진 언어, 피진(pidgin) 언어가 필요하다는 것이다. 뿐만 아니라 작가가 자신의 언어를 수용하는 독자의 적극적인 역할을 강조하여 텍스트에 몽타주 구성을 사용했다는 것이다.

이와 마찬가지로 필자 역시 텍스트에서 사용되는 파편적인 언어 사용에 대해서 긍정적으로 보고 있다. 『딕테』는 차학경이 표현하고자 하는 바를 파편적 언어로 잘 드러낼 뿐만 아니라, 독자로 하여금 상상할 수 있는 자유를 선사한다고 생각된다. 통일성과 일관성을 갖춘 언어 사용은 아니지만, 오히려 그런 분산된 언어로 하여금 차학경의 세계관을 이끌어 낼 수 있다면 그것은 큰 문제가 될 수 없다.

이 텍스트는 모두 열 개의 부분으로 구성된다. 각 부분마다 그리스 신화에 나타나는 시신들과 각개 시신들이 주관하는 학문 또는 예술의 장르가 제목처럼 앞서고, 그 다음에는 역사적 여성(유관순, 저자의 어머니, 성 테레사 등)의 사진 혹은 흑백의 그림 영상이 있다. 원문은 영상 다음에 시작되며 문체는 대부분 시의 형식이고 산문도 설명문이라기보다는 산문시형으로 되어 있다.[10] 우선, 하나의 장으로 설정되지는 않았지만(이 장을 제외하고 나머지 아홉 개의 부분은 제목 아래 하나의 장으로 설정되어있다), 처음 시작하는 '서문'의 일부분을 보자.

> 육신보다 더 적나라하고, 뼈대보다 더 강하며, 근육보다 더 탄력 있고, 신경보다 더 예민한 이야기를 쓸 수 있기를……
>
> 사포[11]

---

9) 이귀우, 「『딕테』에 나타난 탈식민적 언어와 파편적 구조」, 『영미문학 페미니즘』 제8권 1호, 2000.

10) 김승희, 「차학경의 텍스트 『딕테』 읽기-탈식민주의적, 페미니즘적 독해」, 『서강대학총』 제13집, 2000.12, 52면.

11) 차학경, 『딕테』, 토마토, 1997, 17면.

사포는 그리스의 여류 시인이다. 서정시를 많이 쓴 사포의 표현을 이용하여 차학경은 '더 적나라하고, 더 강하며, 더 탄력 있고, 더 예민한 이야기'를 쓰고자했다. 여기서의 '이야기'는 저항 언어를 의미한다. 차학경은 식민주의에, 남성중심주의에, 백인우월주의에, 봉건주의에 대항하는 저항 언어로서의 글쓰기 시작을 선언하고 있는 것이다.

'원수.' 누구의 적. 적국. 전체 민족에 대항하는 또 다른 민족 전체. 한 민족이 다른 민족의 제도화된 고통을 즐거워한다. 적은 추상화된다. 그 관계는 추상화된다. 그 민족, 그 원수, 그 이름이 그 자신의 정체성보다 더 거대해진다. 그 자신의 크기보다 더 커진다. 자신의 속성보다도 더 커진다. 자신의 의미보다도 더 커진다. 이 국민에게는. 그들의 원수인 국민들에게는, 그들의 통치자의 지배와 통치자의 승리인 국민들에게는.

일본은 기호가 되었다. 알파벳. 어휘. 이 원수의 민족에게. 그것의 의미는 도구이며, 살갗을 찌르고, 살을 저미는 기억, 기록으로 남아 있는 낭자한 피, 물리적 실체인 피의 양이 기록으로 남아 있다, 사적(史蹟)으로 남아 있다. 이 원수 민족의.

목격해보지 않은 민족은, 이와 같은 억압으로 지배받아보지 않은 민족, 그들은 알지 못한다. 이해할 수 없는 단어들, 특수 용어들 : 원수, 악랄, 정복, 배신, 침략, 파괴. 그것들은 다만 한 적대국가가 다른 나라의 인간성을 말살시켰다는 명백하고도 어김없는 기록, 즉 역사적 기록에 대한 커다란 지각 속에서만 존재할 뿐이다. 이것은 실로 실체적인 것이 못 된다. 살과 뼈로 된, 골수까지, 각인된. 개입이 필요한 그 지점까지, 이 경험을, 이 결과를, 표현을 새로 발명하는 한이 있더라도, 계속하기를 그치지 않는 그것과는 다르다.12)

한 나라를 침략한 자, "억압으로 지배 받아보지 않은 민족"은 침략당하는 자의 심정을 이해하지 못한다. 차학경은 '클리오-역사'장에서, 역사적으로 자기 민족이 당한 침략의 고통을 유관순 일화를 통해서 표현한다. 루즈벨트 대통령에게 보내는 탄원서를 비롯하여, 작가는 소극적이지만 나름의 저항 의식을 드러내고 있다. 지금 작가에게 있어서 역사는 과거와 현재를 이어주는 시간 위에 존재한다. 그리고 그 시간과 더불어 기억이 차학경과 그녀의

12) 차학경, 『딕테』, 토마토, 1997, 51면.

민족, 즉 한민족의 역사를 만들어 낸다. 한민족의 입장에서 볼 때 일본은 침략 국가이다. 그들은 지배자로서 피지배자인 한민족의 국가를 식민지로 만들었다. 뿐만 아니라 한민족의 문화, 전통, 언어, 생활 관습 등을 변화시키려고 애썼다. 이에 작가는 텍스트에 일본인의 한민족 식민지화를 예로 들어 탈식민주의[13]적 시각을 드러낸다. 그에게 있어서 역사란 과거의 것이 아니라 현재에도 지속되는 것이다. 비록 과거와는 상황이 달라졌다 할지라도 지배자와 피지배자의 관계에서 드러나는 주종관계의 틀을 비판한다. 지금 이민자의 입장에 선 차학경의 상황이 바로 그것이다.

> 나는 씁니다. 당신에게 씁니다. 날마다. 여기에서. 쓰고 있지 않을 때는, 쓰기에 대해 생각합니다. 구상합니다. 움직임들을 기록하며. 당신은 여기에 있고 나는 언성을 높입니다.
>
> …(중략)…
>
> 나는 서류들을 가지고 있습니다. 서류, 증명, 증거물, 사진, 서명. 어느 날 당신은 오른손을 들어 맹세하고 미국인이 됩니다. 그들은 당신에게 미국 여권을 줍니다. 미합중국.
>
> …(중략)…
>
> 당신은 돌아가지만 그들 중의 하나가 아니고, 그들은 당신을 냉담하게 취급합니다. 그들이 뭐라고 하는지 당신은 언제나 알아들을 수 있습니다. (…) 그들은 당신의 정체를 묻습니다. 그들은 당신이 말을 할 수 있는지 없는지에 대해 언급합니다. 그들은 당신이 국적에 대해 진실을 말하는지 아닌지를 문제삼습니다. 그들은 당신이 말하는 것과 달라 보인다고 말합니다. 마치 당신이 당신 스스로가 누구인지를 모른다는 것처럼. 당신은 당신이 누구인가를 말하지만 곧 자신을 의심하기 시작합니다. (…) 그들의 시선은 당신의 얼굴과 서류 사이를 번갈아 오가며 당신은 언제 이 나라를 떠났고 당신은 왜 이 나라를 떠났으며 왜 다시 이 나라로 돌아왔는가 묻습니다.[14]

---

13) 탈식민주의는 식민통치라는 억압의 근대 역사가 남긴 유산을, 즉 식민지 시대뿐만 아니라 독립을 한 후에도 계속 남아 훨씬 더 교묘하고 복잡한 형태로 파괴적인 영향력을 행사하고 있는 식민 지배의 잔재를 탐색해서 그것들의 정체를 밝혀냄으로써 그것들에 대항하고자 한다. 말하자면 탈식민주의는 형식적인 독립과 해방의 이면에서 우리의 의식구조를 더욱 근원적으로 틀지워 온 식민담론을 비판하고 그것에 저항하고자 한다(태혜숙, 『탈식민주의 페미니즘』, 여이연, 2001, 33면).

14) 차학경, 『딕테』, 토마토, 1997, 74~75면.

'칼리오페-서사시' 장에 일부부인 위의 예문은 백인우월주의 속에서 살아가는 소수민족의 고통을 잘 드러내는 부분이다. 어떤 이유에서든 작가는 이주민으로서의 삶을 선택했고, 예문 속의 "당신"이란 인물도 그렇다. 이주민으로 살아가는 그들은 자신들이 선택한 나라에서조차 같은 동족으로 여겨지지 못하고 타인으로 배척받는 삶을 살아간다. 비록 육체적으로는 같은 나라에 속해있지만, 정신적으로는 그들과 동화되지 못한다. 이는 과거 역사 속의 이주민과 이주민으로 살아가는 현재의 차학경을 대변한다. 백인우월주의에 젖어 그들이 선택한 나라에서, 그들은 피지배자로서의 삶을 살아가게 된다. 그들이 원해서 그렇게 된 것은 아니지만 그들의 노력에도 불구하고 백인우월주의에 젖어 있는 세상의 편견은 그들을 타민족으로 만든다.

> 아내니까. 그런 거다. 그래왔다. 여자니까. 질문하지 말라. 주어진 것 외에는 전혀 기대하지 말라. 주어진 것 외에는. 그녀는 그의 아내, 그의 소유물이었고, 아무것도 거절할 수 없는 그, 그녀의 남편, 그 남자에게 속해 있었다. 아마도 그랬을 것이다. 그때는 그랬을 것이다. 아마 지금도
>
> 건드리는 사람은 남편이다. 남편으로서가 아니다. 그는 어느 다른 사람을 건드리듯이 그녀를 건드린다. 그러나 그는 자기의 계급을 건드린다. 자신의 계급적 명분을 가지고 보상은 그녀의 육체와 정신이다. 그녀의 육체 아닌 육체와 무존재. 그의 특권 소유물 그의 소유권. 그의 소유권은 의심의 여지가 없다. 사람들은 그녀가 그를 거부하는 것에 대해 비웃지만, 그녀는 자기 자신을 스스로 의지를 소유하고 있는 존재인 것으로 생각한다. 그녀는 그녀 자신의 소유이다.[15)]

위의 예문은 '에라토-연애시'의 일부분이다. 텍스트에서 드러나는 탈식민주의적 측면은 페미니즘으로 이어진다. 이전의 우리 사회는 전통적으로 가부장제 중심 사회, 남성우월주의 사회였다. 가부장제 중심 사회로서 남아선호사상이 발달하게 되자 우리 사회는 점점 남성이 여성보다 우월하다는 의식을 갖게 되었다. 이런 사상은 우리 사회 곳곳에 퍼져 어느 분야에서든 남성의 우월성을 강조한다. 작가는 이러한 관점을 확연히 드러낸다. "아내는 남편의 소유물"인 관계를 그녀가 바라보았을 때는 지배와 피지배의 또 다른

15) 차학경, 『딕테』, 토마토, 1997, 128~130면.

형태였을 것이다. 그녀는 이제 지배와 피지배의 관계에서 더 이상 피지배자로서만 존재할 수는 없다. 그래서 그에 대항하기로 결심한다. "그녀는 그녀 자신의 소유"라는 것을 보여주려고 노력한다. 그 외에 유관순이나 차학경 자신의 어머니 차형순 여사, 잔다르크, 성 테레사 등의 영웅적 여성들을 등장시켜 여성으로서의 길찾기를 시도한다. 차학경은 그 근거로 저항 언어를 사용하는 글쓰기를 즐긴다. 그것이 작가가 선택한 최선의 저항이었을 것이다.

『딕테』에서 차학경이 드러내고 있는 페미니즘은 앞서 언급한 탈식민주의와 연관지어 생각해 볼 수 있다. 탈식민주의 페미니즘[16] 시각으로 바라 볼 수 있다. 작가는 텍스트 안에서 외국어로 말하는 것의 소외감과, 자신의 모국에 대한 그리움을 드러내고 있다. 텍스트에 등장하는 영어, 불어, 라틴어, 중국어, 한국어는 그녀의 언어에 대한 혼란의식을 드러내고 있다. 그녀는 자신을 대신하여 모국어를 사용하지 못하는 이주민의 고통을 표현한다. 차학경이 텍스트에서 쓰고 있는 다양한 언어는 그 어느 것도 모국어가 아니다. 그녀가 쓰고 있는 제2의, 제3의 언어들은 그녀로 하여금 불편함과, 소외감, 고독감을 느끼게 만든다.

차학경이 언어체계 안에서 느끼는 소외감과 억압감은 이중의 소외, 이중의 억압이 된다. 제3세계 언어를 쓰다가 늦은 나이에 타인의 언어체계 안으로 들어온 이민자라는 소외감과, 영원히 타자인 여성으로서 남성중심적 언어체계 안에서 말해야 하는 이중의 소외가 그것이다. 이중의 타자로서 중심

---

16) 대부분의 식민국가들이 정치적으로 독립한 이후에도 식민상태의 불안은 계속되는 실정이다. 이로 인해 토착민들 속에 잔존하는 식민성의 존재는 극복하기가 쉽지 않다. 이런 후식민성을 어떻게 극복할 것인가 하는 문제가 탈식민주의 상황에서 제기되어 온 것이다.
이들이 형성해온 탈식민주의는 제국과 식민지, 서양과 동양, 중심과 주변부 사이의 권력관계에서 다양하게 관철되는 식민성을 문제 삼는다. 거기서 중심축은 민족 혹은 인종이 된다. 이런 인식은 페미니즘의 이론적 지평을 넓혀줄 수 있다.
탈식민주의의 페미니즘화는 현재로서는 탈식민주의의 이론이 제시한, 후식민 조건의 지구화 측면을 강조하는 '지구적(global)' 인식을 여성문제에 적용하는 형태로 나타난다. 거기서는 제국/피식민국가, 서양/동양 등의 두 문화권에 걸쳐 있는 여성들의 문화정체성 문제가 중요하게 부각된다. 중심/주변부 문화가 겹쳐지는 지구화 현실 속에서 두 문화의 경계가 갖는 가능성을 지구적 틀에서 탐색하고 그것을 페미니즘적 인식과 결합시키려는 흐름을 지구적 페미니즘이라고 부를 수 있다(태혜숙, 『탈식민주의 페미니즘』, 여이연, 2001, 44~46면).

에 있는 주체에게는 "쓸데 없는 것을 말해야 하는 여자"가 된다는 것이다.

차학경이 맞서 있는 언어는 본질적으로 외국어이고 그 외국어의 언어체계는 모국어에 비해 지배집단, 지배문화의 언어이고 (그러기에 식민지성을 더 느낄 수 밖에 없다), 게다가 그 사회 안에서도 소외되고 결여된 자, 즉 영원히 타자에 속하는 여성의 언어인 것이다. 그러기에 그녀는 한국어를 빼앗기고 지배자, 강탈자, 제국주의자의 언어인 일본어로 말해야 했던 어머니의 식민지 시절의 고통에 처절한 공감을 가지고 자기 동일시를 한다.[17] 그런 만큼 이 작품은 지배자와 피지배자의 관계를 언어를 통해 제시하고 있음을 알 수 있다. 그리고 이것은 탈식민주의 페미니즘과 백인문화중심주의 등과 만나게 되는 것이다. 따라서 차학경은 『딕테』에서 직접적인 드러내기 방식이 아닌 간접적인 드러내기 방식으로 저항적 언어를 사용하여 지배자와 피지배자간의 관계를 나타내고, 지배자에 대항하는 피지배자의 저항적 글쓰기를 보여주고 있다.

3. 이산자의 자기 정체성 해체

한 국가에 속한 사람들이 자기의 모국을 벗어나 새로운 세계에서 살아간다는 것은 쉽지 않은 일이다. 어떤 이유에서든지 자기의 고국을 벗어나 새로운 곳에서 자리를 잡는 것은 부담스러운 일이다. 그러나 단순히 이 나라에서 저 나라로 옮겨간 개념이 아닌, 앞서 논했던 탈식민주의 페미니즘적 시각에서 바라보면 '이산(diaspora)'의 개념에 대해 다시 한번 생각할 수 있다.

이산은 서구 중심의 근대화 과정에서 심화된 착취와 억압, 인종차별로 인해 원하지 않는 이동과 이주를 하게 되어 전지구를 유랑하게 된 상태를 지칭한다. 오랜 세월에 걸쳐, 이산자들은 자신들도 어찌할 수 없는 힘에 밀려 익숙한 환경으로부터 뿌리를 뽑히고, 또다시 새로이 정착한 곳에서 개인의

17) 김승희, 「차학경의 텍스트 『딕테』 읽기-탈식민주의적, 페미니즘적 독해」, 『서강대학총』 제13집, 2000.12, 56면.

대처 능력을 벗어난 강력한 힘에 휩쓸려 개인적·가족적 붕괴를 겪는 비참하고 초라한 무리들로 간주되어 왔다.

작가는 철저하게 이산자의 삶을 산다. 그러나 그녀는 이산자로서 안주하지 않는다. 어떤 힘에 밀려 새로운 세계에서 초라하게 위치해 있는 소수민족일지라도 자신의 텍스트 내에서 그것에 대해 저항하고 있다. 그 저항의 하나로서 내세우는 것이 자기 정체성의 해체이다. 차학경은 『딕테』에서 한국 사람도 아니고 미국 사람도 아닌 자기 정체성을 추적하고[18] 있다. 그는 텍스트에서 다양한 언어 사용을 통해 자신이 이산자임을 드러내지만, 그를 통해 자신의 민족적 범주를 정하는데 혼란을 준다. 이는 차학경의 글쓰기 방식으로서, 이미 차학경은 문학장르의 불명확함과 다양한 언어 사용, 사진이나 그림, 낙서, 편지, 서예 등을 통해 형식을 벗어나는 파격적인 글쓰기를 시도하고 있다. 이런 것을 통해 작가가 자기 정체성을 직접적으로 제시할 리가 없다는 사실을 짐작할 수 있다.[19] 그렇다고 정체성에 대해서 침묵하고 있는 것은 아니다. 독자가 텍스트를 통해 그 정체성을 찾아내기를 바라고 있는 것이다.

텍스트를 통해 차학경은 민족적·사회적 범주 내에서 정체성을 정의하지 않는다. 오히려 텍스트에서 논의되는 언어와 역사, 종교에 의해 형성되는 정체성에 순종하면서 이를 의심하고 결국 민족적, 순교자적 정체성을 해체[20]한다. 우선, 언어에 의해 형성되는 정체성을 찾아야 한다.[21]

작품의 처음은 불어로 쓰여졌다. '서문'의 일부분인 이 문단은 학생이 불

18) 고부응·유충현은「차학경의『딕테』읽기-자기 정체성의 해체」,『인문학연구』제34집, 2002, 69면.

19) 작자는 텍스트를 통해서 독자에게 직접적으로 토로하지 않는다. 모든 것에 있어서 간접적인 방식을 사용하고 있다. 이런 차학경의 모습에 대해 이귀우는 차학경이 작품을 통하여 작가의 세계와 독자의 세계가 만나는 것이라고 보았기 때문에 작가는 독자가 작품을 보고 자신의 기억을 떠올림으로써 작가의 세계와 만날 수 있도록 상상력의 공간을 많이 주어야 한다고 석사논문에서 말했다고 주장했다. 작자의 이런 생각을 바탕으로 짐작컨대, 작자는 독자로 하여금 생각하는 글읽기를 요구한다고 볼 수 있다.

20) 고부응·유충현은「차학경의『딕테』읽기-자기 정체성의 해체」,『인문학연구』제34집, 2002, 80면.

21) 이는 앞서 논해왔던 바에서 드러나듯, 텍스트가 내포하고 있는 언어의 중요성을 고려하여 처음으로 제시한 것이다.

어 시간에 받아쓰기를 한 것처럼 쓰여져 있다.

> 문단 열고 그날은 첫날이었다 마침표 그녀는 먼 곳으로부터 왔다 마침표 오늘 저녁 식사 때 쉼표 가족들은 물을 것이다 쉼표 따옴표 열고 첫날이 어땠지 물음표 따옴표 닫을 것 적어도 가능한 한 최소의 말을 하기 위해 쉼표 대답은 이럴 것이다 따옴표 열고 한 가지밖에 없어요 마침표 어떤 사람이 있어요 마침표 멀리서 온 마침표 따옴표 닫고[22]

그 내용을 보면 이민을 와서 처음으로 학교에 간 첫날의 풍경을 짐작하게 한다. 자신이 주체가 되어 자신의 생각을 쓰고 있는 것이 아니라, 선생님이 불러 주는 것을 받아쓰고 있는 모습이다. 근데 받아 쓴 것을 보면 문장의 형식을 일탈한 것을 볼 수 있다. 이는 받아쓰기에 대한 해체에 해당한다. 불러 주는 그대로 적는 것이 아니라 문장의 형식을 벗어난 글쓰기를 하고 있다. 불어의 형식을 따르지 않고, 차학경 나름의 글쓰기를 시작한다. 작가는 형식의 파괴를 통해서 자기 정체성을 이끌어 내고 있다. 그것은 저항으로서의 정체성이다. 이산자로서 정체성을 찾는 데에 불리한 위치에 있지만 그녀는 받아쓰기에 복종하는 것이 아니라, 받아쓰기에 저항함으로써 자신의 정체성을 찾고 있다.

> *그녀는 그들의 문장부호를 점검할 것이다. 그녀는 이것을 봉사 하기 위해 기다린다. 그들의 것들. 문장부호. 그녀는, 자신이, 경계의 표시가 될 것이다. 그것을 흡수하고 그것을 흘린다. 문장부호를 포착한다. 마지막 공기. 그녀에게 주라. 그녀에게. 그 연속. 음성. 할당. 제출. 그것을 전달하기. 전달.*[23]

역시 '서문'의 일부분인 위의 문단은 이탤릭체로 표현되었다. 이는 번역자의 표현방식이 아니라 차학경의 표현방식이다. 작가가 실제 텍스트 원문에서 사용하고 있는 방법 자체를 번역자가 옮겨오면서 원문에 표현된 방식 그대로를 표현한 것이다. 차학경은 문체의 변화라는 작은 언어 형식 파괴를

22) 차학경, 『딕테』, 토마토, 1997, 21면.
23) 차학경, 『딕테』, 토마토, 1997, 24면.

통해서도 받아쓰기 그대로를 고수하지 않는다. 고정된 것에서 벗어나 변화를 시도하고 있다. 그러나 이 변화는 받아쓰기 속에 감추어져 있다. 표면적으로는 받아쓰기라는 이산자들의 입장이 드러나지만, 그 내면에는 받아쓰기의 해체라는 이산자의 전복적 · 혁명적 입장을 취하고 있는 것이다. 이산 여성으로서 저항적 언어를 사용하여 자기 정체성을 찾고 있다.

> 1919년 3월 1일. 모든 사람들은 자신이 태극기를 지닐 것을 알고 있다. 마찬가지로 모든 사람들은 이 행동에 따른 처벌이 무엇인지도 잘 알고 있다. 행진은 시작되고, 태극기는 꺼내져, 보여지고, 물결치고, 개인마다 이 나라 이 민족의 독립과 자유를 부르짖는다. 이에 따른 처벌을 잘 알면서도, 앞장서서 행진하던 그녀의 부모가 쓰러진다. 그녀의 오빠들도. 수많은 사람들이 총탄에 맞아 쓰러지고 적의 군대에게 무차별 칼로 찔린다. 관순은 혁명의 지도자로 체포되고, 거기에 해당하는 처벌을 받는다. 그녀는 가슴을 칼로 찔리고, 문초를 받지만 아무 이름도 밝히지 않는다. 7년의 형이 내려지고, 그때의 그녀의 대답은 나라 전체가 감옥살이를 한다는 것이었다. 어린 혁명가 어린 애국자 여자 군인 민족의 구원자. 영원히 기억될 한 행위. 한 존재의 완성. 한 순교. 한 나라의 역사를 위한, 한 민족의.24)

차학경은 이 텍스트에서 자신이 미국인으로서는 망각하거나 극복해야 하는 대상인 한국의 역사를 자신의 정체성 구현의 방식으로 적극적으로 전유한다. 『딕테』에서 유관순에 대한 묘사와 설명은 자신의 정체성을 투사하는 대상으로서 나타나지만 여기의 유관순은 미국적인 것이 아님은 물론이지만, 한국의 가부장적, 민족주의적 담론에서 형성된 남성적 민족주의에 대한 충실한 이행자로서의 민족주의자도 아니다. 차학경은 이 텍스트에서 유관순을 가부장제와 민족주의에 대한 저항지점으로서 전유한다.25)

유관순은 여성으로서 그 당시 남성들이 주도했던 사회 상황에 참여하여 활발한 활동을 하였다. 그것을 바탕으로 포괄적으로 바라보자면 이런 유관순의 이야기와 잔다르크의 이야기를 텍스트의 일부로 표현한 것은 차학경의

---

24) 차학경, 『딕테』, 토마토, 1997, 55면.

25) 고부응 · 유충현은 「차학경의 『딕테』 읽기-자기 정체성의 해체」, 『인문학연구』 제34집, 2002, 75면.

숨은 의도가 있기 때문이다. 그것은 자기 정체성의 해체를 보여주는 것이다. 표면적으로 물론 유관순 이야기와 잔다르크의 이야기는 식민지 사회에서 하나의 저항으로 일어난 경우로 여길 수도 있다. 그러나 그와 동시에 남성중심사회에서 영웅적 여성의 활동을 제시하고 있으므로 페미니즘 관점을 취하고 있는 것 또한 사실이다. 그것은 식민주의에 대한 저항에서 그치고 있는 것이 아니라는 점이다. 작가는 그 사실을 통해서 자기 정체성의 모습을 찾는다. 남성적 민족주의에 대항하고 있는 또 다른 자기를 도출해 내고 있는 것이다.

> *나는 죄를 조작해내고 있다. 용서의 보증을 받으려고. 다시 처음으로, 심지어는 천국이 있기 전으로 전락하기 전으로. 전의 모든 잘못이 지워지도록. 오점이 하나도 없이. 순수한. 내가 하나님을 받아들일 때, 모두 순수함. 완전히. 나의 몸과 영혼 속에 위치한 하나님의 집은 깨끗해야 된다. 죄가 없어야 된다. 어떤 죄도. 죽음의 죄도. 죄악은 클수록, 용서도 크고, 그의 용서 속에 하나님의 영광도 더욱 크다. 나는 아무 죄도 없다. 가벼운 죄. 조그만 죄들. 말할 가치도 없다. 그래도 죄는 모두 같은 것이다. 생각조차도 아무리 눈에 보이지 않는다 해도 하나님께는 모든 것이 보인다. 생각도 말이나 행동같이 보이는 것이다.*
>
> *회개의 행위. 나는 고해성사를 만들고 있다. 말을 만들기 위해서. 그런 외국 언어들로 이야기를 하기 위해서.*[26]

『딕테』는 종교를 통해서도 자기 정체성을 모색하고 있다. 위의 예문에서 볼 때 화자는 죄를 조작하는 것을 통해 하나님에게 죄를 짓고 있다. 그러나 화자는 죄가 없어야 된다는 것을 알고 있다. 하지만 죄의 크기와 용서의 크기를 비례하다고 생각하며 하나님의 영광 역시 그러할 것이라고 생각한다. 그러면서 자꾸 죄를 만들고 있다. 그리고 그와 더불어 거짓 고해성사를 만든다. 그런 모습은 하나님에 대한 모욕적인 행동이다. 그리고 하나님에게 반항하는 하나의 행위이다. 이는 단순히 고해성사에서 그치지 않고 교회에 대한 도전이며, 교회의 가르침에 즉 하나님의 가르침에 저항하고 있는 모습이다. 그 저항의 모습에서 정체성의 해체를 촉구한다. 차학경은 기독교적 진리

26) 차학경, 『딕테』, 토마토, 1997, 36면.

에 순응하고 있는 모습을 텍스트 곳곳에서 비추고 있지만, 이런 부분뿐만 아니라 그 순응에 반항하는 모습도 제시한다. 이를 통해서 기존에 갖고 있던 종교에 관한 정체성의 모습은 해체되고, 저항의 모습을 띤 새로운 정체성이 시작된다.

결국 작가는 언어와 역사, 종교에 의해 형성된 기존의 정체성에 순종하지만, 끝내 이를 해체하고 기존의 정체성에 저항하는 새로운 정체성을 찾아가고 있다.

4. 주체의 분열-다중적 주체

『딕테』를 읽으면서 혼란을 가중시키는 또 하나의 요소가 주체에 관한 의문이다. 수없이 등장하는 그와, 그녀, 당신, 그들은 도대체 누구를 가리키는 것인지 읽을 때마다 어려움을 겪는다. 텍스트에 대해 민은경은 '『딕테』는 차학경의 이야기이다. 그러나 『딕테』에는 차학경의 이야기가 없다'[27] 라고 말하지만 그것은 일부분 오류이다. 텍스트에는 차학경도 있고, 차학경의 이야기도 분명히 있다. 명확히 차학경이라고 제시되지만 않았을 뿐 수많은 그와, 그녀, 당신, 그들을 통해서 작가는 자신을 대변하고 있다.

텍스트에 등장하는 주체는 다중적이고 복수적이며 분열적이다. 텍스트에서 차학경의 목소리는 이야기꾼(storyteller), 필경사(scribe), 전달자(transmitter), 이국에서 첫날을 맞은 여행자, 그리스의 여류시인 사포, 역사 개정자, 번역가, 카메라 렌즈, 카톨릭 고해자, 프랑스어로 시를 쓰는 시인, 받아쓰기하는 학생, 자신의 어머니, 유관순, 테레사 수녀, 데메테르, 바리공주 등으로 끊임없이 변화한다. 고립되고 단일한 목소리로는 말할 수 없기 때문이다. 작가는 "타인들을 허용하고", 자신의 몸을 "타인으로 하여금 가득하도록 용납하는" 작업을 통해, 몸을 영혼의 복수성으로 가득 채운다. 이러한 허용은 다른 것으로 '됨'의 끊임없는 과정으로, 계속해서 변화하며 주체를 의미한다. 차학

27) 민은경, 「차학경의 Dictée, Dictation, 받아쓰기」, 『비교문학』 24, 1999.12, 136면.

경은 자신 내부에 끊임없는 차이의 대화적 목소리를 빚어내고 복수적인 목소리를 담아낸다. 그것은 언어의 여러 층위를 드러내어 주체의 복수성으로 향하는 길을 열어주는 작업이다.[28)]

차학경은 다중적 주체[29)]의 역할을 대신하여 텍스트에서 제시하고 있다. 그 주체 나름의 역할과 위치가 그녀가 제시하는 또 다른 욕망 표출의 하나이다. 다시 말해서 작가는 텍스트에서 주체 각각의 목소리의 역할을 정해주었는데, 이는 사실 차학경이 감추고 있는 저항적 욕망의 표출이다. 단일 주체를 내세워 텍스트를 이끌어 가는 것이 아니라 다양한 다중적 주체를 제시함으로써 새로운 형태의 '역할 넘어서기'를 시도하고 있는 것이다. '멜포메네-비극'의 일부분을 보자.

> 무명의 타인들 그녀에게서 떨어져나간 부분들이 그녀를 대체한다. 그녀에 대하여 명분이 없는 것들. 한 국가가 자국을 적대하는 것으로 충분하고 하나였던 것이 둘로 나누어진 것으로 충분하지 않은가. 인간의 목숨을 너무 빨리 감소시키기에 충분하지 않은가. 멜포메네를 충족시키고도 남음이 있다. 국가 대 국가 번식된 국가들 대 국가들이 그들 자신들에게 대항한다. 그들 자신의 것. 그 자신의 것으로부터 자신을 반격하고 버리고 쫓아낸다. 그녀 자신의 것은 다른 모든 것들 중에서도, 다른 모든 것에 속한다 해도, 다른 모든 것을 통해서도, 그녀 자신의 것이다. 그녀 자신의 것들인 자손과 어머니, 데메테르와 시빌.
>
> 그녀에 대한 반역은 배반에 이름을 부여하는 것. 가능한 모든 이름, 서로 바꿀 수 있는 이름, 반역을 고치고, 정당화하기 위하여. 그녀의. 그녀 자신의 것. 언지 않은. 이름. 이름뿐. 실체가 없는 이름. 영원한, 영원. 끝없이.[30)]

타자에서 주체로 가는 길에서 그녀는 주체의 분열을 유도한다. "타인들"이라는 복수명사 속에서 이미 타인은 하나가 아님을 드러내는데, 그들이

---

28) 서하나, 「이산의 미학과 다중적 주체」, 부산대 석사학위논문, 2002, 44면.

29) '다중적 주체' 개념은 성적 주체를 포괄하면서도 넘어설 수 있도록 한다는 점에서 성적 주체 개념을 확대하는 데 유용하다. 다중적 주체 개념은 주체를 구성하는 다양한 차이들을 복합적으로 인식함으로써, 남녀 사이의 권력관계를 타파하기 위한 분리주의 전략을 넘어서서 여러 사회 운동들과 연결될 수 있는 새로운 형태의 주체성을 생산할 수 있게 한다(태혜숙, 『탈식민주의 페미니즘』, 여이연, 2001, 140면).

30) 차학경, 『딕테』, 토마토, 1997, 105~106면.

"그녀를 대체한다"고 표현하고 있다. 그리고 "국가들의 대항"이 "그들 자신에게 대항하고" 있다. 표면적으로 식민지가 된 국가와 그곳을 통치하는 국가간의 갈등, 그리고 한 국가 내에서 융합되지 못하는 국민들간의 갈등이 드러난다. 하지만 그것만을 이야기하고 있는 것이 아니다. 차학경은 이를 통해 '역할 바꾸기'를 시도한다. 그들간의 숨겨진 역할 바꾸기는 그어 놓은 저항의 선 위에서 행해진다. 그 혁명적 저항의 의미는 '역할 바꾸기' 즉, 주체간의 숨겨진 역할 전복을 통해서 이루어진다. 이는 주체를 복수적이고 다양화시킨다. 복수적인 주체의 목소리에서 다중적 주체가 등장한다.

그리고 차학경의 트릭은 여기서 멈추지 않는다. "그녀에 대한 반역은 배반에 이름을 부여하는 것"인데 결국 남는 것은 이름이다. 영원히, 끝없이 존재하고 있는 것은 "실체가 없는 이름"이다. 이는 의미를 지니고 존재가치를 부여한 다양한 주체들의 등장을 의미하는 것이 아니라, 하나의 이름으로만 존재하는 복수의 목소리를 의미한다. 복수의 목소리는 이름으로만 존재하는 다중적인 주체를 찾아낸다. 그 다중적 주체로 차학경은 그녀가 말하고자 한 바를 여러 가지 주제로서 제시한다.

그 한 예로 텍스트에서 보여지는 탈식민주의 페미니즘 관점을 기억해야 한다. 차학경은 표면적으로 유관순과 차학경의 어머니 차형순 여사, 잔다르크의 일화를 통해 식민주의에 대항하는 영웅의 모습을 묘사하지만, 그 내면에는 여성적 영웅이 평화를 유도하고 있다. 물론 이 반대의 경우도 생각할 수 있다. 필자가 말하고자 하는 것은 바로 이런 개념의 역할 바꾸기조차 다중적 주체의 근원이 된다는 것이다.

차학경은 문학 이외에도 다양한 분야에 관심을 두었는데, 그중 예술과 관련한 분야가 가장 두드러졌다. 영화나 사진 작품을 관찰하면 특히 그러하다. 주연화[31)]의 주장에 따르면 기표와 주체의 관계에 있어 차학경의 작품에 부유하는 이미지, 소리, 문자들에는 이민자이자 여성으로서 그녀가 경험해야 했던 주체의 분열이 반영되어 있다는 것이다. 이런 주체의 분열이 바로 다중적 주체를 불러왔다는 것이 필자의 생각이다. 이산자로서, 여성으로서 겪

31) 주연화, 「차학경의 작품에 대한 후기구조주의적 해석」, 이화여대 석사학위논문, 2002, 67~68면.

어야 했던 고통과 사회적 차별 사이에서 주체를 상실하게 되고, 그 주체를 되찾고자 했을 때 작품은 그 욕망의 발현 수단이 된 것이다.

5. 결론

텍스트에 전반적으로 드러나는 주제는 '받아쓰기'이다. 작가인 한국 여성이 일찍이 미국으로 건너가면서부터 겪게 되는 다른 문화권의 이데올로기로부터의 받아쓰기, 작가의 어머니와 할머니를 통해 동양 여성으로서 남성권 위주의로부터의 받아쓰기, 나아가 유관순을 통해 우리 민족이 일본에 의해 강제적으로 탄압 받아야만 했던 일제 치하의 받아쓰기 등을 피력하고 있지만 그 주인공들은 모두 여자이다. 여자이기 때문에 당해야만 했던 받아쓰기, 그 한의 정서를 드러낸다. 차학경은 포스트모더니즘, 탈식민주의 페미니즘, 동양철학 사상을 두루 살피며 받아쓰기를 통해 언급한다.

본고는『딕테』의 종합적인 고찰을 목적으로 쓰여졌다. 전체적으로 차학경의 저항 언어로서의 글쓰기의 목적과 표현방식을 중심으로 논지를 전개하였다.

『딕테』에는 지배자와 피지배자의 관계가 다양하게 나타났는데, 역사학적인 측면에서 보자면 한 국가 내에서의 지배자와 피지배자의 관계가 있고, 다른 나라를 침략하여 그 나라를 지배하는 침략자와 침략당한 채 지배당하는 자의 관계가 있다. 그리고 페미니즘적인 측면에서 보자면 그 당시 사회에서 우위를 형성하여 지배자적 위치에 군림한 남성과 그들에 비해 피지배자적 위치에 존재하는 여성의 관계가 있고, 사회학적인 측면에서 보자면 백인문화 중심의 식민주의 지배자들과 그 속에 복속해 살아가는 소수민족 피지배자들의 관계가 있다. 이런 지배자와 피지배자의 관계를 통해서 차학경은 탈식민주의적 시각과 페미니즘적 시각을 보여주는데, 이를 직접적으로 텍스트에 서술하고 있는 것은 아니다. 사건의 나열을 통해서 이를 제시하는 것이 아니라 저항적 언어의 글쓰기를 통해서 보여준다.

이산자의 입장인 작가는 언어와 역사, 종교에 의해 형성된 기존의 정체성에 순종하지만, 끝내 이를 해체하고 기존의 정체성에 저항하는 새로운 정체성을 찾아가고 있다. 그리고 그런 정체성을 찾아가는 과정에서 흔들리는 주체를 발견하게 된다. 결국 차학경은 이산자로서, 여성으로서 겪어야 했던 고통과 사회적 차별 사이에서 주체를 상실하게 되고, 그 주체를 되찾고자 했을 때 작품은 그 저항적 욕망 발현 수단이 된다. 그 저항적 욕망의 표출로 다중적이고 복수적이며 분열적인 주체가 나타나게 된다.

그동안 텍스트는 재미한국인문학으로 분류되어 국문학의 연구자료로 선택되지 못했다. 그렇지만 텍스트에 숨겨진 한국인의 한과 정서, 작가정신을 고려하면 국문학 연구자료로 손색이 없다고 생각된다. 고로 본고를 시작으로 연구가 활발해지기를 바라는 바이다. 더 나아가 재미한국인문학이 국문학의 분야로 인정되어 활발한 연구가 시작되고, 재외한국인문학이 국문학의 한 분야로 인정되어 새로운 연구가 정착되기를 바란다.

참고문헌

1. 기본자료

차학경, 『딕테』, 토마토, 1997.

2. 단행본

릴라 간디, 『포스트식민주의란 무엇인가』, 현실문화연구, 1999.
유선모, 『미국 소수민족 문학의 이해』, 신아사, 2001.
태혜숙, 『탈식민주의 페미니즘』, 여이연, 2001.

3. 학술지 및 논문

민은경, 「차학경의 Dictee, Dictation, 받아쓰기」, 『比較文學』 24, 1999.
김승희, 「차학경의 텍스트 『딕테』 읽기: 탈식민주의적, 페미니즘적 독해」, 『西江人文論叢』 제13집, 2000.
이귀우, 「『딕테』에 나타난 탈식민적 언어와 파편적 구조」, 『영미문학 페미니즘』 제8권 1호, 2000.
김현주, 「현대 미국의 아시아계 여성 미술과 탈식민 여성주의」, 이화여대 박사학위논문, 2001.

고부응 · 유충현, 「차학경의 『딕떼』 읽기: 자기 정체성의 해체」, 『中央大學校人文學研究所 人文學硏究』 제34집, 2002.
서하나, 「이산의 미학과 다중적 주체」, 부산대 석사학위논문, 2002.
정미옥, 「포스트식민적 페미니즘의 글쓰기」 대구가톨릭대 박사학위논문, 2003.

제3부

고전 여성문화와 그 작품세계

백호 임제의 시문학과 여성

김 진 영*

1. 서언

백호 임제(白湖 林悌, 1549~1587, 명종 4년~선조 20년)는 나주 회진(會津) 사람으로 자(字)는 자순(子順)이고, 호는 풍강(楓江)·백호(白湖)·벽산(碧山)·소치(嘯癡)·겸재(謙齋) 등 여러 가지였는데 백호로 널리 알려져 있다. 그는 제제다사(濟濟多士)가 쏟아져 나와 문운(文運)이 가장 흥성하였던 목릉성세(穆陵盛世)에서도 군학일봉(群鶴一鳳)과도 같은 천품(天稟)을 발휘하여 시와 문장, 기개있는 삶을 통해 일세를 울렸던 풍류기남자(風流奇男子)였다. 백호가 남긴 작품은 시에 있어서나 소설에 있어서나 우리 문학사상 정금(精金)과도 같은 보배여서 기왕에도 주목된 바 있지만 더욱 정심한 성찰을 통한 가치의 천명이 요망된다.

본고에서는 간략하게나마 임제의 시문학에 나타나는 여성형상을 중심으로 그가 가지고 있었던 여성관은 무엇이었으며, 그의 여성에 대한 인식은 문학적으로 어떻게 형상화되는지를 살펴보도록 한다.

* 경희대학교 한국문화연구소장, 국어국문학과 교수

2. 생평(生平)

백호의 본관은 나주(羅州)이고 고려 충렬왕대에 충청도도지휘사(忠淸道都指揮使) · 판사재시사(判司宰寺事) · 상장군(上將軍)을 지낸 임비(林庇)의 후손이다. 백호의 선대에 무관 벼슬을 역임한 인물이 많았는데, 특히 백호의 할아버지인 임붕(林鵬)과 아버지인 임진(林晋), 그리고 그의 동생인 임순(林恂)까지도 모두 무관 벼슬인 절도사(節度使)를 지내는 등 대대로 무인의 호매한 기상을 지닌 가문이었다. 이와 더불어 백호의 집안은 문인적 성향이 강한 가문이기도 했다. 외직으로 나가있는 아버지를 대신해 백호의 어린 시절을 돌보아준 큰 아버지인 임복(林復)은 승정원정자(承文院正字)를 지낸 문인이었고, 그의 동생들인 임선(林愃), 임순(林恂), 임환(林懽), 임탁(林恎)도 모두 시에 능했다고 하는데, 이는 형제들 간에 주고 받은 여러 편의 시 작품이 있고, 그 내용도 형제간의 우애를 느끼게 하는 매우 정감적인 것이라는 점을 통해서도 알 수 있다. 이처럼 문 · 무의 기질이 동시에 어울려 있는 집안의 분위기는 백호가 호방한 기개와 다정다감한 정감을 동시에 지닐 수 있었던 밑바탕이 되었던 것이다.

백호는 호방한 성품으로 일찍이 이름이 높았다. 잠시 그의 나이 29세 때 일어났던 일을 잠시 살펴보기로 한다.

> 공이 급제하고서 제주 관아로 근친을 갈 적에 그날 바람이 크게 일어 사나웠다. 제주도에는 배가 닿는 곳이 9개소 있었다. 목사공(牧使公:백호의 부친을 가리킴)은 각처 진리(津吏)에게 분부하기를, "육지에서 필시 바람에 표류한 배가 있을 것이다. 모름지기 예비하여 구제토록 하라." 군관들이 모두 "이런 날씨에 어찌 발선할 리가 있겠습니까?"라고 아뢰었다. 목사공은 "지자(知子)는 막여부(莫如父)라. 모름지기 분부대로 거행하라."고 말했다. 이윽고 백호공이 들어와 인사를 올리는 것이었다. 목사공이 "이런 날 어떻게 발선을 하였느냐?"고 물으니, 백호공이 대답하기를, "사공들 역시 떠나려고 하지 않았는데 소자가 장관을 한번 보고 싶어 재촉해서 발선을 했습니다."고 하였다. 과연 목사공이 짐작한 바와 같았던 것이다.

이 일화 한 토막으로도 우리는 백호의 호방하고 담대한 성격을 짐작할 수 있다.

백호는 이러한 호방하고 담대한 성품을 바탕으로 많은 기생과 교유하였다. 또한 여성에 대한 특히 기생에 대한 곡진한 정회를 나타내고 있는 작품이 많아 이채롭다.

특히 그의 나이 35세 때인 1583(선조 16)년, 평안도도사(平安道都事)가 되어 부임하는 길에 황진이의 묘소를 찾아 다음과 같은 시조를 지어 꽃다운 영혼을 위로하기도 했는데, 이를 두고 관원의 몸으로 기녀의 무덤을 찾아 제사를 지냈다는 비방을 받기도 했다.[1] 하지만 이러한 그의 행동은 그가 자신의 문학에서 여성을 단순히 종속적인 존재로 파악하기만 한 것이 아니라 하나의 주체적인 인간으로서 더 나아가 하나의 예술인으로서 인정하고 있다는 것으로 해석할 수도 있을 것이다.

백호는 이른 나이인 39세에 세상을 마감하였다. 그의 마지막 관직은 예조정랑겸사국지제교(禮曹正郎兼史局知製敎)로 되어 있다. 백호는 죽음에 임박하여 스스로 자기를 조상하는 시인 <자만(自輓)>을 지었는데 거기에서 그는 강호풍류 사십년으로 자신의 인생을 평가하고 천상으로 돌아가는 모습을 다음과 같이 읊고 있다.

<스스로를 조문하다>

강호상에 풍류 사십년 세월에
맑은 이름 얻고도 남아 사람들 놀래었네.
이제 학을 타고 티끌 세상 벗어나니
선계의 천도 복숭아 또 새로 익으리.

江漢風流四十春(강한풍류사십춘)
淸名贏得動時人(청명영득동시인)
如今鶴駕超塵網(여금학가초진망)

1) 유몽인, 『어우야담』, 황진이에 대한 관계기록 즉 야담이나 개인문집에 단편적으로 실려 전하는 이야기들은 모두 김진영(2003), 『고전작가의 풍모와 문학』, 경희대 출판국에 실려 있다.

海上蟠桃子又新(해상반도자우신)

-자만(自輓)[2]

한편 그가 병[폐병]이 깊어져 장차 죽게 되자 여러 아들들이 슬피 부르짖으니 다음과 같은 드높은 기개를 드러내는 유언을 자식들에게 남긴다.

"천하의 여러 나라가 제왕을 일컫지 않는 나라가 없었는데 오직 우리나라만은 끝내 제왕을 일컫지 못했으니 이같이 못난 나라에 태어났다 죽는 것을 애석히 여길 것이 무엇이 있겠느냐." 하며 명하여 곡하지 말라고 하였다.

-이익, 『성호사설』 권9, 「선희학(善戲謔)」

이처럼 백호는 평생을 호방한 기개와 구속받지 않는 자유분방한 삶의 자세를 견지하였는데, 이는 다음과 같은 전언을 통해서도 확인할 수 있다.

그는 항상 희롱조로 하는 말이, "내가 만약 오대나 육조 같은 시대를 만났다면 돌림 천자쯤은 의당 되고도 남았을 것이다."라고 하여, 한 세상의 웃음거리로 전했었다.

-『성호사설』 권9, 「선희학(善戲謔)」

그의 전 생애를 돌아볼 때, 백호는 관직에 오른 후 임종할 때까지 벼슬을 버리지는 않았지만 그렇다고 벼슬에만 얽매여 미련을 갖지는 않았다. 그는 환로에 발을 들여놓은 직후부터 세상을 널리 편답하면서 산수자연의 유람을 즐겼고 출렁이는 정회와 넘치는 비분을 파격과 기행의 행적, 격조 높은 시문으로 표출하였다. 이러한 그의 행적은 어떤 것에도 얽매이기 싫어하는 그의 천품과, 붕당으로 갈라져 파쟁을 일삼던 정치적 현실에 결코 영합할 수 없었던 강직하고도 올곧은 성정(性情)에서 비롯된 것이라 할 수 있다.

따라서 그의 시문학을 살펴보면 이러한 올곧은 성정을 바탕으로 당대 여성들, 특히 기녀와의 교분에 있어 다른 당대인들과는 색다른 양상을 보여주

2) 이하, 시 작품 인용은 위의 『역주 백호전집』에 의거했으므로, 따로 출전을 밝히지 않고 본문 중에 작품명과 권수만 밝히기로 한다.

고 있는 것도 사실이다. 감정에 얽매이거나, 여성을 한갓 대상으로 인식하기보다는 하나의 주체적인 실존체로서 받아들이고 있는 모습도 간혹 찾아 볼 수 있다.

3. 문학세계

백호는 여행을 할 때 행장 속에 항상 칼과 거문고를 가지고 다녔다. 대과급제 후 아버지를 만나기 위해 제주여행을 떠날 때도 행장은 궁화(宮花)와 거문고, 그리고 보검뿐이었다. 이러한 사실은 그가 특히 거문고와 칼을 사랑했음을 알 수 있는데, 이는 "아름다운 거문고와 보배로운 칼이면 행장은 족하다네. 바둑판 찻그릇은 세사의 찌꺼기일세", "중도 아닌 속인도 아닌 소치(嘯癡)라 일컫는 놈, 거문고에 칼 하나가 살림살이 모두라네." 등 그의 시에 칼과 거문고가 자주 등장하고, 이것이 자신의 전부라는 점을 강조하고 있는 점을 통해서도 확인할 수 있다. 거문고와 칼에 대한 백호의 기호는 그의 기질과 지향성을 드러내 보여주는 바, 칼은 드높은 기개를 표상하고 거문고는 풍류정신을 대변하는 상관물이라 하겠다. 즉 백호의 성정은 서로 상반된 것처럼 보이는 기개와 정감으로 대변될 수 있는 것이다.

이러한 점은 후대 연구자들도 주목한 바 있다. 김태준은 『조선소설사』에서 백호에 대해 다음과 같이 평하고 있다.

> 백호는 기우(氣宇)가 쇄락(灑落)하고 다정다한(多情多恨)한 반면 그와 정반대되는 기질을 가진 듯하니, 호광(豪曠)하고 활달한 천품이 그것이다. 그래서 광객(狂客) 같기도 하고, 또 끝없는 우국사상가(憂國思想家) 같기도 하고, 호쾌(豪快)하고 순결(純潔)한 시인 같기도 하여, 여러 기품이 잘 조화된 만유신(萬有神)의 권화(權化)이다.[3]

이상의 인용문에서 보듯이, 김태준은 백호의 성정과 행적, 그리고 작품 속에 녹아있는 상반되는 속성의 구유를 명쾌하게 읽어내고 있는데, 그 핵심은 기

3) 김태준, 『조선소설사』, 학예사, 1939, 74면.

개와 정감의 공유라고 할 수 있다. 이는 백호가 자기의 표상으로 삼았던 칼과 거문고에 대응되는 것이다. 칼과 거문고로 대변되는 백호의 문학세계는 여성을 형상화한 작품에서도 비슷한 모습을 찾을 수 있다. 여성에 대한 백호의 정감은 거문고와 같이 유려하면서도 동시에 칼과 같은 치열함을 보여주기도 한다. 그의 시문학에 나타나는 여성형상을 시조와 한시로 나누어 살펴보도록 한다.

1) 시조

임제가 남긴 시조 작품은 세 수가 전하는데, 모두 기생이나 풍류를 제재로 한 작품이다.

① 방초(芳草) 우거진 골에 시내는 울어옌다
가대무전(歌臺舞殿)이 어디어디 어디메오
석양에 물차는 제비야 네 다 알까 하노라.

② 북천(北天)이 밝다커늘 우장(雨裝)없이 길을 나니
산에는 눈이 오고 들에는 찬비로다
오늘은 찬 비 맞았으니 얼어잘까 하노라

③ 청초(青草) 우거진 골에 자는다 누었는다
홍안(紅顏)은 어디 두고 백골만 묻혔나니
잔 잡아 권할 이 없으니 그를 슬허하노라.

첫 수는 기생의 노래와 춤이 있는 기방이나 풍류처를 찾아 헤매는 풍류랑의 심사를 읊고 있다. 초장에서 산수 자연에 다시 아름다운 봄날이 찾아왔음을 제시한다. 시냇물 흐르고 꽃다운 풀 들이 우거진 모습은 봄날 생명력의 약동을 말해주고, 풍류가 샘솟는 정경이다. 중장에서는 멋진 춤과 노래가 있는 풍류처가 어디 어디 있느냐고 묻는다. 시인이 이름있는 풍류가 있는 곳이면 어디라도 찾아나섬을 토로하는 것이다. 종장에서는 마치 석양에 물위를 나는 제비처럼 풍류처를 두루 찾아 돌아든 자신이 모를 리가 있겠느냐는 자문자답이라 하겠다.

두 번째 작품은 기생 찬비<한우(寒雨)>를 만나 농염한 수작을 주고 받는 희언적(戱言的) 작품이다. 초장에서는 한비를 왜 만나게 되었는가의 정황을 밝힌다. 기생 한우가 있는 땅에 찾아온 것을 하늘이 맑아서 우장 없이 나섰노라고 눙치고 있다. 중장에서는 겉으로는 산에 들에 눈 내리고 비가 오는 자연 정경을 그리면서 실제로는 남녀가 정교를 나눔을 가리키는 운우지정(雲雨之情)을 암시하고 있다. 종장에서는 찬 비를 맞아 꽁꽁 얼어 잘 수 밖에 없다는 표현속에 명기인 한우와 어울려 자겠다는 뜻을 담고 있다. '얼다'가 '추위에 얼다'는 뜻 외에 '혼인하다', '남녀가 운우지정을 나누다'는 의미가 있음을 살려, 한우와의 동침을 유혹하는 풍류랑의 속셈을 드러내고 있는 것이다.

이에 한우는 다음과 같이 응대한다.

> 어이 얼어 자리 므슴 일 얼어 자리
> 원앙침(鴛鴦枕) 비취금(翡翠衾)을 어디 두고 얼어 자리
> 오늘은 찬비 맞았으니 녹아 잘까 하노라

명기 한우를 사랑한 백호의 중의적 표현도 일품이거니와 이 뜻을 알고서 받아들인 한우의 솜씨도 대단하다 하겠다. 백호 같은 재자(才子)와 한우 같은 가인(佳人)의 만남이 단순한 수작에 머물지 않고 풍류 높은 화답시조로 오늘날까지 전해지는 것에서도 백호의 뛰어난 풍류성을 읽어낼 수 있다.

세 번째 수는 임제가 평안도 도사가 되어 개성을 지나다가 황진이 무덤 앞에 이르러 천하 명기 황진이를 유명(幽明)을 달리하여 만나보지 못하는 안타까운 무상감을 읊은 작품이다.

초장에서는 풀 숲에 버려진 듯 자리한 황진이 무덤의 형상을 그리면서 정말 죽었는지 아니면 살아서 잠을 자고 누워있는 것인지를 상상한다. 황진이는 갔다지만 이렇게 처량하게 푸른 풀 우거진 속에 무덤까지 있음에도 시인은 그녀의 죽음을 실감할 수 없기 때문이다.

그러나 중장에서는 현실로 돌아와 그가 꽃다운 미모를 버리고 죽어서 이제는 앙상한 백골로만 묻혀 있으리라는 무상감에 젖는다. 종장에서는 황진이가 살아 있다면 응당 그녀와 더불어 서로 잔을 권하며 풍류를 즐길 터인데 그럴 수 없게 됨이 참으로 마음이 아프다는 비감의 토로이다.

이처럼 임제의 시조는 모두 기생과의 풍류적 삶에 탐닉하였던 자신의 자취를 드러내면서 그 속에 기방 풍속과 가인박명(佳人薄命)의 안타까움까지 형상화하고 있다.

2) 한시

임제가 남긴 여성형상의 한시는 대개 기녀와의 교류에서 쓰여진 것들이다. 하지만 출가한 뒤 일찍 죽은 큰 딸에 대한 절절한 그리움과 비통한 심정을 나타낸 것도 있다.

<죽은 딸에게>

너를 망종 보내는 길에 한잔 술 따라주질 못하는구나
몸져 누운 사립문 앞 푸른 이끼 가렸네.
추풍에 양지를 좇아오는 기러기 떼 자주 헤어봐도
꽃다운 혼령은 돌아오지 않으니 통곡만 하네.

汝葬無由奠一杯(여장무유전일배)
江扉淹病閉蒼苔(강비엄병폐창태)
秋風數盡隨陽鴈(추풍삭진수양안)
痛哭英魂不逐來(통곡영혼불축래)

-망녀만(亡女輓)

위의 작품에서 백호는 출가한 뒤에 일찍 죽은 큰 딸에 대한 그리움을 삶과 죽음의 아득한 거리로 드러내고 있고, 또 <망녀전사(亡女奠詞)>를 지어 딸의 신위 앞에 직접 갈 수 없는 형편에 멀리서나마 제를 드리며 비탄의 심회를 읊고 있다.

기녀와의 교류속에서 쓰여진 작품들은 앞서 지적한 것처럼 여성을 대상화하기 보다는 인간대 인간으로서 교류하고자 하면서 동시에 거문고로 대표되는 곡진한 정회라는 백호의 문학적 특징이 잘 드러난다고 볼 수 있다. 몇 가지 작품을 살펴보도록 한다.

<말 없는 이별>

아리따운 아가씨 열 다섯 살 나이
수줍어 말 못하고 헤어졌어라.
돌아와 겹문을 닫아두고서
달빛어린 배꽃 보며 눈물 흘리네.

十五越溪女 羞人無語別 (십오월계녀 수인무어별)
歸來俺重門 泣向梨花月 (귀래엄중문 읍향이화월)

-無語別(무어별)

기구(起句)에서는 한참 이성에 눈 떠 사랑을 키울 나이인 15세의 아리따운 월계녀를 제시한다. 예로부터 월나라 땅에는 미인이 많은데서 월(계)녀는 아리따운 여인을 가리키고 있다.

승구(承句)에서는 그 여인이 남몰래 마음 속에 사랑을 담아두고 그리워하면서도 부끄러워하며 애태우는 안타까운 정회와 청순무구함을 드러내고 있다. 조선조 사회는 남녀간의 자연스런 사랑이 크게 제약되던 시대였으므로 사랑하는 사람들끼리도 마음대로 만날 수도 없고 말을 나눌 수도 없는 처지였다. 그러기에 사춘기에 접어든 아가씨의 사모하는 마음과 안타까움은 더욱 절실하였을 것이다.

전구(轉句)에서는 이별의 안타까움을 처닫아둔 겹문으로 드러낸 후, 결구(結句)에서 달빛어린 하얀 배꽃의 애상적이고 여성적인 분위기에 주인공의 심정을 투영시키면서 천상의 달을 향하여 울게 하였다.

오언절구로 이루어진 이 시는 '규원(閨怨)'이라는 부제를 지니고 있는 바, 아리땁고 순박한 규수가 사랑하는 임을 말도 못하고 떠나보낸 처연함을 빼어난 여성적 미의식으로 형상화하고 있다.

<기생의 죽음을 두고>

곱고 고운 자태 평양성중에 빼어나
두 눈썹 먼산이 가느다랗게

꽃은 열매 맺을 인연 없다지만
옥도 어찌 사위어지느뇨?

세상 일은 화장 거울만 남고
춤추던 옷엔 먼지만 날린다오.

꽃다운 넋은 어디로 떠나갔나?
강버들에 제비는 돌아오건만.

艶艶箕都秀　雙蛾遠岫微 (염염기도수　쌍아원수미)
不緣花結子　那有玉銷圍 (불연화결자　나유옥소위)
世事餘粧鏡　流塵暗舞衣 (세사여장경　유진암무의)
春魂託何處　江柳燕初歸 (춘혼탁하처　강류연초귀)

-妓輓(기만)

첫 연에서는 기자조선의 도읍지, 곧 평양에서도 가장 빼어난 자태를 지녔던 기녀, 특히 두 눈썹이 미모를 더하였던 기녀를 등장시키고 있다. 예로부터 평양은 아름다운 기녀가 많은 것으로 유명하여 풍류랑 관원들이라면 평안감사가 되는 것이 선망의 대상이었다.

둘째 연에서는 그녀가 사랑의 열매를 맺지 못한 채, 병들어 여윈 모습을 그리고 있다. 즉 '옥소위'란 표현에서 가뜩이나 가는 버들같던 자태가 병이 들어 허리가 더욱 가늘어진 병약하고 측은한 실상을 말하고 있다.

셋째 연에서는 뭇사람들의 선망이 되던 여인이 이제는 죽어서 그가 남긴 화장거울과 춤추던 무의로만 남게된 슬픈 인간사를 풀어낸다.

마지막 연에서는 그녀가 한 번 죽고 나면 새 봄이 돌아와 강버들 푸르러지고 봄제비가 돌아와도 꽃다운 넋은 다시 돌아오지 못하리라는 한스러움을 담아내고 있다.

한때 가장 아름답던 평양 기녀의 죽음이 불러오는 무상한 감회를 풍류가 남달랐던 임제가 만사로 그려낸 작품이다.

<기생의 죽음을 두고>

용모 고왔던 한창 시절엔
부귀공자 서방으로 맞아

옥술잔에 좋은 술 따라 마시며
연자루 올라 아쟁을 탔었지.

청산은 어느덧 물결처럼 가버리고
붉은 연꽃 가을 서리 겪었구려.

이 걸음 봉래도로 돌아가서
옛날 노닐던 일 계속하겠지.

容顏昔全盛　夫婿富平侯 (용안석전성　부서부평후)
玉斝羔兒酒　瑤箏燕子樓 (옥가고아주　요쟁연자루)
青山俄逝水　紅藕自經秋 (청산아서수　홍우자경추)
此去蓬萊島　還應繼舊遊 (차거봉래도　환응계구유)

-妓輓(기만)

한창 아리따운 시절에는 권세가 부귀공자들의 사랑을 독차지하면서 풍류스런 삶을 살던 기생이 가을서리 맞아 져버린 붉은 연꽃처럼 시들어 죽고나면 결국 신선세계에서 또 풍류를 즐기게 될까하는 화무십일홍(花無十日紅)의 무상감을 담아내고 있다.

누구를 대신하여 지음

이몸은 임을 믿고 살아가노니
임이여, 부디 나를 잊지 마소서.

고운 마음 바위라 변칠 않는데
이별의 한 물과 함께 길이 흘러요.

서리 맞은 국화는 더욱 산뜻해
눈 속에 핀 매화 향기롭군요.

여보소 알아주오 옛적 예양은
범중항씨 위해 죽지 않았다는 걸.

賤妾自棲託 願郞無我忘 (천첩자서탁 원랑무아망)
芳心石不轉 離恨水俱長 (방심석부전 이한수구장)
霜後菊猶艶 雪邊梅亦香 (상후국유염 설변매역향)
須知豫讓子 不死范中行 (수지예양자 불사범중항)

위의 시는 이별의 서러움에 잠긴 여인의 심회를 대신하여 읊은 작품이다.

첫 연에서는 애인이 사랑하는 낭군에게 자신은 모든 것을 임에게 걸고서 살아가고 있으니, 부디 자신을 잊지 마라는 간절한 당부를 전하고자 한다.

둘째 연에서는 자신은 꽃다운 마음이 바위와 같이 불변하건만 임은 끝없이 흘러 변하는 강물과 같다면서 이별의 한을 토로한다.

명기 황진이의 시조에서도 '청산은 내 뜻이요 녹수는 임의 정이'란 표현이 있지만, 여기에서도 변치 않는 여인의 사랑과 오히려 강물처럼 흘러 가버리는 임의 사랑을 대조시켜 놓고 있다.

셋째 연에서는 모든 꽃들이 다 지고 난 가을에 찬 서리를 이기고서 피어나는 국화의 드높은 절조와 눈 속에서도 피어나는 매화의 기상을 통해 여인의 불변하고 향기로운 사랑을 노래하고 있다.

마지막 연에서는 다시 한 번 예양의 고사를 들어서 자신의 남다른 절조와 불변하는 사랑을 임에게 고백하고 있다.

예양은 중국 전국시대 인물로 처음에 범중항씨를 섬기다가 알아주지 않자 그를 떠나서 지백을 따라 섬겨 그를 위해 죽음으로 충성을 다한 인물이다. 곧 예양은 자신이 섬기는 지백이 조양자에게 죽자 끝끝내 이를 복수하려고 하다가 죽은 절조의 인물이다. 이처럼 시인은 여인이 진정으로 사랑하는 남자를 위해 죽음으로 절개를 지키겠다는 작중 화자의 목소리를 담아내고 있다.

<누구를 대신하여 지음>

거문고 두고도 타지 않네요
괴로운 곡조 들으면 슬퍼질 테니.
술이 있는데 마시지 못하네요
취하면 이별이 아파질 테니.
만단의 시름 맺혀서 풀리질 않아
마음은 누에고치 실 같아요.
사내들 먼길 가벼이 떠나는데
이 몸 장차 어찌할 것이오.
서글피 저 강변으로 나가
버드나무 한 가지 꺾어봅니다.
천만 겹 싸여진 이별의 사연
한 마디로 줄이면 곧 긴 그리움이라.
유연(幽燕)은 우리 고향 분명 아닌데
그대는 무엇하러 가셨나이까.
다리 옆 저문 날 비 내리는데
하염없이 섰자니 눈물만 줄줄.
이 내 소원 산 위의 돌이나 되어
날마다 임 오시나 바라봤으면.
이 내 소원 하늘 위의 달이 되어서
곳곳마다 임의 옷에 비추었으면.
그래도 끝끝내 보질 못하니
편옥(片玉)으로 시름을 녹이자꾸나.

약골의 이 몸이 살아 있으면
강가에 눈 오는 날 기다려야지.

有琴不可彈(유금불가탄)
苦調聞易悲(고조문이비)
有酒不可飮(유주불가음)
醉別增凄其(취별증처기)
萬般結不解(만반결불해)
心如春繭絲(심여춘견사)
男兒輕遠別(남아경원별)
賤妾將何爲(천첩장하위)
凄凄出江郭(처처출강곽)
手折楊柳枝(수절양류지)
離辭千萬重(이사천만중)
摠是長想思(총시장상사)
幽燕非故里(유연비고리)
夫子去何之(부자거하지)
河橋日暮雨(하교일모우)
佇立淸淚滋(저립청루자)
願爲山上石(원위산상석)
日日望君歸(일일망군귀)
願爲天邊月(원위천변월)
處處照君衣(처처조군의)
終然獨不見(종연독불견)
片玉鎖愁圍(편옥쇄수위)
蕙質若可保(혜질약가보)
期之江雪飛(기지강설비)

-代人作(대인작)

위의 작품은 연모하여 그리워하는 마음이 넘실거리는 염정의 정회를 읊고 있는데, 술로도 음악으로도 풀 수 없는 만단의 시름이 누에고치 실처럼 끝없이 이어지는 여인의 장상사(長想思)를 토로하고 있다.

임제의 작품에 등장하는 여성형상은 남녀관계에 종속되어 있거나 일방적으로 임에 대한 사랑을 갈구하지는 않는 것으로 보인다. 즉 임에 대한 절절한 그리움을 표현하더라도 그 형상은 자신의 사랑을 지키기 위한 자의식이 높게 표출되어 있다. 자신의 기다림을 예양에 비유하는 것이 그러하고, 기다림에 눈물이나 원망이 드러나 있기 보다는 결연한 의지가 드러나는 표현이 그러하다.

즉 임제는 자신의 문학세계에서 보이는 칼과 거문고의 형상처럼, 시문학에 드러나는 여성형상도 가녀린 여성의 모습보다는 자신의 사랑에 주체적이고 당당한 여성상을 보여주고 있다고 설명해 볼 수 있다.

4. 결언

이상으로 백호 임제의 간략한 생평을 통해 그의 인간적 풍모를 살펴보고, 아울러 그것이 시세계를 통해 분출된 양상, 그 중에서도 여성 형상에 대해서도 간략히 살펴보았다.

백호는 어떠한 것에도 얽매이기 싫어하는 호방한 기상의 소유자일 뿐만 아니라, 사람살이에서 겪게 되는 내면의 곡진한 정회까지도 가감없이 분출할 줄 알았던 낭만의 사람이기도 했다. 이러한 백호의 심성은 그의 시문학 속에서도 그대로 들어난다. 따라서 그의 시문학에서 형상화되는 여성의 모습은 소위 '여성적'인 모습보다는 자신의 사랑에 '당당'하고 실존적이며 주체적인 형상화를 이루고 있다고 보겠다.

황진이의 무덤 앞에서 신분의 차이를 뛰어넘어 시조를 읊거나, 기생의 만가를 지어주며 그를 하나의 인간으로 애도하는 모습 등은 백호가 단순한 풍류랑에만 그치지 않았다는 것을 보여주는 하나의 좋은 실례라고도 할 수 있다.

『於于野談』 평결에 나타난 유몽인의 여성인식 연구

김 진 선*

1. 서론

유몽인(柳夢寅)이 저술한 『어우야담(於于野談)』은 '야담(野談)'이라는 명칭을 처음으로 사용한 야담집으로 초기야담집에 해당한다. 어우야담은 당대에 '사실에서 어긋나고 허탄한 것이 많다'하여 유학자들로부터 많은 비판을 받았으나[1] 그러나 현대에는 민간의 구비문학이 지닌 진실성과 발랄한 미의식

---

* 경희대학교 국어국문학과 박사과정

1) 장유(張維)-『계곡집(谿谷集)』

"유몽인(柳夢寅)이 《어우야담(於于野談)》을 지었는데, 민간의 비속한 일들을 많이 기록하면서 그 사이에 시화(詩話)나 국조(國祖)의 고사(故事)도 언급하였다. 그런데 내가 우연히 한 권을 얻어서 들춰보았더니, 그 글이 매우 속될 뿐더러 기록 자체도 사실과 다른 곳이 눈에 많이 띄었다. 예컨대 박원종(朴元宗)이 36세에 영상(領相)이 되었다고 한 것이나, 홍유손(洪裕孫)이 90세에 아들을 낳았다고 한 것, 그리고 김수온(金守溫)이 대제학(大提學)이 되었다고 한 것들은 모두가 오류를 범한 것이다."

이덕무(李德懋)-『청장관전서(靑莊館全書)』

"오직 심계만은 어우(於于)의 병통을 잘 지적하는구려. 또한 그것은 와전되고 누락된 것이 아주 많네. 거기에 말한 '남원 정생(南原鄭生)'이란 자는 바로 최척(崔陟)이니 정(鄭)이 아닐세. 그의 며느리는 홍도(紅桃)이고 그의 아내는 옥영(玉英)이네. 내가 소옹(素翁)의 최척전(崔陟傳)을 한 번 읽어 보았기 때문에 자세히 아네. 무릇 글을 저술하는 데는 속된 것을 가지고 고아(古雅)하게 만들 수 있는 솜씨가 있어야만 되는 것인데, 어찌된 일인지 혹 그 고아하고 기이한 기사(記事)라도 한 번 어우의 붓을 거쳐가면 가치가 손상되고 빛이 떨어지는구려."

을 깊이 있게 수용하여 당대의 시대상을 폭넓게 구현한[2] 문학사적 가치가 중요시되는 작품집이다.

특히 어우야담에는 전대의 문학 양식에 비해 다양한 여성의 모습이 형상화되어 있어 연구들의 관심을 모은 바 있다. 여성인물들의 주체적이고 능동적인 성격을 통해 조선후기 여성상의 새로운 인식에 도달하는 결론을 도출하는 것이었다.[3] 인물 가운데는 조선후기 이념에 충실한 여성상을 그려낸 인물들도 있으며, 삶의 문제에 적극적이고 주체적으로 뛰어든 여성의 모습도 등장한다. 여성인물의 신분과 계층 역시 역사적으로 실존했던 인물에서부터 평민, 기생, 노비, 귀신 등 신분에 제한을 두지 않았다. 즉 양반가 여성의 삶은 물론 서민들의 삶까지 다양한 모습을 구체적이고 다양하게 그려냈다. 이와 아울러 사대부 남성이었던 유몽인이 처첩제로 인한 여성들의 피할 수 없는 갈등과 고통을 그리는 등 여성만이 공감 할 수 있었던 부분까지 서사의 중심으로 담아냄으로써 여성과 여성 삶에 대한 큰 관심이 있었음을 추측할 수 있다.

본 연구는 어우야담의 이러한 특징을 고려하여 그 안에 나타난 유몽인의 여성인식을 고찰하고자 한다. 대상은 어우야담의 여러 이본 가운데 가장 많은 이야기를 담고 있는 만종재본을 하고, 주된 논의의 대상은 작품의 말미나 서두에 붙는 評決이 있는 작품으로 한정하도록 한다. 평결은 사마천의 『史記』의 史評에 비롯하여 후대의 문학가들이 문학의 창작이나 설화의 기록에 차용하기 시작한 형식으로 17세기 이후부터 점차 보편성을 지녔다.[4] 평결의 역할은 작자나 담당층의 입장이나 세계관이 직접적으로 개입이라는 방식을 통해 작품 감상의 방향을 직접 제시하고, 서술자의 의도와 주제를 부각시키는 것이다. 때로는 주제 전달의 용이함을 노린 서술자의 부자연스러운 개입으로 이야기의 전개와는 다른 주제의식을 형상화하기도 한다. 때문에 평결에는 이야기의 화자와는 다른, 서술자 개인의 주관적 세계관과 가치

2) 유몽인 저, 신익철 외 역, 『어우야담』, 돌베개, 2006.
3) 현혜경, 「<어우야담>에 나타난 여성 삶의 형상화 양상과 의미」, 『한국고전여성문학연구』 8, 한국고전여성문학회, 2004.
신선희, 「<어우야담>에 나타난 여성인물의 양상」, 『한국고전연구』 2, 한국고전연구학회, 1996.
4) 강영순, 「유몽인 문학연구」, 단국대 석사학위논문, 1986.

관이 반영되어 있다고 볼 수 있다.

어우야담의 평결은 『동야휘집』과 같은 후기 야담집의 경우 야담집에 수록된 모든 이야기에 평결이 있는 것과는 달리, 전체 이야기 가운데 절반 정도의 이야기에만 평결이 있다. 평결을 통해 유몽인의 주관적이고 비판적인 인식과 개입을 확인할 수 있으며, 평결의 내용에 따라 이야기의 의미가 달라지거나 현실을 우의적으로 비판하는 이야기도 다수 발견된다. 그러므로 그 중요성을 간과할 수 없다고 본다.

특히 평결을 통해 유몽인의 여성인식을 살피고자 한 것은 어우야담의 여성인물 혹은 여성에 대한 이중적 시각에서 비롯된다. 어우야담에 등장하는 여성 인물들의 성격과 행동 양상에 관한 연구는 전반적으로 기존의 순종적인 여성 이미지와는 다른 '주체성', '적극성'을 발견하는 데 의의를 두고 있다. 이를 통해 전통적 여성상의 범주를 넓히고 있으며, 유몽인의 진보적인 여성관을 발견하는 데 가치를 둔다. 그러나 평결만을 따로 떼어놓을 경우 이들과의 좁혀질 수 없는 큰 간극을 발견할 수 있기 때문이다. 즉 '이야기의 등장인물'과 '현실속의 여성'에 대한 인식의 불일치의 면모가 확연하게 드러난다. 이에 대해서 현혜경[5]은 '유몽인은 남성이나 지배계층의 입장에서 여성의 행위를 수용하기 어려울 때는 본 서사내용과는 달리 평설에서는 남성중심적인 시각의 가치관을 나타낸다.'고 지적한 바 있다. 연구자 역시 이 의견에 공감하며 논의를 보다 자세하게 다루고자 한다.

여성에 관한 평결에 담긴 통해 유몽인의 여성인식을 살펴보고, 서사와 평결사이의 상이한 간극의 의미를 확인해보도록 하겠다.

2. 남성 우월 의식

어우야담에는 탁월한 능력을 가지고 난관이나 고난을 극복하는 여성인물들의 활력적인 모습이 나타난다. 대표적인 유형은 여성인물이 지인지감의

5) 현혜경, 「<어우야담>에 나타난 여성 삶의 형상화 양상과 의미」, 『한국고전여성문학연구』 8, 한국고전여성문학회, 2004.

능력을 발휘하여 직접 배우자를 선택해 혼인을 하고, 이후 여성인물의 탁월한 능력으로 남편을 과거에 급제시키거나 경제적으로 크게 번성시킨다는 내용이다. 이 때 선택당하는 남성은 가난하거나 한미한 집안 출신이로 잠재된 능력을 가진 인물도 있으나, 대체로 평범한 인물에 불과하다. 특별한 능력을 지니지 않았기 때문에 여성인물의 계획과 행동에 수동적으로 따르는 역할이다. 이 때 여성인물들이 갖고 있는 탁월한 능력은 '지감(知鑑)'이나 '예지력'과 같은 형태로 드러나는데, 남성인물을 만나게 됨으로써 그 능력을 발휘하게 된다. 남성인물의 성공에는 반드시 여성인물들이 성공의 결정적이고 직접적인 계기를 제공하고, 성공의 최종 순간까지 정신적 · 심리적 지원을 아끼지 않는다. 결국 남성은 입신하고, 부를 축적하여 행복한 결말에 이른다.

이와 같은 유형의 이야기들을 통해 여성은 때로 남성보다 더 우월한 능력을 가진 존재로 그려진다. 물론 야담 이전의 갈래에 이러한 유형이 없었던 것은 아니다. 여성영웅소설의 경우 여성이 '변신'을 하고 '도술'을 부리는 등 초인적인 능력을 가진 존재로 그려지는 작품들도 있다. 그러나 어우야담에는 여성인물이 이처럼 신이한 능력을 지니는 경우는 없다. 고작해야 자신의 배필을 알아볼 줄 아는 눈을 가졌으며, 처세와 지략이 뛰어나다는 정도에 불과하다. 이는 야담이 문학양식이기는 하나 역사적인 글쓰기를 지향했다는 점에서 지나친 허구를 기피했기 때문일 가능성을 염두 할 수 있다.

유몽인이 당대의 소수자이자 사회적 약자였던 평민여성의 삶을 자주적이고 적극적인 여성상으로 표현하고, 이들 삶에 대한 긍정적 시각을 그려냈다는 점에서 그의 여성에 대한 진보적인 가치관을 지닌 것으로 평가할 수 있다. 처첩제로 인한 여성의 고통과 슬픔을 나타내고, 그러나 평결을 통해 드러난 여성인식은 오히려 여성비하의식에 가깝다.

> 1) 예로부터 교화시키기 어려운 것이 부인이다. 남자 중에 강심장인 사람이라도 몇이나 능히 부인을 두려워하지 않으랴?[6)]

위 이야기는 소화의 성격을 지닌 작품으로 아내를 무서워하는 남성들을

---

6) 만종재본 45화.

우의적으로 조롱하는 이야기이다. '自古難化者婦人'라 하여 부인은 교화가 어렵다는 문장으로 이야기로 서두를 시작한다. '교화'의 사전적 의미는 '가르치고 이끌어서 좋은 방향으로 나아가게 함'이다. 가르치고 이끌어도 좋은 방향으로 나아갈 수 없는 존재로, 그러한 여성을 두려워하는 남성을 비난하는 이야기로 해석할 수 있다. 남성이 여성보다 우월하다는 의식과 함께 가정 내에서라도 여성의 권위가 커지는 것을 우려하고 있음을 확인할 수 있다. 가장의 역할을 대신 수행해가면 집안을 꾸려나가는 여성인물에 대한 시각과는 상반되고 있는 것이다.

여기서 주목할 점은 이야기에 등장하는 여성 인물에 국한시킨 다른 평결과 달리 여성일반으로 그 대상을 확장시킨다는 점이다. 이는 아래의 평결에서도 마찬가지로 나타난다.

2) 내 생각에 역병과 홍역은 모두 열이 심하게 나는 병이다. 열과 불은 매우 밝아서 형체가 없는 것에 대해서도 능히 볼 수 있기 때문이지, 어찌 신이 있어 알려주는 이치가 있겠는가? 아녀자들은 그런 것(역병 앓은 아이)을 보고서 손을 모아 신에게 빌고 있으니, 우스운 일이다.[7]

3) 아! 꺼리어 기피하는 것은 흔히 여자들이 하는 일이다. 선비가 도리를 알면서 어찌 요망한 설에 현혹되겠는가? 다만 선비들의 습속이 과거를 중시해 마치 물을 건너는 사람이 죽고 사는 것을 근심하는 듯하니, 가소로운 일이다.[8]

4) 대개 여성들이 무당굿을 좋아하는 것은 죽은 자나 산 사람이나 매한가지다. 고형산은 그러한 정상을 잘 알았으니, 지혜롭다고 이를 만하다.[9]

2)는 아이가 역병에 걸리면 신령함이 생긴다고 믿어 아이에게 기도하는 당시의 풍습을 비판한 것인데 여성들이 비판의 주된 대상이다. 유몽인이 이를 우스운 일이라고 비판한 것은 역병 앓은 아이에게 필요한 것은 치료임에

---

7) 만종재본 159화.
8) 만종재본 161화.
9) 만종재본 155화.

도 불구하고 기도만 함으로써 요절하게 되는 상황의 불합리성이다. 그러나 이야기 애초에 비판의 대상은 여성과 남성 모두에 해당하는 것이었다. '부인들 뿐 아니라 유식하다는 사대부들 또한 두려워하며 미혹을 떨치지 못하고 있다. 이처럼 마치 무당이나 판수와 같이 행동하니 어찌 한심하지 않은가?' 라고 언급하면서 사대부 역시 그 비판의 대상으로 삼는다. 따라서 이 이야기는 미신을 섬기는 여성의 습속을 지적하고자 한 것이 아니라, 역병에 걸린 아이를 죽음으로 몰고 있는 풍속을 비판한 것이다. 그런데 평결에 가서는 아녀자들의 그러한 행동이 우습다는 결론을 맺고 있어 인식의 발전을 보이지 못하고 있다.

유몽인은 당대 여성들의 일반적인 태도를 평결을 통해 지적한 경우가 많다. 3)에서 보는 바와 같이 꺼리고 기피하거나, 무당이나 굿을 좋아하는 것 등이 이에 해당한다. 여자들의 습성을 예로 들면서 이러한 태도를 지양해야 한다는 식의 결론을 내리고 있다. 이를 냉철한 관찰을 통해 내려진 사고방식으로 볼 수 있을까? 그러한 결론에 도달하기 위해서는 여성뿐만 아니라 남성의 일반적인 면모를 통한 반성적 사유 또한 언급되어야 할 것이다. 그러나 특정 남성인물의 행동에 대한 가치평가나 문학에 관한 평가를 내리는 경우만 있을 뿐 남성일반에 관한 내용은 발견할 수 없다. 이를 통해 유몽인이 여성 삶에 대한 관심이 있었고, 그들의 삶을 그리는 데 있어 당대의 사대부들보다 큰 공을 들인 것은 사실이겠으나 그의 여성인식이 진보적인 데까지는 이르지 못한 것으로 보인다.

3. 기생의 속물적 습성 비판

야담에 등장하는 여성 가운데 많은 비중을 차지하는 계층이 바로 기생이다.[10] 기생들은 사대부 남성의 은밀한 동반자이자 사대부문화의 자연스런

---

10) 야담집에 등장하는 기생에 관한 연구는 다음과 같다.
김희경, 「기녀 결연 야담 연구」, 연세대 석사학위논문, 1990.
조광국, 『기녀담 기녀등장소설 연구』, 월인, 2000.

삶의 일부[11]로 사대부 일화에 빠지지 않고 등장하는 계층이다. 특히 '옥소선'이나 '일타홍'과 같은 기생들은 여러 야담집에 공통적으로 등장하여, 이야기 전개와 변이양상에 관한 연구가 이루어지기도 했다.[12] 어우야담에도 '논개', '황진이', '성산월', '일타홍', '관홍장'과 같은 이름난 기녀들의 이름이 기록되어 있다. 황진이는 사람들이 '오백년 도읍지를~' 시조가 황진이가 지은 것으로 알려져 있는데, 시의 비장함으로 보아 여인이 지은 것이 아닐 것이라는 의견을 나타내기도 했다.[13] 실제 이 시조는 길재가 지은 것인데, 황진이에 대한 이야기라기보다는 자신의 문학적 식견을 드러내는 것에 중점이 맞추어져 있다고 보인다. 어우야담에는 시인이나 문장에 대한 논평에 관한 이야기들이 많은데 황진이 이야기 역시 그 부류로 이해하는 것이 좋을 듯하다.

유몽인이 사대부와 관련된 서사에 여러 기생을 등장시키고 있는 것은 사실이다. 앞서 언급한 기생들은 논개처럼 나라를 위해 목숨을 끊고, 일타홍처럼 남성의 성공을 위해 헌신하는 여성으로 그려진다. 그렇지만 평결에 지적한 기생의 속성은 '속물'이고 '거짓'이다.

> 어찌 창녀뿐이랴! 조정의 사대부도 또한 그러하다.[14]

중국의 한 창녀가 나이를 속이고 어린 손님을 많이 받다가 나그네에게 망신을 당했다는 이야기이다. 나그네는 창녀가 매년 나이를 물을 때마다 17이라고 말한 것을 보고 "창녀가 나이를 숨기는 것은 온 천하가 똑같구나"라며

---

11) 최기숙, 「'성적' 인간의 발견과 '욕망'의 수사학-18 · 19세기 야담집의 '기생 일화'를 중심으로」, 『열상고전연구』 16, 열상고전연구회, 2001.

12) 김준형, 「<옥소선 이야기>의 변이양상과 의미」, 『한국민속학』 30, 민속학회, 1998.
_____, 「근대 전환기 <옥소선(玉蕭仙) 이야기>의 개작 양상과 그 의미」, 『한국고전여성문학연구』 13, 한국고전여성문학회, 2006.
이신성, 「<일타홍 이야기>의 전개양상과 그 의미」, 『한국한문학연구』 14, 한국한문학회, 1991.
_____, 「<일타홍 이야기>의 여성지인담 성격 연구」, 『야담문학연구의 현단계』 3, 보고사, 2001.
_____, 「선천기 이야기의 전개양상과 그 의미」, 『일사 천두현교수 정년퇴직 기념논문집』, 1991.

13) 만종재본 290화, "그 노래는 비장하여 여인네가 지을 수 있는 것이 아니다. 요즘 사람들은 잘못하여 진이가 지었다고 한다."

14) 만종재본 455화.

탄식한다. 유몽인은 창녀가 거짓을 일삼는 이야기를 통해 사대부가 역시 이와 다르지 않은 세태를 꼬집고 있다.

> 아! 기생이 몸을 가벼이 하고 재화를 중히 여김은 천하가 똑같으니, 탄식할 만한 일이다.[15]

기생들이 남성을 대하는 태도가 재물의 大小에 따라 결정되는 양태를 비판하고 있다. 기생은 처음에 남성인물의 초라한 행색을 보고 무시하였다가 그의 재물을 보고 말을 바꿔 그를 받아들인다. 이는 조선후기로 내려올수록 양반의 기녀작첩이 늘어남에 따라, 권력층의 첩이 되지 못한 관기들의 사창화(私娼化) 현상이 나타나는데[16] 이러한 당대의 현상을 반영하고 있는 것으로 보인다. 개인적인 실리추구에만 속물적인 속성을 비판하고 있다.

4. 편향적 정절관(貞節觀)

어우야담에는 남녀의 다양한 결합을 그린 이야기가 많다. 결합에는 양성적인 결합도 있으며 은밀한 결합도 있다. 남녀의 건강하고 정상적인 만남과 결합을 그리는 작품들은 핍진한 서사에 중점이 맞추어져 있으며 평결이 대부분 없다. 그러나 남녀의 비정상적 결합을 다룬 작품들의 경우 평결을 통해 부정적 시각을 드러내고 있다. 유몽인은 남녀의 정욕에 대한 경계를 강조했는데 내용은 다음과 같다.

> 남녀 사이에는 큰 욕정이 존재한다. 성인이 예법을 만들어 내외의 분별을 두었는데, 그 화를 막아 방지하고자 한 것이 주밀하였다. 열 살 때부터 자리를 같이하지 않을 것이며, 길은 함께 가지 않을 것이며, 밤길에는 등잔불을 밝힐 것이로되 등잔불이 없다면 행차를 그칠 것이다. 비록 형제나 생질처럼 가까운 친척 사이일지라도 서

---

15) 만종재본 75화.
16) 최기숙, 앞의 논문.

> 로 대면할 때는 절도가 있다. 혹은 문지방을 넘지 말아야 하고, 혹은 왼쪽 문짝을 닫아 두어야 하며, 혹은 문을 반쯤 열어두고 말을 나누어야 하는데, 이는 옛 제도이다. 우리나라에서는 규방의 범절을 중하게 여겨 사족의 문지방 안은 외부사람이 엿보기 어려운 바다.[17)]

그러나 '색(色)'이나 '성(性)' 그 자체를 부정한 것은 아니다. 퇴계와 남명이 여색에 대한 대화를 나누는 이야기[18)]나 남녀의 사통을 흥미롭게 다룬 이야기들도 다수 전하고 있기 때문이다. 물론 이러한 이야기의 주체는 남성이다. 간혹 여성이 남성을 유혹하는 이야기도 있지만 이들은 남성이 꾀를 내어 '위기의 순간'을 벗어난다는 내용으로 마무리된다. 또한 여성의 감정은 '욕정'과 같은 순간적 쾌락을 해결하기 위한 것이 아니라 '사랑'에 가깝다. 반대로 남성이 여성을 대상으로 하는 이야기는 남성이 치밀한 계획을 세우고 주변인을 동원하여 결국 능욕하고 만다. 이 때 남성의 감정은 '사랑'이라기보다는 '욕정'이나 '욕구'에 가깝다.[19)]

주변의 계락으로 인해 정절을 잃고 타락하는 진복에 관한 이야기가 전한다. 재상가 측실의 딸인 진복은 무당의 점에 따라 자식이 없는 노파에게 입양되었다. 그러나 노파의 친인척들이 노파의 사랑을 독차지한 진복을 시기하여 거짓으로 속여 사헌부 사령에게 능욕시켰고, 결국 진복은 음부(淫婦)가 되었다는 내용이다. 말미에 다음과 같은 평결이 붙어있다.

> 진복은 한때의 음부이니, 마음가짐을 한번 잘못 먹어서 종신토록 수치스럽고 욕된 삶을 산 것 또한 마땅하다고 하겠다. 다만 사람의 시기심과 사특한 마음이 사람을 이처럼 헤아릴 수 없는 곳에 빠뜨릴 수 있으니,이를 두려워하지 않을 수 있겠는가.[20)]

진복은 친척들의 철저한 계략에 빠져 생면부지의 남자에게 강제적으로

17) 만종재본 422화.
18) 만종재본 428화.
19) 최기숙, 앞의 논문.
20) 만종재본 421화.

정절을 빼앗기는 피해자임에 분명하다. 그러나 평결에는 진복의 잘못된 마음가짐에 따른 당연한 결과로 보며 이러한 결과의 책임을 진복에게 전가하고 있다. 유몽인이 실학적인 가치관을 지닌 인물이었다 하더라도 조선의 유교 이념에서 자유로울 수 없었을 것이다. 때문에 여성의 정절을 강조한 것은 일면 당연한 것으로 받아들일 수도 있다. 그러나 이 때 간과할 수 없는 것은 여성이 성적 폭행의 희생자임에도 불구하고 그 책임이 몸가짐을 제대로 하지 않은 여성에게 있다고 본 것이다. 또한 친인척의 행위가 한 여자의 인생을 파국으로 몰고 간 데 대한 구체적인 비판은 생략하고, 사람의 악의가 치명적 결과를 가져올 수 있으니 이를 경계해야 한다는 교훈으로 이야기를 마무리하고 있다. 유몽인이 현실비판적인 사상이 일관되게 작품 전체를 지배했더라면 진복과 같은 여성의 피해사례가 더 이상 발생해서는 안 됨을 역설하고, 이와 같은 상황을 방지하기위해 의식의 전환을 촉구했어야 마땅할 것이다. 그러나 이를 외면함으로써 그의 절열관이 보다 합리적인 방향으로 발전하지 못하고 있음을 확인할 수 있다.

> 남녀의 정욕이란 몹시 두려운 것이다. 눈 깜짝할 사이에 한 번 얼굴을 본 뒤로 끝내 마음을 제어하지 못해 유모로 하여금 부인을 팔도록 하고 그 계책을 이루었다. 이는 다름이 아니라 여자가 몸단속을 단단히 하지 못하여 막고 방비함에 예법을 잃어 남자가 의외의 일을 도모하게 한 것이다. 그러니 이 어찌 부인 된 사람의 경계할 바가 아니겠는가?[21]

앞선 진복의 이야기와 유사하지만 이 때 여성의 신분이 高門盛族에 새로 시집 온 부인이라는 점에서 더 심각성을 띠고 있다. 미혼이었던 진복과는 달리 이 여성은 이미 혼인을 한 유부녀이기 때문이다. 때문의 진복의 경우보다 파장을 가져올 수 있는 작품이다. 한 장사꾼이 아름다운 부인을 보고 한눈에 반하여 그녀를 탐할 계책을 세운다. 그는 재물로 그녀의 유모를 유혹한 뒤, 유모를 이용해 결국 그녀를 간음한다. 부인은 유모의 장난인 줄 알고 장사꾼을 거절하지 않았다가 결국 간음을 당하게 된다. 이 때 잘못은 누

21) 만종재본 423화.

구에게 있는가? 당연히 부인을 간음하기 위해 의도적으로 유모에게 접근하고, 유모와 짜고 부인을 속인 장사꾼에게 있다. 그러나 위 평결에서 보는 바와 같이 이 이야기의 잘못 역시 부인의 철저하지 못한 몸단속에 있다고 함으로써 여성들이 이를 경계해야 한다고 강조하고 있다.

그렇다면 이에 나타난 유몽인의 시각은 어떠한 것인가? 두 이야기로 보건대, 유몽인은 여성의 절개와 지조가 남성과 사회가 함께 보호해야 하는 가치가 아니라 여성 개인이 홀로 지켜야 하는 개념으로 보고 있다. 그러나 정절은 '도덕'이나 '윤리'의 문제가 아니었다. 정절은 분명 '이념'의 이름으로 존재했다. 이념은 제도로서 기능하기 때문에 사회 구성원의 관심과 협조를 필연적으로 수반하고 있다. 그러나 유몽인은 '정조'가 온전히 여성의 영역의 것으로만 보고 있으며, 이를 지켜내기 위한 노력 역시 여성의 영역으로만 보고 있다. 즉, 이를 지켜내는 여성의 역할만 강조했을 뿐, 이를 빼앗아서는 안 되며 이를 지키기 위한 사회적 노력이 필요하다는 인식에는 미치지 못하고 있다.

5. 맺음말

유몽인의 어우야담에 나타난 여성인물의 다양성은 여러 면에서 많은 가능성을 제시하고 있다. 이들은 순종하고 인내만이 미덕이라 여기며 살아가는 숨죽이는 여성이 아니라, 역사의 그늘에서나마 행동하고 고민하며 숨 쉬고 있는 여성들의 모습을 보여주기 때문이다. 현실의 많은 제약에도 불구하고 자신의 삶을 주체적으로 이끌어나가는 적극적 면모를 보여준다. 특히 주체적 여성에 대한 긍정적 시각이나 여성 삶에 대한 고충의 문제를 심도 있게 다룸으로써 당시 유학자로서는 열린 시각을 평가할 수 있을 것이다.

그러나 평결만을 대상으로 살펴본 결과 오히려 남성의 우월감을 직설적으로 드러내거나, 남성의 주변인으로만 여성을 인식하는 등의 이전의 사대부 남성과 다를 바 없다. 여성이 순결을 빼앗겼을 때, '빼앗은 자'에 대한 비난보다는 '빼앗긴 자'에 대한 질책을 하는 평결을 통해 그가 여성에게 강요된 절열 이데올로기를 사회 구성원 모두의 영역으로 파악하지 못하고 여성으 영역으로만 인식하는 한계를 보였다. 이는 유몽인이 현실 개혁적이고 비판적인 의식을 지녔던 인물이라 하더라도 제도나 정치에 비해 여성에 대한 인식이 개방적이고 발전적이지 못한 면모를 지닌 것으로 볼 수 있다.

물론 평결만을 대상으로 유몽인의 여성인식을 살피는 것은 일정의 한계를 안고 시작했다는 점을 부인할 수 없다. 평결의 유무를 떠나 이야기의 취사선택에서부터 작가의 편찬의식과 사상이 반영되어 있으며, 평결이 없는 작품들 가운데 유몽인의 여성관을 확인할 수 있는 작품들도 다수 존재하기 때문이다. 그러나 역으로 이들 작품은 주관적으로 해석될 가능성이 크다는 점을 고려해야 한다. 현재로서는 『어우야담』의 정본이 없고, 유몽인 사후 편찬된 상황에서 유몽인이 실제 어떤 의도를 가지고 어떤 방식으로 저술하였는지 추측만 가능할 뿐이다. 때문에 본 연구에서는 주관적인 해석을 요하는 작품들은 논의의 대상에 포함시키지 않으며, 작가의 여성인식을 직접적으로 확인할 수 있는 평결이 있는 작품만을 대상으로 하였으며, 야담집에 수록된 모든 작품을 연구 대상으로 확장하는 것을 향후 과제로 남긴다.

참고문헌

강영순, 「<일타홍 이야기>의 여성 지인담 성격 연구」, 『고전문학연구』 9, 한국고전문학회, 1991.

강영순, 「조선후기 여성지인담의 존재양상과 의의」, 『연민학지』 3, 연민학회, 1995.

______, 「조선후기 여성지인담 연구」, 단국대 박사학위논문, 1995.

곽정식, 「가짜 열녀 이야기의 존재양상과 전승의식」, 『어문학』 88, 한국어문학회, 2005.

김동석, 「야담집에 나타난 여인의 신분갈등과 적서차별」, 『한문학보』 12, 우리한문학회, 2005.

김동욱, 「천예록 연구」, 『반교어문학연구』 5, 반교어문학회, 1994.

김상조, 「조선후기 야담에 나타난 재가의 양상과 의미」, 『한문학논집』 4, 근역한문학회, 1986.

김준형, 「가족의 의미망을 통해 본 야담」, 『한국고전여성문학연구』 10, 한국고전여성문학회, 2005.

_____, 「<옥소선 이야기>의 변이양상과 의미」, 『한국민속학』 30, 민속학회, 1998.

_____, 「근대 전환기 <옥소선(玉蕭仙) 이야기>의 개작 양상과 그 의미」, 『한국고전여성문학연구』 13, 2006.

김혜정, 「야담에 나타난 여성의 우정 실현의 두 양상」, 『돈암어문학』 18, 돈암어문학회, 2005.

김희경, 「기녀결연 야담연구」, 연세대 석사학위논문, 1990.

유몽인 저, 신익철 외 역, 『어우야담』, 돌베개, 2006.

이경우, 『초기 야담의 문학성에 관한 연구』, 서울대 박사학위논문, 1991.

이경하, 「여성문학사 서술의 필요성에 관하여」, 『여성문학연구』 11, 한국여성문학학회, 2004.

이명희, 「조선후기 여성지위변동 야담 연구: 『계서야담』 『청구야담』 『동야휘집』을 中心으로」, 부산대 석사학위논문, 1996.

이신성, 「<일타홍 이야기>의 전개양상과 그 의미」, 『한국한문학연구』 14, 한국한문학회, 1991.

_____, 「<천예록> 연구」, 동아대 박사학위논문, 1993.

_____, 「<양은천미> 소재 여성인물야담에 대하여」, 『부산한문학연구』 8, 부산한문학회, 1994.

_____, 「<천예록> 소재 여성인물야담의 성격 연구」, 『동양한문학연구』 15, 동양한문학회, 2001.

_____, 「<일타홍 이야기>의 여성지인담 성격 연구」, 『야담문학연구의 현단계』 3, 보고사, 2001.

_____, 「<선천기 이야기>의 전개양상과 그 의미」, 『일사 천두현교수 정년퇴직 기념논문집』, 1991.

이월영, 「야담집 소재 여성담 연구 -反여성이데올로기 여성담을 중심으로」, 『한국언어문학』 39, 한국언어문학회, 1997.

_____, 「야담집 소재 재가담 연구」, 『한국언어문학』 42, 한국언어문학회, 1999.

_____, 「야담집 소재 여성신분상승담 연구」, 『한국언어문학』 45, 한국언어문학회, 2000.

신선희, 「<어우야담>에 나타난 여성인물의 양상」, 『한국고전연구』 2, 한국고전연구학회, 1996.

조광국, 『기녀담 기녀등장소설 연구』, 월인, 2000.

최기숙, 「사랑의 담론화 방식과 의미론적 경계-18 · 19세기 야담집 소재 '사랑 이야기'를 중심으로」, 『열상고전연구』 18, 열상고전연구회, 2003.

_____, 「'관계성'으로서의 섹슈얼리티: 성, 사랑, 권력-18 · 19세기 야담집 소재 '강

간'과 '간통' 담론을 중심으로」, 『여성문학연구』 10, 한국여성문학학회, 2003.

______, 「'성적' 인간의 발견과 '욕망'의 수사학-18·19세기 야담집의 '기생 일화'를 중심으로」, 『열상고전연구』 16, 열상고전연구회, 2001.

______, 「여성성의 재발견: 이성·지혜·성공의 탈영토화-18·19세기 야담집 소재 '여성일화'를 중심으로」, 『한국고전여성문학연구』 6, 한국고전여성문학회, 2003.

현혜경, 「<어우야담>에 나타난 여성 삶의 형상화 양상과 의미」, 『한국고전여성문학연구』 8, 한국고전여성문학회, 2004.

판소리 <심청가>의 OSMU 스토리텔링

-TV드라마 <심청의 귀환>을 중심으로-

허 은 미*

1. 서론

현전하는 판소리 다섯마당 즉, <춘향가>·<심청가>·<흥보가>·<수궁가>·<적벽가>는 17세기 후반 성립 이후 다양한 '판'을 벌여왔다. 판소리는 고전소설, 창극, 연극, 영화, 뮤지컬 등 장르에 구애받지 않고 창작의 원형으로서 자리했다.

그중에서도 판소리 <심청가>의 경우 1936년 채만식<심봉사>, 1962년 이형표 감독 영화 <대심청전>, 1968년 창극 <심청> 공연이 시작되고, 1972년 뮌헨 올림픽 문화축전에서 공연된 윤이상 오페라 <심청>, 1978년 최인훈 <달아 달아 밝은 달아>, 1986년 창작발레 <심청>이 유니버셜 발레단의 초연 이후 20년 가까이 국내외에서 널리 공연되고 있으며, 1991년 오태석 <심청이는 왜 두 번 인당수에 몸을 던졌는가>, 2004년 개봉 이후 서울 국제 만화 애니메이션 페스티발(SICAF) 대상·프랑스 안시 국제 영화제 특별상을 수상한 남북 합작 애니메이션 <왕후 심청>, 2004년 공연 당시 전회 매진을 기록하고 2006년 다시 무대에 올려진 뮤지컬<심청왕후> 등에 이르기까지 OSMU

* 경희대학교 국어국문학과 석사과정

(One Source Multi Use)[1] 콘텐츠로서의 위상을 떨치고 있다.

판소리 심청가의 OSMU로서의 행보에 있어 최근 가장 눈에 띄는 것은 2007년 KBS 설날특집극 <심청의 귀환>[2]이다. 이 드라마는 2007년 설특집 드라마 중 시청률 1위였지만, 4.4%라는 저조한 기록이었다. 이에 불구하고 '미니 시리즈로 만들자'는 등의 시청자 호평이 줄이었다. 드라마 홈페이지[3]에서도 밝혔듯, 한국인이라면 누구나 알고 있는 심청이 이야기에 퓨전사극·코믹·로맨스·액션 장르물의 성격을 가미함으로써 시청자들에게 신선함과 재미를 선사한 것이다.

본고에서는 드라마 <심청의 귀환>에 나타난 원전텍스트로서의 판소리 <심청가>가의 수용 및 변화양상을 살펴보고, 판소리가 TV드라마의 창작 원천으로 작용될 때 바람직한 변용의 방향을 제시해 보고자 한다.

2. 본론

1) 모험과 변모로서 플롯의 전환

토비아스Ronald B,Tobias는 인간의 마음을 사로잡는 이야기의 패턴을 20가지 플롯으로 정리한 바 있는데,[4] 창작 이후 다양한 콘텐츠의 문화원형으로서 대중의 마음을 사로잡은 <심청가> 역시 그 인기 원인 또한 플롯에서 찾아볼 수 있을 것이다. <심청가>가 <심청의 귀환>으로 각색될 때, 어떠한 플

1) 원 소스 멀티 유즈란 하나의 원천 소스가 변형되어 다른 장르로 나아가는 것을 말한다. 최근 문화계의 동향을 살펴보면, 문학작품이나 연극, 만화 등을 원작으로 하는 영화나 드라마가 많이 생산되고 있다. 또 각색영화나 드라마가 인기를 끌면 다양한 매치를 통해 멀티 유즈되어 수익을 극대화한다. 예를 들어 흥행과 예술성에 성공한 영화로 여겨지는 왕의 남자도 원래 역사기록을 바탕으로 한 연극대본을 다시 영화한 것으로 OSMU를 통해 원 소스가 다양한 매체에서 구현된 사례를 보여준다.
최혜실, 『문자문학에서 전자문화로』, 한길사, 2007, 183~184면 참고.

2) 2007년 2월 18일 오전 9시 55분, 연속 2회 방송(회당 60분). 연출 김원용·극본 이은주. 이영은·임주환 주연.

3) http://www.kbs.co.kr/drama/special/simchung

4) 로널드 b. 토비아스, 김석만 역, 『인간의 마음을 사로잡는 스무가지 플롯』, 풀빛, 2007.

롯 변화가 일어났는지 살펴보겠다.

1. 추구 2. 모험 3. 추적 4. 구출 5. 탈출 6. 복수 7. 수수께끼
8. 라이벌 9. 희생자 10. 유혹 11.변신 12. 변모 13. 성숙 14. 사랑
15. 금지된 사랑 16. 희생 17. 발견 18. 지독한 행위 19.20. 상승과 몰락

<토비아스의 스무가지 플롯>

토비아스는 그의 저서에서 기발한 착상 보다는 패턴이 중요하다고 밝히고 있다. 스무가지 플롯은 누구나 관심 있어 하는 검증받은 플롯의 패턴들로, 콘텐츠 안에서 하나 이상의 플롯들이 작품 전체의 동력으로써 작용한다. 이 패턴은 행동의 패턴(곧 플롯)과 태도의 패턴(곧 등장인물)으로 구분되는데, 서로 섞여 전체를 이룬다.

먼저 플롯을, 다음 장에서 등장인물의 분석을 시도하겠다.

<심청가>의 메인플롯은 추구이다. 심봉사를 눈뜨게 하는 것을 추구하는 것이 메인플롯으로 작품 전체를 아우르고, 이를 위한 심청의 희생이 서브플롯으로 작동한다.

<심청의 귀환>의 플롯 역시 이와 동일하나, 우화적 사건의 연속에서 벗어나 드라마틱한 구성을 갖추기 위해 사또와 이방이 등장해 음모를 꾸미는 또 하나의 이야기를 배치, 이를 극복하는 주인공 심청의 모험이 메인플롯으로 작동한다. 그리고 모험의 과정 속에서 심청은 변모[5]한다.

드라마 1부를 보면 사또와 이방은 효 사례를 올리라는 조정의 명에 따라 조사를 벌인다. 이 과정에서 이방의 곡물창고에 있던 쌀 300석을 도둑맞게 된다. 이방은 공양미 삼백석을 마련하기 위해 고민하고 있던 심청에게 인당수에 몸을 던지는 방법이 있다 회유한다. 스님 역시 심청이 시주한 쌀 300석을 받으면 도적에게 도둑맞은 것으로 하고 관아에 넘기라 회유한다. 이방은

5) 변신 · 변모는 그 명칭에서는 유사성을 보이나, 각기 다른 의미를 가지고 있다. 변신의 플롯은 저주의 결과로 동물 등 외형의 변화를 일으킨 주인공을 다룬다. 이에 반해, 변모의 플롯은 주인공이 인생의 여러 단계를 여행하면서 겪는 변화를 다루며, 스토리는 주인공의 성찰에 집중되어 있다. 위의 책, 251~270면 참고.

이를 통해 쌀을 채우고, 사또는 효녀 심청의 누각을 세워 임금의 방문을 유도함으로써 출세의 발판을 마련하려 한다.

한편 원작에서는 용궁에 갔다 연꽃을 타고 육지로 돌아온다는 환상적 구성이 <심청의 귀환> 2부에서 환상의 이미지로만 연꽃씬이 나타나고, 심청은 물에 빠졌다가 물길에 휩쓸려 섬에 닿는다. 신분을 숨기고 섬에 머무르고 있던 세자와 만나게 되고, 1년간 그곳에서 생활하다 아버지가 걱정되어 다시 마을로 돌아온다. 이 과정에서 심청이 살아있음을 안 사또와 이방은 이들 부녀를 죽이려 하지만 맹인잔치에 참석한 임금 앞에서 모든 진실이 밝혀진다.

드라마는 원전의 단순함과 우연성을 극복하기 위해 용궁 대신 섬을 선택하고, 극적 긴장감 및 개연성 획득의 장치로서 사또와 이방의 음모를 배치한다. <심청가>에서는 심청의 추구와 희생이 불교의 인연법에 따라 수동적으로 그려졌다. 그런데 드라마 <심청의 귀환>에서는 음모를 극복하기 위한 심청의 적극적인 모험담을 보여줌으로써 시청자들을 설득하고 흥미를 더해주는 드라마틱한 플롯으로 재탄생되었다.

판소리를 드라마로 변용하는 과정은 논리적이지 않은 스토리를 논리적 구조로 풀어가는 과정이다. 현대인들의 의식구조에 맞게 각색한다는 의미인데, 그 한 예로 심청의 사랑에 대해 이야기해보고자 한다.

심청이는 섬에서 만난 홍이에게 끊임없는 구애를 받는데, 극의 끝부분에 가서야 홍이의 진심어린 마음을 받아들인다. 이는 판소리<심청가>에 나타난 심청과 임금의 만남과 혼인의 과정과는 다르다. <심청가>에서 임금은 바다 위에서 건진 연꽃 속 심청에게 첫눈에 반하고, 즉시 중전으로 맞아들인다. 분명히 두 인물의 결합 과정인데, 이때 심청의 시점은 전혀 들어나지 않는다. 우연성에 기초한 수동적 태도로 일관하는 심청에게 시청자가 동질감을 느끼기란 힘들다. 원전의 경우 임금과 심청이 만난 이후 줄곧 (+) 즉, 상승의 운명을 타고난 사랑으로, 이는 심청이 그동안 겪었던 고난에 대한 보상의 결과적 프로그램에 지나지 않는다. 판소리 청자들로 하여금 갈등의 해소와 심청의 지위상승이라는 카타르시스를 안겨주기 위한 보조장치가 바로 임금의 등장인 것이다.

드라마 <심청의 귀환>의 경우 사랑에 대한 고민과 갈등, 상대를 받아들이기까지의 과정이 비교적 빈번하게 드러난다. 둘의 사랑의 행로는 끊임없는 (+)(-)의 과정 즉, 긴장과 이완의 리듬 속에서 변화해간다. 관계라는 것은 의미망의 생성이라는 것이다. 의미망이라는 것은 너와 나의 소통의 과정 즉, (+)(-)의 과정 혹은 긴장과 이완을 오가는 의미의 생성과정이다.[6)]

이는 현실에서 우리가 맺고 있는 인간관계와도 같은데, 즉 만나고 사랑하는 자체가 아닌 만나고 사랑하기까지 혹은 이별하기까지의 그 과정 속에서 의미가 발생한다. 시청자는 심청과 홍이를 통해 자신의 사랑의 행로를 엿보게 된다. 이 속에서 드라마와 수용자(시청자) 사이에 의미가 생성되는 굴절의 과정이 이루어진다.

바흐친은 그의 대화이론에서 '나와 타자는 단절된 차이가 아니고 끝없이 자리바꿈을 일으키는 차연도 아니고 주체가 객체를 방문하고 되돌아와야 비로소 의미가 생성되는 굴절의 관계'[7)]라 밝혔다. 작품과 수용자의 관계 역시 굴절을 통해 의미가 형성되는데, 판소리<심청가>의 '임금과 만나자 마자 결혼했다'라는 우연적 전개의 이야기는 수용자의 자기 동일시와 이야기에의 몰입을 방해한다. 즉, 너를 통해 나를 바라봄의 단계 이전에, '너'의 세계에 들어가 볼 기회의 여지가 적어지는 것이다.

이 드라마는 '심청이가 아버지를 위해 물에 빠졌다'라는 사실보다 극 초반부, 심청이의 몸을 비추며 심청이 신체적으로도 성숙해가는 시기이듯, 그녀가 드라마 안에서 마주하는 일련의 사건들을 통해 성장하는 과정의 이야기를 담고 있다. 심청의 사랑 또한 이 과정의 연장선상에 위치해있다. 때문에 사랑이 이루어 졌다라는 결과적 측면이 아니라, 몸이 그러하듯 마음에도 여성의 마음이 들기 시작하기의 과정이 자세히 그려진다. 이상형에 대해 벗에게 이야기하던 심청이지만, 가까이 있는 홍이에게는 쉽사리 마음을 열어

---

6) 드라마 속 심청과 홍이의 사랑에 있어 긴장과 이완의 구조는 극전개의 몰입요소로 작용하는데, 이러한 긴장과 이완의 구조는 판소리의 서사적 구조와도 상통한다. 판소리는 창과 아니리, 비장과 골계를 반복함으로써 정서적 긴장과 이완, 극적 환상에의 몰입과 차단(해방)의 연쇄구조를 엮어나간다.
조동일, 『판소리의 이해』, 창작과 비평, 1978, 127면 참고.

7) 김욱동, 『바흐친과 대화주의』, 나남, 1990, 262면.

주지 않는다. "청실 홍실 엮자"는 홍이의 고백은 그저 귀 찮을 따름이었다. 그러나 섬을 떠나 홍이와 함께 고을로 떠나와 겪게 되는 일련의 사건해결 과정에서 점차 홍이(세자)의 마음에 눈을 뜨게 되고, 이후 세자빈에 간택된다. 이 과정이 시청자의 입장에서 수긍 가능한 과정을 거쳤음이 원전과 변별된다.

<심청가>에서 심봉사가 눈을 뜨고 심청이는 왕비가 되는 것, <심청의 귀환>에서 임금 대신 설정된 세자 홍이의 빈이 되는 것으로 이 둘의 기본 구조는 유사하나 TV라는 매체의 변환과정에서 발생한 일련의 사랑 에피소드를 통해 작품과 수용자간의 새로운 대화의 폭이 형성되었다.

2) 입체적 · 다성적 성격으로서 인물의 형상화

매체의 차이로 발생한 가장 두드러진 특성은 바로 평면적(단선적)인물에서 입체적 성적)인물로의 변화이다. 작품에서 주요 역할을 담당하는 심청이, 심봉사, 세자, 사또와 이방, 스님을 분석대상으로 삼았다.

먼저 심청이(이영은 분)를 살펴보자.

드라마 1부 첫 신(scene)에서 카메라는 심청이의 몸을 아래에서 위로 훑는다-tiltup[8]-. 심청이는 "어우~ 왜이렇게 커지는 거야."라며 여성으로서 신체적 변화를 자각하고 수줍은 미소를 짓는다. 친구 꽃분과의 대화에서 "내 취향은…"하며 이상형에 대해 이야기를 나누고 꿈꾸는 소녀로서의 면모를 보여줌으로써 '효녀 심청'으로서의 평면적 인물에 생명력을 더한다. 또, 작품 전체를 당찬 대사와 상황에 주저앉지 않고 해결해나가는 적극적인 모습 역시 드라마 <심청의 귀환>에 현실성을 더해주고 있다.

또한 '효녀' 이외의 시선은 철저히 배제되어온 심청 캐릭터는 TV드라마에 와서야 그녀를 향한 다양한 시선을 수용하게 된다. 효녀이기 이전에 기본적으로 또래 친구들처럼 2차 성징을 겪고, 이상형을 말하며 얼굴을 붉히기도 하고, 꿈꾸기를 좋아하는 자신을 자각하는 등 '효녀 심청'이라는 틀을 벗고

---

8) 카메라 렌즈가 아래에서 위로 움직이는 기법을 tilt up이라 한다.

이시대의 우리가 그렇듯 '삶을 살아가고 그 과정에서 고민도 하고 용기도 내어보는' 인간 심청이 선행하며 그러한 여러 특질 중의 하나가 부모를 생각하는 마음이 각별한 면을 지닌 것이다.

무조건적 효녀는 존재하지 않는다. <심청의 귀환>은 효녀라는 단선적인 캐릭터 대신에 현대인의 감각에 맞는 심청 캐릭터를 만들었다. 그리고 이것은 시청자의 몰입요소로 작용한다.

심봉사(임현식 분)의 경우 딸 심청이 한겨울 얼음을 깨고 잡아온 잉어 고운 것을 뺑덕의 방문에 덥석 양보해 버리고, 뺑덕에게 버림을 받았음에도 심청의 귀환 후 "청아, 나 눈도 떴는데 꽃분네랑 같이 살까?"며 끈임없이 사랑을 추구하는 인물로 그려진다. 또 늦은밤 딸이 삯바느질할 때, 딸이 평생 시집을 안간단 말에 신나게 해금을 켜는가하면 심봉사가 눈뜨는 상황 역시 맹인잔치 도중 뒷간에 빠짐과 동시에 다시 튀어 오르는 장면으로 연출해서 폭소를 자아내는 등 다소 이기적이지만 밉지 않고 재미난 인물로 설정되었다. <심청가>에서 부분적으로 강조된 뺑덕어미와 놀아나는 등의 일탈적인 면이 드라마에서는 1부 · 2부 전체에서 성적인 면보다는 캐릭터의 코믹함과 솔직함을 부각시키는 요소로 작용한다.

홍이(임주환 분)는 <심청가>의 임금 대신 심청이와 신세대적인 사랑을 엮어가는 인물로 그려진다. 홍이의 실제 신분은 세자로, 어머니가 사약을 받은 후 신분을 숨기고 섬에서 사는 인물로, 심청이 사또와 이방이 보낸 자객들의 위협으로부터 목숨을 구해주는 등 조력자로서의 역할을 담당한다. "나랑 혼인해", "나랑 청실홍실 엮자"라며 거침없고 솔직한 사랑의 표현을 구사하는 등 전형적인 높은 신분 왕자 캐릭터에서 벗어나 있다. 그는 완벽함 보다는 상처도 가지고 있고 사랑에 있어서도 좌충우돌하며 보다 현실감 있는 인물로 그려진다.

<심청가>에 등장하지 않는 사또와 이방이 드라마 <심청의 귀환>에서는 음모의 주동자로서 활동한다. 이들은 스님과 더불어 출세욕과 금전욕을 중심으로 돌아가는 프로그램을 수행하고 있다. 이방은 음모를 계획하고 심청과 심봉사의 죽음까지도 꾀하는 주도면밀하고 돈에 눈이 먼 무정한 인물로 그려진다. 이방은 자신에게 모든 책임을 전가하려는 사또에게 비밀장부가

있다며 오히려 위협의 요소로서 작용하는 등 하극상이 일어나기도 한다. 한편 사또는 "나는 몰라. 다 자네가 알아서 한 일이잖아…" 하며 책임을 회피하는 사또로서의 위엄 보다 출세욕에 눈이 가려진 인물로 그려진다. "장하다. 너야말로 진정한 조선의 딸"이라며 심청이 인당수에 팔려가는 이 아이러니한 상황을-현대적 시선으로 보자면, 사람이 돈에 목숨이 팔려가는 상황을 막아야 하는 것이 위정자로서의 의무일 것이다-음모와 출세·권력욕에 따른 대사와 상황으로 만들어 논리성을 획득하는 요소로 작용한다.

스님의 경우 권위적이고 절대선을 지닌 전형적 캐릭터에서 벗어나 "3년간 관아에 바치는 메주콩을 안내도 되네. 차기 지주로 만들어 주지"라는 이방의 회유 앞에서 망설이고 후회하는 등 자신의 안위나 욕망 앞에 나약한 인간으로서의 면모를 보여준다.

드라마는 이 세 인물을 통해 각기 욕망에 눈이 먼 위정자들과 오늘날의 세태를 풍자하고 있다. 하지만 이 세 인물들의 창조는 아쉬움도 남는데, 사또와 이방의 경우 그들의 악한 행동에 그럴만한 원인이나 망설임의 과정은 드러나지 않고 단지 악의 프로그램을 수행하는 전형적 캐릭터에 머물러 있다는 점이다. 물론 120분물이라는 점을 감안한다면 오히려 단순화된 사또와 이방의 캐릭터는 극의 빠른 전개와 재미를 위한 어쩔 수 없는 설정이었을 것이다. 이것은 온가족이 TV앞으로 모여 드는 설날 특집극이라는 특성, 그리고 신선함과 재미의 추구라는 프로그램의 취지에는 부합하는 설정이지만, 탄탄한 스토리라인이라는 기준을 적용할 때는 마이너스를 이루는 요인이기도 하다.

이처럼 우화적 요소가 많은 원전을 드라마 구조로 각색해 논리적으로 극을 전개하는 과정에 새로운 등장인물의 개입과 그로 인한 갈등의 창조라는 변화를 시도한 점은 <심청의 귀환>의 주요한 특성이다.

3) 패스티쉬(pastiche)를 통한 입체적 텍스트 구현

드라마 <심청의 귀환>은 활발한 패스티쉬[9]의 장이다.

먼저, 사또와 이방이라는 민중을 핍박하는 위정자라는 캐릭터는 흡사 <춘

향가>의 그것과 유사하다. 춘향가에서 미색을 탐하는 관리가 <심청의 귀환> 에서는 자신의 출세와 금전욕에 눈이 먼 관리로 등장한다.

'바다에 뛰어들어 용궁으로 갔다가 연꽃에 담겨져 지상으로 올라온 장면'은 심청의 머릿속과 세자의 꿈 속에서 환상으로만 자리하고 대신 '물에 떠내려와 섬에 당도한 심청을 구해주는 세자'라는 <인어공주>의 모티프를 차용하고 있다.

드라마 곳곳에서는 영화<왕의 남자>의 패스티쉬 장면이 나온다. 맹인잔치 장면에서 심청과 홍이는 남사당패 무리에 섞여 '탈'을 쓰고 연회장으로 몰래 진입한다. 둘은 이방의 칼을 피해 무대로 뛰어들어 탈을 쓴채 사또와 이방의 죄를 풍자하는 공연을 벌인다. 이것은 흡사 죽음 앞에서 줄을 타고 공연을 벌였던 <왕의 남자>속 장생과 공길을 다시 보는 듯하다. 또 드라마 에필로그에서 사또와 이방은 공길이 그랬듯 두 눈을 모두 뽑히고 피가 맺힌 붕대를 감은채 지팡이를 집고 나선다. "어이쿠. 출세에 눈이 먼 사또인가.", "아니 돈에 눈이 먼 백이방인가", "너 거기 있고 나 여기 여기 있다", "나 여기 있고 너 거기 있냐?"는 대화를 주고 받으며 엇갈리는 둘의 모습 역시 <왕의 남자> 속 장면의 패스티쉬이다.

이 외에도 다양한 미시콘텐츠가 <심청의 귀환>의 입체적 텍스트로서의 성격을 풍부하게 장식한다. 맹인잔치에서의 장구춤, 칼춤, 전통음악, "유세차

---

9) 패스티쉬(pastiche)란 용어를 패러디(parody)라고 불리는 현상과 쉽게 혼동하는 경우를 자주 볼 수 있다. 패러디는 모더니즘의 스타일들이 지니는 고유성과 개인적 성격들을 사람들이 평소 말하거나 쓰는 방식과 비교하여 원작을 조롱한다. 이에 반해 패스티쉬는 그러한 모방을 중립적으로 행하며, 패러디가 지니는 숨어있는 동기도 없고 풍자적 충동도 없다. 프레드릭 제임슨Fredric Jameson은 패스티쉬를 오늘날 포스트모더니즘에서 가장 중요한 특징이나 관행중의 하나라 밝히고 있다. 포스트모더니즘 작품들은 고도 모더니즘의 기존양식들에 대한 특정한 반발로 등장하였으며, 어떤 핵심 경계나 분리들의 소멸현상으로서 고급문화와 이른바 대중문화, 통속문화 사이에 존재하던 과거의 구분이 사라진 것을 특징으로 한다. 그리고 포스트모더니즘 추종자들은 '텍스트'들을 '인용'하는 데서 그치지 않고, 고급예술과 상업적 형태들 사이에 경계선을 긋기가 곤란한 정도에까지 텍스트들을 통합한다. 이러한 포스트모더니즘의 주요한 양상 중 하나가 바로 패스티쉬이다.
강현두 편, 『현대사회와 대중문화』, 나남출판, 1998, 193~195면 참고. 이 글은 프레드릭 제임슨의 <포스트모던과 소비사회>의 번역본으로, 이전에 발표되었던 Fredric Jameson, "Postmodernism and Consumer Society", in Anti-Aesthetic, Port Townsend, WA:Bay Press, 1983과 "Postmodernism: The Culture Logic of Late Capitalism", in New Left Riview 146, July-August, 1984 두 글들을 정리하여 엮은 것이다.

… 놀아보세"라는 홍이의 대사로 시작하는 탈춤 등 우리 전통문화가 드라마의 미시콘텐츠로서 극의 풍부함을 살려주고 있다.

드라마 배경음악의 경우에도 해금-해금은 심봉사가 자주 연주하는 악기로 등장한 바 있다-과 피아노 연주, 연꽃신(scene)에서 여성보컬의 신비한 음성, "I'll be back- Hey! 심청이 돌아왔다! 인당수 다이빙은 어떻더냐? 심봉사 이제는 눈을 뜨게되! 기다리던 심청이 돌아왔네!"라며 드라마 1부 끝과 2부 끝을 장식한 랩멜로디 등은 전통의 현대적 변용을 시도한 이 드라마의 특성과 분위기를 잘 살리고 있다.

4) 새롭게 보기를 통한 주제의 확장

프로프(Vladimir Propp)는 『민담형태론(Morphologie du conte)』에서 러시아 민담- 그 중에서도 마법담, 기담(奇譚, contemerveilleux)에 한정-에 내재하는 공통된 기능, 즉 등장인물들의 공통된 행동을 31가지로 축소시켜 새로운 분석틀을 제시했다. 이런 구조가 비록 민담에만 해당되는 것이 아니라, 우리는 현대의 소설이나 영화, 만화, 드라마, 게임 등에서 역시 똑같은 것을 발견할 수 있다. 그것을 '설화성narritive'이라고 하는데, 이는 우리가 어떤 텍스트를 보고 그것을 설화 혹은 이야기라고 간주할 수 있게 하는 근본 특성을 뜻한다. 즉, 하나의 상태로부터 다른 상태로 이행하는 것, 보다 정확히 말해서 주어진 최초의 상태가 그 반대의 상태로 이행하는 것에 우리는 설화성이 있다고 한다.[10] <심청가>에서 심봉사가 눈이 먼 상태에서 눈을 뜨게 되는 것, 그 과정에서 심청이가 낮은 신분에서 고귀한 신분으로 바뀌는 상태 등도 이에 해당한다. 우리는 이러한 설화성을 지닌 것에 친숙함을 느끼게 되고, 옛이야기를 차용한 콘텐츠들에게서 느끼는 호감도 이러한 이유 때문이다.

<심청의 귀환>은 <심청가>라는 친숙한 작품을 모티프로 삼은 것에서 나아가, '지금-여기'의 시선을 드리운다. 앞서 언급한 영화<왕의 남자>의 기획자 정진완은 "옛이야기가 지금 우리 삶에 어떤 은유와 상징으로 다가오는

10) 박인철, 『파리학파의 기호학』, 민음사, 2003, 174~175면.

가?"하는 문제가 가장 중요한 것이라 밝힌 바 있다.[11] 즉 좋은 스토리란 전통적인 소재를 취하더라도 그것이 현대를 비추는 은유적인 국면을 반드시 가지고 있어야 한다는 뜻인다.[12] <심청가>의 익숙한 구조를 바탕으로 하고 있는 <심청의 귀환> 역시 원형적 보편성을 '지금-여기'에 접속시키기 위해서는 시대적 코드와 결합해야 한다.

<심청의 귀환>의 주제적인 측면을 살펴보자. <심청가>의 주제가 '극한의 상황에 처한 심청의 희생적인 효 실천'이라면, 드라마에서는 다양한 욕망을 가진 인물군을 통해 이시대의 담론을 끌어내고 있다.

꽃분네는 돌아온 심청에게 뺑덕에게 버림받은 후 길거리 걸인 신세로 전락한 심봉사의 처지와 도둑맞은 공양미 삼백석이 이방의 소행이라는 소문을 전해주며, "애초에 허무하게 뛰어 드는게 아니었어."라 말한다. <심청가>와 그 이후 심청의 지극한 효성을 내세운 다양한 콘텐츠에서 한 번도 제시된 적 없는 시선이다. 물론 결과적으로는 결핍이 해소된 상태로 나아가지만, 심청이 물에 뛰어든 것이 무모하며 허무한 것이란 평가가 내려진 것이다. 청나라에 시집간 것이 아니라 자신의 눈을 뜨게 하려 공양미 삼백석에 인당수에 뛰어들었다는 사실을 뒤늦게 접하게 된 심봉사는 "내가 눈만 먼줄 알았더니, 마음도 멀었었구나"하며 통탄에 빠진다. 드라마 에필로그에서 사또와 이방은 두 눈이 뽑히는 벌을 받고 지팡이를 짚은채로 "출세에 눈이 먼 사또", "돈에 눈이 먼 백이방 아닌가?"라며 서로를 찾는다. 뺑덕어미는 성욕과 돈에 대한 욕심에 심봉사를 버리고 새로 사귄 봉사에게서 돈도 잃고 버림받고 만다.

이처럼 <심청의 귀환>은 주제적 측면에서 '희생'이라는 측면에서 한 발 나아가, 오늘을 살아가는 우리에게 "돈에 눈이 멀고", "출세에 눈이 머" 는 등 눈은 달고 있되 제대로 보지 못할 바에야 봉사나 다름없다는 이야기를 하고 있다.

---

11) 2006년 2월 문화관광부 주최로 코엑스에서 열린 '2006 문화원형 컨퍼런스'. 김정희, 『삼순이 신드롬-성공하는 스토리텔링』, 하늘연못, 2007, 28면 재인용.

12) 위의 책, 28면.

5) '판'의 현대적 재현

판소리가 지니는 축제적 성격은 '판 + 소리'라는 판이 벌어진다는 명칭에서부터 드러나 있다. 판소리의 노래가락, 이야기적인 요소들, 그리고 판소리 창자의 발화적인 테크닉 등은 청중들을 연행의 중심으로 흡인하고 극적 감흥의 세계로 안내하는 역할을 담당한다.[13] 축제의 판이 벌어지는 것이다.

축제는 너와 나의 경계가 무화된 공간이다. 그 속에서 집단은 결속과 단합이 이루어진다. "그 놈이 아까는 그렇게 말했단 말이요, 그렇지. 학생 봤제. 예. 그래놓고는 딱 잡아 뗀단 말이여."[14]라는 식의 창자의 개입 역시 이야기로서의 판소리에서 나아가 판이 벌어지고 있는 그 현장에서 창자과 청자의 하나됨, 축제의 시간을 벌이려는 시도일 것이다.

<심청의 귀환>에서는 심청이가 물에 빠진 후 휩쓸려 도착한 섬에서는 축제가 벌여진다. 심청이가 아버지가 계신 고을로 떠나기 전날 밤, 풍악이 울려 퍼지고 섬사람 모두 탈을 쓰고 둥글게 모여 흥겹게 춤을 춘다. 심청과 홍이가 춤은 안추고 둘이 앉아 대화를 하고 있자, 섬의 아낙은 "내일 떠난다며? 나와서 안놀고 뭐해?"라며 심청의 손을 잡아 끌고 함께 어울리자 한다. 드라마에서는 시대며 배경이 제시되지 않는다. 임금도 그저 주상전하라 불려질 뿐이다. 이 섬에서 역시 세자는 신분을 숨기고 살며 섬의 공간에서 신분의 질서를 연상케하는 장면은 등장하지 않는다. 너와나의 경계가 무화된 공간, 그 현신으로서의 섬의 존재가 드라마에서 드러난다.

판소리의 연행은 일종의 축제적 난장판이라 할 수 있다. 그렇기 때문에 판소리의 세계에서는 터무니없는 익살과 기존의 질서를 뒤엎는 전복과 전도가 일어난다.[15] <심청가>에서 심청이 처한 비극적 상황이 후에는 보상을 받는 등 기존의 질서에 전복이 일어난다. <심청의 귀환>에서는 비장미의 자리에 골계의 요소로 대치시킨다. 인물의 설정, 코믹한 대사, 상황, 밝은 배경음악 등 곳곳에서 시청자들은 웃음과 마주하게 된다. 판소리가 일종의 축제적

13) 김진영 외, 『판소리의 비평적 이해』, 민속원, 2004, 34면.
14) 위의 책, 42면.
15) 위의 책, 48면.

난장판이듯, 그 판이 TV브라운관으로 옮겨졌을 뿐 시청자들은 드라마 <심청의 귀환>을 통해 일상 속에서 잠시 벗어난 축제의 장 즉, 해학과 전복이 펼치지는 그곳을 마주하게 되는 것이다.

3. 결론

드라마 <심청의 귀환>을 판소리 <심청가>와의 비교분석해 봄으로써, 매체의 특성에 따라 어떠한 변용양상을 띄는지 살펴보았다.

구전되어 공연을 벌였던 판소리의 특성상, 캐릭터와 스토리의 단순화는 필수불가결한 요소였다. 창자(唱者)가 외우기 쉽고, 청중의 이해를 돕기 위한 장치였다. 그러나 이것이 TV라는 매체로 옮겨올 때, 정형화된 캐릭터와 이야기의 단순화 보다는 역동적인 플롯과 살아 숨쉬는 즉, 오늘의 나와 소통할 수 있는 캐릭터와 갈등의 창조라는 과제가 주어진다. 매체의 변화에 맞는 적응이 필요한 것이다.

<심청의 귀환>은 <심청가>의 '심봉사의 눈뜨기를 추구하는 심청'이라는 추구의 플롯을 지향한다는 점에서 동일하다. 그러나 드라마 <심청의 귀환>은 우화적 사건의 연속에서 벗어나 드라마틱한 구성을 갖추기 위해 사또와 이방이 등장해 음모를 꾸미는 또 하나의 이야기를 배치, 이를 극복하는 심청의 모험담이라는 플롯을 중심으로 재탄생되었다.

매체의 차이로 발생한 가장 두드러진 특성은 바로 평면적(단선적)인물에서 입체적(다성적)인물로의 변화이다.

특히 처음부터 끝까지 '효녀' 이외의 다른 시선은 배제되어온 심청의 캐릭터는 TV드라마라는 매체의 변화로 주체적 '여성'이라는 옷 또한 입게 되었고, 시청자는 드라마 <심청의 귀환>의 첫 신(scene)에서부터 심청의 재발견이라 함직한 시선을 드리우게 된다. 심청의 몸을 맨발에서부터 얼굴까지 틸업(tiltup)하는 카메라의 시선을 통해, 심청이야기 재현 사상 처음으로 심청의 몸 즉, 육체성이 드러난 순간이다. 이것은 '효녀 심청'을 향한 단선화된 시선 대신 열린 가능성을 부여한다. 마치 드라마 속 인물들의 다양한 목소리를 통해 물에 뛰어든 심청에게는 무모하다는 시선을, 그리고 욕망에 눈이 멀어 제대로 보지 못하는 자들에 대해 웃음으로 비판하는 등 '심청 이야기'의 소통에 다양한 가능성을 제시하는 것처럼 말이다. 이러한 심청의 새로운 면모는 작품 전체를 당찬 대사와 상황에 주저앉지 않고 해결해나가는 적극적인 모습과 어우러져 드라마 <심청의 귀환>에 현실성을 더해주고 있다.

<심청의 귀환>에서는 극 전개에 있어 개연성을 부여하고, '지금-여기'의 시선의 일환으로 다양한 장르의 텍스트와 섞임을 시도하였다. 이는 시청자들에게 옛이야기의 친숙함과 더불어 신선함이라는 즐거움을 선사한다.

판소리 <심청가>가 보여주는 OSMU 스토리텔링-뮤지컬, 발레, 창극, 동화 등-이 그간 원전의 재현에 충실해 왔다면, 드라마 <심청의 귀환>은 오늘의 시선으로 원전을 새롭게 보고 드라마적으로 활용하는 시도를 통해 향유과정에서 몰입의 강도를 증가시키고 시대정신에 부합해 새로운 의미를 낼 수 있었다. 그리고 바로 이점에서 OSMU의 바람직한 변용방향으로 보여진다.

중문판 소설 <춘향전>의 연구

진 영[*]

1. 서론

1950년대부터 중국대륙에 널리 알려진 <춘향전>은 한국판 <홍루몽>이라고 불리만큼 작품성을 인정받고 있다. 한국의 고전문학작품 중에 높은 문학성과 예술 가치를 가지고 있기 때문에 <춘향전>은 예부터 많은 주목을 받아왔다. 또한 봉건적인 가치에 반항하면서도 권선징악적인 주제를 담고 있어 동시대 중국인들에 많은 호응을 얻었다고 한다.

<춘향전>은 처음으로 중국으로 전래된 시기는 한국전쟁이 한참 진행되었던 1951년이다.[1)] 그 때 중국 월극계의 유명한 대가인 徐玉蘭, 王文絹 등이 중국인민지원군의 위문공연을 위하여 북한으로 건너갔다. 이때 북한 희곡 예술가들과 함께 교류하면서 慰問공연을 했었다. 이 과정에서 <춘향전>을 보고 이에 홍미를 느껴 월극 대본으로 改編하여 중국에서 공연했을 때 호평을 받아 적지 않은 열풍이 일어났다. 이것은 <춘향전>이 중국에서 정착되었던 첫 모습이었다. 즉 춘향전은 소설의 형식이 아니라 극의 모습으로 처음

---

* 경희대학교 국어국문학과 석사과정

1) 그 이전에 중국에서 <춘향전>이 등장하지 않았으며 <춘향전>에 대한 연구도 없었다고 한다. <春香傳> 冰蔚 張友鸞 作家出版社 1956.

등장한 것이었다.[2] 월극은 <춘향전>을 중국에서 전파하는 데 핵심적인 역할을 하고 있다. 따라서 이는 뒤에 나온 소설 중문판<춘향전>에게 기반이 되어 준다.

본고에서 논의할 소설 중문판 <춘향전>은 1954년에 朝鮮作家同盟出版社가 완판 <열녀춘향수절가>를 底本으로 삼아 정리하고 <춘향전>의 제목으로 1956년에 첫 중문 번역판을 출판하였다.[3] 이 책은 북한의 민족문학이론가·문학평론가 尹世平이 쓴 '춘향전'에 대한 짧은 평논을 序文으로 시작된 것이다. 서문에서 간단하게 '춘향전'의 역사배경과 판본을 소개한 다음 완판 '열녀춘향수절가'의 줄거리를 소개했다. 그리고 '춘향전'의 주제와 사상성을 제시했고 마지막으로 '춘향전'의 문학사적인 의의를 제시한 네 개의 주제로 구성된다.

소설의 내용은 역시 상·하권으로 나누어 서사가 전개된다. 註解는 소설을 끝나고 뒤에 부록의 형식으로 나오며 그 중에 원저에서 나온 대부분 주해는 상권이 鄭學模, 하권이 尹世平이 쓴 것이고 나머지는 번역자 冰蔚 張友鸞이 중국독자의 이해를 돕기 위해 역주를 첨가해준 것이다.[4]

<춘향전>은 조선시대 최초로 등장한 후에 오랫동안의 口傳과 手抄의 전승과정을 거쳐 긴 기간의 增補와 潤色을 거친 후에 비교적 완정한 작품으로 출판된 것이었다. 주요 판본은 한문판의 《水山广寒楼记》와 《汉文春香传》, 그리고 한글판의 《烈女春香守节歌》와 경판 《春香传》 등이 있다. 그 중에서 <열녀춘향수절가>가 현존 판본중의 전승범위 가장 넓으며 원전의 특색과 풍모를 가장 잘 간직하고 있는 까닭으로 중국으로 들어왔을 때 이것을 원본으로 삼아 번역한 것이라고 한다.[5]

이로써 <춘향전>이 중국에 알려지게 되었고, 이에 대한 연구도 어느 정도 진행되었다. 하지만 아직 본격적인 연구가 이루어지지 못했다. 중국내에서의 <춘향전>에 대한 연구는 두 가지로 봐야 할 것이다. 하나는 원판을 가지

---

2) 월극 <춘향전>에 대해 양회석의 논문 <월극 춘향전의 탐구>에서 자세하 소개한 바가 있다.
3) 이 이후로 나온 번역판은 <春香传>(冰蔚, 木弟译), 人民文学出版社 1960年, 《春香傳》(許世旭譯), 臺灣商務印書館이 있다.
4) <춘향전> 譯後記.
5) <春香傳> 冰蔚 張友鸞 作家出版社 1956.

고 연구하는 것과 또 하나는 번역문을 바탕으로 연구하는 것이다. 연구의 대상이 다름으로 연구결과가 당연히 다를 것이다. 대개 연구들이 거의 논문으로 나왔는데 근래에 와서 <춘향전> 연구에 대한 전문 서적이 나오기도 했다.[6]

따라서 본고에서는 중문판 <춘향전>을 완판84장 <열녀춘향수절가>와 비교하면서 한국의 고전소설인 <춘향전>이 중국으로 전래되었을 때 어떠한 수용태도를 가지고 번역되었으며, 번역에서 드러나는 문화나 사회제도의 차이점을 살펴보고자 한다. 또한 중문판 <춘향전> 자체가 어떠한 특징들을 지니고 있는지 검토하고자 한다.

이로서 譯者를 비롯한 당시의 중국인은 한국 說唱문화[7]에 대해 어떻게 인식하고 이해하고 있는지를 살펴 볼 수 있으며 더불어 역자가 중국독자들의 이해를 돕기 위하여 원문으로 하여금 개편된 문장 간의 변동양상을 살펴보고자 한다.

2. 서사 전개의 비교

우선 완판 <열녀춘향수절가>와 중문판 <춘향전>의 전개양상을 살펴봄으로써 서로 간에 문맥상의 같은 점과 차이점을 비교하고자 한다.[8]

상권

1. 만남

1) 단가 형태의 허두　　○

---

6) <春香傳與中國話本小說> 顔宗祥, <한반도 남북영상 중의 춘향전>張秋紅, <论《春香传》中的理想人格>徐英淑, 陈艳玲, <《春香传》的创作及影响> 张朝柯 辽宁大学出版社, <《春香传》和《杜十娘》的比较>-<安徽文学(文教研究)> 2006年08期 韩霞, 付嫱.

7) 즉 판소리문화.

8) ○로 표시한 것은 원문내용과 상동이고 △은 원문과 차이가 있는 부분이고 ×는 원문에 있는 내용을 생략한 부분이다.

2) 월매 소개	○
3) 월매의 無子 걱정	○
4) 洛神投胎	△(어휘차이, 크게 상관없음)
5) 춘향 출생	△(어휘차이, 크게 상관없음)
① 이사또 소개	△(어휘첨가,詩歌첨가)
② 이도령 소개	△(어휘첨가)
6) 광한루 행차	
① 나귀치레	△(상투어 첨가)
② 이도령 치레	△(상투어 첨가)
③ 광한루 가는 길	△(어휘첨가, 시가첨가)
7) 광한루 경치감상	○
① 광한루 경개	○
② 음주	○
③ 주변 경개	○
8) 춘향 등장	○
① 춘향 자태	△(어휘차이)
② 춘향 추천	○
③ 추천자태 묘사	○
④ 이도령의 감탄	△(번역오차)
9) 춘향 초래	
① 방자 초래령	○
② 초래 불가	△(어휘차이)
③ 재초래	○
④ 방자와 춘향 수작	○
10) 광한루에 첫 만남	
① 춘향 등장 자태	△(상투어 사용)
② 춘향과 이도령 수작	△(문화차이)
③ 眉目傳情	○
④ 재회약속	△(문화차이)

11) 서책상고-천자뒤풀이△, ×(대부분은 의역한 것으로 어휘차이가 많음. 각별의 경우 원문과 완전 다르게 해석됨.)

12) 부친염문	
① 부친 힐난	○

② 이도령 변명 ○
13) 낭청과 사또의 대화 △(이물간의 대화 불분명.)
① 부친 자랑 △(어휘차이)

2. 사랑

1) 춘향집으로 찾아감 ○
① 춘향 집 가는 길 ○
② 춘향 집 정경 ○
2) 집으로 들어와
① 춘향모 등장 △(문화차이)
② 별초당 경치 △(詩文의 사용)
③ 室內 陳列 △(詩文의 사용)
3) 이도령 청혼
① 이도령이 온 이유를 말함○
② 월매의 한탄(회동 성참판)○
③ 청혼 거절 ○
④ 이도령의 堅持, 맹세 ○
⑤ 월매 허락 ○
⑥ 음식 치레 △(상투어 사용)
⑦ 이도령과 춘향의 대작 ○
⑧ 이도령과 월매의 대작 ○
6) 초야사설
① 이도령과 춘향의 첫날밤○
② 사랑 나누기 ×(없음)
7) 사랑가
① 사랑가 △(어휘차이, 音韻의 사용)
② 情자가 △(어휘차이, 音韻의 사용)
③ 宮자가 △(어휘차이, 音韻의 사용)
8) 업음질
① 사랑 나누기 ×(없음)
② 춘향을 업고 문답하기 △(어휘차이)
③ 이도령을 업고 문답하기△(어휘차이)

9) 말놀음
① 이도령 乘者 노래 △(어휘차이, 音韻의 사용)

3. 이별

1) 춘향 집 이별
① 사또 승차 ○
② 부친 꾸중 ○
③ 춘향 집 찾아감 ○
④ 우는 사연 문답 ○
⑤ 승차소식 전어 ○
⑥ 춘향이 기뻐함 ○
⑦ 이별 전어 ○
⑧ 춘향 발악 △(어휘첨가)
⑨ 월매 발악 ○
⑩ 이도령의 변명 ○
⑪ 춘향의 슬픔(한탄) ○
2) 이별밤
① 춘향 한탄 △(사절가 첨가)
② 이도령 맹세 ○
③ 춘향 당부 ○
3) 마루 아래 이별
① 춘향 기절 ○
② 향모 신세 한탄 ○
③ 도령 위로 ○
④ 춘향 권주 ○
⑤ 춘향 당부 ○
⑥ 이도령 떠남 ○
4) 춘향의 守節歌 △(어휘첨가)
5) 춘향 통곡 ○

하권

4. 시련

1) 춘향 상사가 △(어휘첨가)
① 신세 한탄 ○
2) 신관 도임
① 신관 소개 △(어휘차이)
② 신연 관속 현신 △(오역부분 있음)
③ 춘향 소식 ○
④ 행장 치레 ○
⑤ 수행하인 치레 ○
⑥ 신관노정기 ○
⑦ 청도기 사설 ○
⑧ 영접 ○
3) 기생점고 ○
① 낙춘 特寫 △(오역부분 있음)
4) 춘향 초래
① 춘향 초래 명령 ○
② 군노사령 勸阻 ○
③ 사또 대노 ○
④ 춘향 진양가 △(어휘차이)
⑤ 군노사령 접대 ○
⑥ 군노사령 술주정 △(첨가된 부분 있음)
⑥ 행수기생 說服 ○
⑦ 춘향 한탄 ○
5) 신관의 수청요구와 춘향의 항거
① 신관의 칭찬 ○
② 신관의 수청 요구 ○
③ 춘향의 항거 ○
④ 신관의 춘향 위협 ○
⑤ 춘향의 발악 ○
6) 춘향 형장 및 하옥
① 춘향을 대청 아래로 잡아냄○
② 다짐 사설 ○

③ 형장 배설 ○
④ 십장가 △(어휘차이)
⑤ 하옥 명령 ○
⑥ 구경꾼이 슬퍼함 ○
⑦ 월매 발악 ○
⑧ 남원 기생 위로 ○
⑨ 춘향 월매 위로 ○
⑩ 옥중행 ○
⑪ 옥중 장탄가 △(어휘차이)
7) 남가일몽
① 황릉묘에 들어감 ○
② 상군부인과 대화 ○
③ 寃死한 부인들과의 대화○
④ 꿈에서 깨어남
⑤ 파경몽 ×(없음)
⑥ 귀신 울음소리 △(첨가)
8) 봉사 문복
① 봉사 초래 ○
② 봉사 醜態 △(첨가)
③ 문복과 해몽 ○
9) 이도령 과거 급제와 어사제수
① 과장 광경 ○
② 장원급제 ○
③ 어사제수 ○
10) 이어사가 남원으로 내려옴
① 암행어사 노정기 △(첨가)
② 어사 행장 ○
③ 어사 분부 ○
④ 각 읍 수령들이 황황급급○
11)어사 민정 염탐
① 농부가 △(첨가)
② 백발가 ○
③ 어사 봉욕 △(첨가)

12) 편지를 전하는 아이 만남
① 신세타령 ○
② 어사와 조을대의 수작 ○
③ 편지내용 확인 △, ×(뒷부분 다름)
④ 편지보고 수심 ○
13) 남원 당도
① 옛경치 한탄 ○
② 빨래 여인들의 수작 ○
14) 월매 상봉
① 춘향 고택 ○
② 월매 축원 ○
③ 어사와 월매 상봉 ○
④ 월매의 한탄과 발악 ○
⑤ 향단의 만류 △(대화첨가)
⑥ 어사의 거짓말 ○
⑧ 월매 발악 ○
15) 옥중 상봉
① 옥으로 가는 길 ○
② 월매의 춘향 힐난 △(어휘차이)
③ 이도령과 춘향의 대화 ○
④ 춘향의 실망 ○
⑤ 춘향이 월매에게 당부 ○
⑥ 이도령에게 당부 ○
⑦ 이도령의 위로 ○
⑧ 혼자 한탄 ○

5. 재회

1) 출도 준비
① 어사 향청 염문 ○
(2) 변사또 생일잔치
① 열읍수령 등장 ○
② 잔치 광경 △(어휘첨가)

③ 어사 잔치 참여 ○
④ 어사와 여러 수령들의 인사○
⑤ 어사 음식상 △(번역차이)
⑥ 어사 행악 ○
3) 암행어사 출도
① 본관의 작시 제안 ○
② 금준미주 시 ○
③ 수령들의 핑계 퇴장 ○
④ 이호들의 출도 준비 ○
⑤ 어사출도 ○
⑥ 난장판-언어도착 △(오역부분 있음)
⑦ 어사 좌기 ○
5) 춘향 상봉
① 춘향 정절 시험 ○
② 어사 춘향 상봉 ○
③ 춘향의 기쁨 ○
④ 월매 기쁨 ○

6) 후일담 ○

위에 제시한 바와 같이 중문판 <춘향전>은 전체적으로 완판 84장본 <열녀춘향수절가> 창본의 서사 전개와 내용이나 순서가 거의 동일하다. 번역상의 문제는 세 가지로 볼 수 있는데 그대로 直譯하는 것과 意譯하는 것과 문맥이 다른 부분이다. 일반적인 번역문에서는 거의 의역하는 편이다. 언어와 문화의 차이를 두고 있는 전제에서 보다 좀 더 완곡하게 표현할 수 있기 때문이다. 특히 판소리사설을 번역할 때 詩歌의 사용은 그 노래적인 음운을 적절히 표현했다. 이외에 다만 몇몇 부분에서 번역상의 문제가 있으므로 오역이 생기거나 생략된 부분도 있다. 또한 사회문제로 인해 어쩔 수 없는 삭제의 부분도 있는 이러한 여러 가지 특징을 지니고 있을 것이다. 다음 장에서 제시하도록 한다.

3. 중문판 〈춘향전〉의 특징

중문판 <춘향전>은 전체적인 서사내용이 완판과 일치하며 기본적으로 완판의 풍모와 서사방식을 유지하고 있으나 세부적인 부분에서는 차이가 발견된다. 언어의 운용과 수사의 방식은 중국 明淸 話本소설[9]의 양식을 그대로 따르고 있기 때문에 같은 장면의 묘사인데도 다른 느낌을 보여주는 독자성을 지니고 있다.

1) 독특한 사설

중문판 <춘향전>은 번역판<춘향전>이라기보다는 명청 화본소설의 형식으로 재해석한 <춘향전>이라고 하는 것이 더 적절하다고 생각한다. 완판 <춘향전>의 서사양식은 대부분 화본소설과 비슷하기 때문에 번역할 때 더 많은 편리를 얻을 수 있을 것이라고 추정된다. 예를 들어 단가 형태의 허두가 중국 화본소설의 卷首에 두는 설자 형식과 비슷하다.[10] 즉 글의 첫머리에 詩나 詞 한 수를 제시하거나 閑話 혹은 짧은 이야기의 전문을 앞에 두고 이야기를 이끌고 나간다.[11] 또한 완판의 문맥을 맞춰서 오언이나 칠언시의 형식으로 묘사하는 대목에서 독특한 점이 돋보인다.

(1) 楔子형식의 卷首

중국화본소설의 큰 특징 중 하나가 권수에 설자를 붙여놓은 것이다. 설자의 형식은 여러 가지가 있는데 대표적으로 단가의 형식과 시, 또는 시를 따라 나온 이야기나 閑話들 등 형식이 있다. 일단 중국 소설의 예를 들어본다.

---

9) 송나라 때 성행했던 설화이다. 話本은 講史와 小說로 구성되었다. 講史는 제왕의 이야기를 하는 것이고, 소설은 평민의 이야기를 하는 것이다. 이러한 형식이 후에 明淸에 들어와서 역사소설로 변화한 것이다. 중국의 화본소설과 소설은 조선으로 들어온 시기는 대략 明淸시기이었다. 조선시대 초에 들어온 <태평광기>와 <전등신화> 등이 대표적인 작품이다. 程毅中 <宋元話本>, <春香傳與中國話本小說> 顔宗祥.

10) 논문 <春香傳與中國話本小說> 顔宗祥.

11) 程毅中 <宋元話本>, 中華書局 1980년 출판 92면.

시의 형식으로 된 설자는『古今小說』권十一 <趙栢昇茶肆遇仁宗> 章節의 시작부에서 찾아 볼 수 있다.

三寸舌爲安國劍, 五言時作上天梯.
青雲有路終須到, 金榜無名誓不歸.

또한『古今奇觀』에서 <兪伯牙摔琴謝知音>의 章節 卷首에 시 한수로 먼저 시작한다.

浪說曾分鮑書金, 誰人辯得伯牙琴?
于今交道奸如鬼, 湖海空懸一片心.

시가 끝나고 이어서 관맥오와 보서아의 우정을 이야기한 것으로 설자의 형식이 이루어진다.

이러한 형식으로 유행했던 명청화본소설을 본받아서 완판<춘향전>에서 나온 설자는 아예 권수의 시를 생략하고 바로 閑話를 삽입했다.

肅宗大王登基以來, 聖恩似海, 洪福齊天。聖子聖孫, 有爲有守。金膏玉燭, 堯舜再世 ; 衣冠文物, 禹湯重生。左輔右弼, 盡皆柱石之臣…真是個風調雨順, 國泰民安。(여기까지 설자의 형식이다.)

單表這時金羅道南原府, 有一藝妓…

이야기는 여기부터 시작하여 끝까지 이어진다. 앞에 삽입한 산문은 뒤에 나온 이야기하고 아무 연관성이 없기 때문에 閑話라고 한다. 하지만 쓸데없이 나온 이야기가 결코 아니다. 이야기하는 사람의 의도에 의하면 뒤에 나올 이야기를 위한 배경설화를 바탕으로 했을 것이다. 즉 숙종시대의 太平盛世한 시대배경의 테두리를 미리 쳐둔 것이다. 여기서 중국화본소설의 설자 구조와 매우 비슷하였으나 閑話를 이끄는 권두시가 없어졌다. 이러한 변화는 아마도 판소리계소설인 <열녀춘향가>가 판소리 창본에 맞게끔 새롭게 만드는 특유한 설자의 형식이라고 할 수 있을 것이다.

(2) 詩文으로의 재해석

완판의 문장을 번역할 때 그냥 서술문보다 詩文으로 만들어진 것은 대부분이다. 즉 시문의 對偶, 押韻을 잘 지키고 있는 전제에서 한글로 된 문장을 漢詩로 재해석하는 것이다. 여기서 알아야 할 바는 원문이 한글로 되어 있기 때문에 재해석할 때 엄격히 오언이나 칠언 율시의 구조를 따지지 않으며 對偶, 押韻을 맞춰서 시의 형식이 매끄럽게 이어진 것이다. 이러한 특징은 특히 인물이나 경치의 묘사에서 많이 드러난다.

① 인물묘사

1-6)-② 이도령 치레:

안장 지을 졔 홍연자기 산호편 옥안금편 황금늑 쳥홍사 고흔 굴네 쥬먹상무 덥벅다라 쳥쳥다릐 은입등자 호피도듬의 젼후거리 쥴방울을 염불법사 염쥬 메듯-완판 <춘향전>(이하 생략)

玉鞍錦韉黃金勒，絲韁五綵朱青色，照眼銀鐙垂兩側，恰似佛珠來裝飾[12]-중문판 <춘향전>(이하 생략)

② 경치묘사

1-7) 광한루 경치감상:

황봉빅졉 왕나부는 힝기 찻난 거동이라 비거비릐춘셩니요 영쥬 방장 봉니산이 안하의 갓차오니 물은 본이 은하수요 경기는 잠싼 옥경이라 옥경이 분명하면 월궁항아 업슬손야.

黃蜂白蝶采花香，到得春來鎮日忙，仙島瀛洲來眼底，清流轉比銀河長。[13]

③ 단가

2-7)-① 사랑가 片斷

…동졍칠빅월하초의 무산갓치 노푼 사랑 ◑ 목단무변슈의여쳔 창히갓치 집푼 사

12) 해석: 옥말장과 비단방석과 황금굴레, 오색 비단굴레중의 붉은 색, 빛난 은 판자가 말 양측에 매달아, 줄방울 염불법사 염주 매듯.

13) 노란 벌과 희 나비가 꽃향기를 찾아, 봄이 오면 날마다 바빠졌네. 신선이 사는 섬(봉래산)과 영주가 눈에 들어오니, 계물은 은하수보다 더 길구나.

랑 ◑ 오산젼 달 발근듸 츄산천봉 원월 사랑 ◑ 진경한무 하올 적 차문춰소하던 사랑 ◑ 유유낙일월염간의 도리화기 비친 사랑 ◑ 셤셤초월 분빅한듸 함소함틱 숫한 사랑…

…洞庭七百月下初，愛似巫山高難比；木落無邊水連天，愛似滄海深無低；云散千峰玩月圓，愛似弄玉待蕭史；珠樓落日卷簾間，愛似春風艷桃李。纖纖明月意含羞，愛比含羞月更美[14)]。…

위에 제시한 바와 같이 譯者가 나름대로 만든 한시가 거의 원문의 뜻을 그대로 유지하되 보다 더 정교하고 간결한 형식의 장점을 보여준다. 그러나 자세히 느껴보면 한시의 재해석은 또한 미묘하게 다른 느낌을 주기도 한다. 예컨대 '무산갓치 노픈 사랑'은 사랑이 무산 같이 높아 비할 수가 없다고 하고 '셤셤초월 분빅한듸 함소함틱 숫한 사랑'은 초월보다 더 아름다운 사랑이라고 번역하는 것처럼 약간 정도상의 차이가 나타나기도 하는데 이것은 언어자체의 차이일 수도 있고 또한 譯者가 받아들인 것과 더불어 개인적인 정서를 들어가게끔 표현하는 가능성도 있을 수 있다. 그렇기 때문에 문자 간에 또 다른 새로운 文化風情을 맛볼 수 있을 것이다.

(3) 話本소설에 따른 인물묘사

완판과 중문판에서 몽룡과 춘향의 첫 등장에 대한 묘사의 수사언어가 다르지만 인물묘사의 순서가 명청 화본소설과 비슷하다. 그 특징은 미남이 보통 '面如傅粉, 髮似烏絲' 라 한다. 그 모양은 머리부터 무엇을 쓰느냐, 허리에 무엇을 차느냐, 상의는 어떠한지, 하의는 어떠한지, 가슴에 무엇을 돌리느냐, 발에 무엇을 신느냐 등 사용하는 이러한 순서는 套語라고 한다.[15)] 여자에 대한 수사도 套語가 있다. 예컨대 '儀態端莊, 舉止嫻靜', '沉魚落雁, 閉月羞花', '唇紅齒白, 膚凝如脂', '亦嗔亦喜, 傾國傾城' 등이 있다.

14) 동정호 칠백리에 초생달이 나와, 사랑이 무산 같이 높아 비할 수가 없네, 나뭇잎은 無邊의 강에 떨어지고, 사랑이 창해 같이 깊어 끝이 없구나. 낙양이 구슬발 사이에 스며들어 사랑이 봄의 桃李 같이 요염스럽구나. 가늘고 고운 초생달 부끄러워, 사랑이 부끄러운 달보다 더 아름답구나.

15) 논문 <春香傳與中國話本小說> 顏宗祥

① 이도령 외모묘사

<u>面如傅粉</u>，<u>髮似烏絲</u>，長長的辮子上，輕巧地墜著一塊石黃。上身成川水袖襖，下身細白擰麻褲。細布長襪，套著蟬翼藍甲紗；絲緞坎肩，結著密花琥珀扣。油亮裹腿，纏於膝下；螢綃毛綃，系於腰間。胸纏黑絲條，足登粉唐鞋，唐八絲繡口袋懸於左側，雙文袖天青衫罩在全身。(옥안션풍 고흔 얼골 젼반갓탄 ᄎᆡ머리 곱게비셔 밀기름의 잠ᄌᆡ와 궁초당기 셕황 물여 맵시잇게 잡바ᄯᅡ코 셩쳔슈쥬 졉동ᄇᆡ 셰ᄇᆡᆨ져 상침바지 극상셰목 졉보션의 남갑사 단임치고 육사단 졉ᄇᆡ자 밀화단초 다라 입고 통힝건을 무릅 아ᄅᆡ 는짓 ᄆᆡ고 영초단 허리ᄯᅴ 모초단 도리낭을 당팔사 가진 ᄆᆡ답 고를 ᄂᆡ여 는짓 ᄆᆡ고 쌍문초 진동청 즁츄막의 도포 밧쳐 흑사ᄯᅴ를 흉즁의 눌너 ᄆᆡ고 육분당혜 <u>ᄯᅳ으면셔</u>-원문)

② 춘향 외모묘사

儀態貞靜，舉止端莊，具<u>沉魚落雁之容</u>，有<u>閉月羞花</u>之貌：唇紅，紅比喔丹；齒白，白似編貝。神情若水，膚凝如脂。紫霞裳是夕陽含霧，翡翠裙乃銀漢橫波。蓮步姍姍，<u>屏營俏麗</u>。(요요졍졍하야 월ᄐᆡ화용이 세상의 뭇쌍이라 얼골이 조출ᄒᆞ니 청강의 오난 학이 셜월의 빗침 갓고 단순호치 반ᄀᆡ하니 별도 갓고 옥도 갓다 연지을 품은 듯 자하상 고은 빗쳔 어린 안ᄀᆡ 석양의 빗치온 듯 취군이 영농ᄒᆞ야 문ᄎᆡ는 은하슈 물결갓다-원문)

위에 제시한 예문에서 비록 비슷한 구조를 지니고 묘사했으나 중문판에서 거의 화본의 투어를 사용하여 명청 화본소설의 양상을 따르고 있는 것을 보여준다. 중국 명청시대는 화본소설이 가장 번창한 시기라고 할 수 있다. 이 시기에 수없이 많은 소설이 생겼고 그 중에서 나온 많은 걸작들이 외국으로 전해 주변 나라에 확실히 많은 영향을 주었을 것이다.

2) 내용의 변동

(1) 첨가

첨가에 대한 검토는 역시 중국화본소설의 관용적인 표현으로 설명해볼 필요가 있다. 또한 양국 간의 문화차이가 있으므로 중국독자의 이해를 위한

修辭의 첨가나 문장 전체 뜻을 완곡하게 꾸미기 위한 문장의 첨가 등이 필요하다.

① 2-2)-①춘향모 등장

춘향의 모가 나오더니 공슈하고 웃둑 셔며 그 ᄉᆡ의 도련임 문안이 엇더ᄒᆞ오 도련임 반만 웃고 춘향의 모이라졔 평안한가 예 계우 지ᄂᆡ옵ᄂᆡ다 오실 줄 진정 몰나 영졉이 불민하온이다 글헐 이가 잇나…

春香母就在這說話聲中，迎著公子，請了一個安，然后拱手站立。道令連忙上前，含笑向香母問好。香母道：'托道令洪福，老身粗健。不知道令光臨，有失遠迎，還請恕罪。' <u>道令連聲說著：'不敢，不敢!'</u>[16)]

② 4-4)-⑥군노사령 술주정

김번수야 네가 차라 불가타마는 입수나 다 오른야 돈 바다 차고 흔늘흔늘 드려갈 제…

"金番守，如若不收我的銀子，就請受我的頓首吧." <u>金番守一面連稱'不必，不必'</u>；一面卻接過銀子，揣了起來，三歪兩斜地走了出去。[17)]

첨가는 중문판 <춘향전>에서 가장 빈번하게 나온 변동양상이다.

중문판과 원문을 읽어보고 비교할 때 등장인물들간의 대화이든 행동이든 미묘한 차이가 느껴진다. 유교사상 이데올로기 통치이념의 지배하에 남존여비의 관념은 그 시대의 공동된 사상이다. 특히 신분차이가 많은 계급간의 이러한 관계가 더 뚜렷하게 드러났다. 하지만 동시대의 배경에서도 조선과 중국의 신분차이에 따른 언어습관이 다름으로 그에 따른 대화방식도 다르다. 예를 들어 이도령과 춘향모 처음 만나 대화하는 대목에서 '도련임 반만 웃고'과 '道令連忙上前，含笑向香母問好.'에서 간단한 두 마디이지만 전혀

16) 향모가 말하는 사이에 도령에게 절하고 우뚝 서며 도령이 급히 앞으로 와 웃으면서 인사했다. 향모왈: '도령 덕분에 이 늙은이 건강하고 도령이 온 줄 모르고 맞이하지 못했네, 용서해다오.' 도령이 연달아 '감히 감히(그렇게 받아들이지는 못하네)!'

17) 김번수, '내돈을 받지 않으면 내 돈수라도 받아요.' 김번수 '됐다. 됐다' 하면서 돈을 받아 주머니에 놓고 흔늘흔늘 들어갔다.

다른 태도가 표현된다. 반만 웃는 이도령은 중국판에서 적극적이고 공순한 태도로 춘향모에게 문안을 한 것이었다. 이러한 인물간의 대화에서 나타나는 미묘한 차이는 여러 군데에서 보였는데 이러한 차이들을 모으면 양국독자 앞에서 전혀 단른 성격인 이도령을 그렸을지도 모른다. 또한 이러한 차이가 나타난 원인을 검토해볼 필요가 있다고 생각된다. 더 나아가서 조선시대와 명청의 소설에서 나타난 여성인물 형상의 차이점도 살펴볼 수 있을 것이다. 이것은 주로 신분차이와 여성들은 그 당시 사회에서의 지위와 권력에 비중을 둘 수 있는데 같은 유교사상을 받은 사회제도하의 여성에게 차별대우가 서로 다르다는 점에서 더 검토해볼 필요가 있을 것이다.

(2) 삭제

원전의 서사를 그대로 따른 중문판 <춘향전>은 원문을 존중하는 전제에서 조금씩 첨가하거나 생략하는 부분이 있더라도 별 영향이 없으며 오히려 보태주는 역할이기도 하다. 중문판에서 극히 일부가 삭제된 내용은 바로 첫날밤에 춘향과 이도령이 사랑 나누는 대목이다. 일단 어떻게 삭제되었는지 살펴보자.

① 춘향이가 쳠음 이릴 샌 안이라 북그려워 고기을 슈겨 몸을 틀 제 이리 곰슬 져리 곰실 녹슈에 홍연화 미풍 맛나 굼이난 듯 도련임 초마 벽겨 졔쳐노고 바지 속옷 벽길 젹의 무한이 실난된다 이리 굼실 져리 굼실 동히 쳥용이 구부를 치난 듯 … 마시잇게 잘 자고 낫구나 그 가온듸 진진한 이리야 오직하랴 (중간 생략)

春香初次如此，紅暈香腮，只是不言不语。两人偎在一起，好似绿波中一朵红莲，被微风轻轻拂过。<u>其中乐趣，不在话下</u>。[18]

② 어붐질 쳔하 쉽이라 너와 나와 활신 벗고 업고 놀고 안고도 놀면 그게 어붐질이제야 익고 나는 북그러워 못 벗것소 예라 요 겨집아히야 안될 마리로다 닉 먼져 버스마…춘향이 북그려워 한 편으로 잡치고 안져슬 제 도련임 답답하여 가만이 살

18) 춘향은 처음이라 부끄러워 말이 없이, 두 사람 서로 기대어 마치 녹수에 홍련이 미풍 만나 굼이는 듯, 그 중의 즐거움이 말할 수가 없다.

펴보니 얼골이 복찜ᄒᆞ야 구실쌈이 송실송실 안자ᄯᅮ나

道令帶笑上前，欲給春香解衣，二人你拉我扯，玩耍一番…春香羞得推開道令，坐將下來。道令又憐又惜地望著她，但見她兩顔生暈，香汗搖搖。19)

위에 본 바와 같이 사랑을 나누는 장면이 거의 삭제되었다. 여기서 이 작은 두 단락의 삭제는 중국과 한국의 사회제도와 문화사상의 차이점이 뚜렷하게 반영된다. 즉 근본적인 차이는 사회주의와 자본주의의 문화사상의 차이라고 볼 수 있다. 사회주의 나라로서 중국은 봉건보수사상을 반대하지만 동시에 사회주의 자체가 '불결하다'고 인정된 것은 받아들이지도 못한다. 중국의 유명한 희곡 <白毛女>는 原著에서 여주인공이 악당에게 강간을 당해 임신까지 했는데 이것은 '불결한 이미지'라고 비판되어 다시 여주인공은 평생 처녀의 몸으로 지냈다는 내용으로 고쳤다. 또한 <금병매>같은 소설도 중요한 문학적인 의의를 가지고 있지만 아직 보편적으로 받아들이지 못한다. 과거에서 염정소설로 인정된 문학작품들은 모두 禁書 취급을 받아 극히 일부가 市井에서 유통되기도 했다. 이와 같이 <춘향전>을 번역할 때 당시의 중국적인 특색을 지녀야 하는데 그 특색은 바로 사회주의문화의 수칙을 지켜야 만이 살릴 수 있는 것이다. 이러한 관점에서 볼 때 같은 고전 문학작품을 지니고 있는 북한에서 아마도 춘향과 이도령의 사랑이야기보다 변학도와의 계급투쟁이나 등급차이의 비판에 더 비중이 클 것이라고 본다.20)

북한 같은 경우에는 1964년 이후로 판소리문화를 민족가극의 형식으로 취하게 된 후에 <춘향전>에 대한 이해와 해석이 더욱 극좌적인 경향을 드러내게 되었다.21)

---

19) 도령이 웃으면서 춘향 옷을 벗으려고 둘이 당기다 밀다 잘도 놀고 있다. …춘향이 부끄러워 도령을 밀고 앉았는데 도령이 불쌍히 여겨 빨간 볼에 땀이 송실송실.

20) 논문 <한반도 남북영상 중의 춘향전>에서 필자張秋紅이 1980년도 북한영화 <춘향전>과 2000년도 임권택의 영화 <춘향전>의 비교 중에서 지적한 바가 있다.

21) <민족가극 '춘향전'>항목, <문학예술사전> 하권, 과학백과사전 종합출판사, 평양, 1993, 97면. 논문 「월극 <춘향전>의 초탐」 양희석. <춘향전>의 본질에 대한 해석은 '사람들을 빈부귀천에 따라 갈라놓고 신분이 다른 사람들과는 사랑할 수 도, 살수도 없게 하는 봉건적 신분제도의 반동성을 폭로하고 있는 것'으로 바뀌고 향모는 '빈부귀천을 저주하는 여성'으로 방자와 향단은 '계급사회에서 천대받는 인물로서 춘향과 몽룡 사이에 이루어져야 할 사랑이 빈부귀천의

<춘향전>의 주제가 남녀간의 애정소설이든 불평등한 사회제도를 비판하는 비평소설이든 혹은 춘향이 수절하는 정신을 찬양하는 열녀소설이든지 간에 비평가들이 보는 시각에 따라 <춘향전>의 성격이 다를 수밖에 없다. 또한 시대에 따라 그 작품에서 반영되는 문학성도 다르게 해석하게 되었다. 20세기 중반의 중국은 건국한지 얼마 되지 않은 시기이었고 정책과 문화에 있어서 옛 것에서 벗어나기 위해 개혁은 철저하게 진행해야 하였다. 오래 동안 봉건계급과 투쟁을 진행해왔던 당시의 중국 사회에서 이러한 사상이나 관념의 개혁은 더 많은 세월과 많은 노력이 필요하며 더 많은 고통과 희생을 겪어야 했었다. 모순의 근원을 찾았으면 따라서 모순을 해결하는 방법도 찾아야 한다. 정책을 바꾸면서 민중들의 관념의식도 정확한 길로 인도해야 하는데 사회주체의 생각과 인식의 개선에 대해 문학작품이 이러한 중요한 임무를 담당하게 되었다. 그래서 그 시기에 나온 많은 문학작품들은 대부분이 계급투쟁의 주제를 삼고 있었는데 신사회에 대한 찬양과 지지의 반면 옛 사회에 잔존했던 악세력에 대한 비판도 적극적이었다. <춘향전>의 권선징악의 주제가 바로 이러한 면에서 당시의 중국독자들에게 호응을 받았다. 그래서 당시의 사회환경과 역자가 받아들이는 인식에 의해 <춘향전>에 대한 주제의 선택에서 사회제도를 비판하는 주제에 대한 관심이 더 많이 보이고 있었을 것이다. 그래서 <춘향전>을 번역한 이유는 그 때의 사회현실과 잘 맞는 주제이었고 민중들에게 보여주고자 하는 주제가 중요시하며 그 이외의 사회인식에 불필요한 영향을 줄 수 있는 요소들을 삭제할 필요가 있다고 본다. 이러한 점에서 월극 <춘향전>은 중문판 소설<춘향전>의 前身이지만 그 주제는 몽룡과 춘향의 변함 없는 사랑에 초점을 맞추고, 이를 계급투쟁으로 확대 해석하지 않고 있다.[22] 그래서 중문판 소설 <춘향전>도 이러한 관점의 기반에 의하여 북한의 민족가극의 의식과 달리 좌 편향적인 모습은 드러나지 않았다.

문제로 맺어지지 못하는 문제를 두고 봉건사회를 저주하는 진실한 인간'으로 재해석하고 있다.

22) 논문「월극 <춘향전>의 초탐」 양희석.

(3) 誤譯

옛 풍습이나 옛 말투가 많기 때문에 오역은 불가피하게 한두 군데씩 나오게 되었다. 그것은 중국독자들의 이해를 돕는 것도 아니고 역자가 번역의 편리를 위해 택한 것도 아니다. 그저 뜻을 잘못 이해한 단순한 번역의 실수이었을 것이라고 생각한다.

① 4-3)-① 낙춘 特寫

분셩적한단 말은 드러던가 ᄀᆡ분셩양 일곱 돈 엇치을 무지금하고 사다가 셩갓트 회칠하듯 반죽하야 온 낫스다 ᄆᆡᆨ질하고 드러오난듸

只見她：滿臉涂粉，直到耳根。看看顏色，賽過石灰之白；稱稱輕重，足有三兩七錢。23)

4-(14)-① 춘향 고택

단장 밋틔 ᄇᆡᆨ두룸은 함부로 단이다가 ᄀᆡ한틔 물여난지 깃도 빠지고 달리을 징금 찔눅 쭈루룩 우름 울고…

陰森無光的短墻之下，突地跳出了一只脫毛的老狗，一瘸一拐，汪汪亂叫…24)

③5-3)-⑥ 난장판-언어도착

ᄂᆡ아로 드러가셔 어 추워라 문 드러온다 바람 다더라 물 마른다 목 듸려라

一進門，胡言亂語地說道：'趕快與我關上風，休教門來吹干了水。…我的嗓子干了也!'25)

위에 본 바와 같이 예문①에서 원문은 '개분의 값을 석 양 일곱'이라고 말

---

23) 그녀의 얼굴봐라: 분장은 얼굴부터 귀밑까지 바르고, 색깔은 석회만큼 창백해, 무게가 삼양칠전?이다.

24) 음침한 담장아래, 갑자기 털 빠진 늙은 개 한 마리 뛰쳐나와 다리를 절어 절룩절룩 꽝꽝 짓는다.

25) 방으로 들어와 허튼소리만 지껄이며 '어서 바람을 닫아줘, 문이 쐬어 물을 말리겠다. …내 목이 말라!'

한 것이지만 중문판에서 주어 없이 '무게가 석 양 일곱'이라 한 것은 의미가 불분명하다. ②에서 두루미가 어쩌다가 늙은 개로 변신한 구절이었고 ③의 경우에 중문판에서도 언어도착의 표현을 사용하고 있지는 하지만 원문의 맛을 살리지 못하고 말이 잘못된 것 같은 느낌을 주고 있다. 그러나 이러한 실수는 전체적인 문맥에 영향이 끼치지 않기 때문에 큰 문제가 되지 않다고 본다.

4. 〈춘향전〉에 대한 인식

1) 다른 사회제도하의 인식

중국학자들은 <춘향전>을 사랑이야기라기보다는 구세력의 압박에서 벗어나 양반계층과의 투쟁의식이 더 강하게 드러난 작품으로 본다. 즉 춘향과 이몽룡의 사랑이야기를 바탕으로 하고 있지만 등급차별과 계급투쟁에 보다 큰 비중을 둔 것으로 보고 있다.[26]

이러한 시각으로 중문판<춘향전>을 볼 때 상권에서 춘향과 이도령의 만남과 사랑 등의 단락은 아주 짧게 서사되었다. 그것은 뒤에 나온 계급투쟁은 더 많은 편폭으로 표현하려 했기 때문이다. 원판보다 개편된 데가 거의 없지만 변학도를 비롯한 반동세력을 묘사할 때 많은 어휘를 첨가했다.

4-2)-① 신관 소개

잇ᄃᆡ 수삭만의 신관 사또 낫씨되 자학골 변학도라 하는 양반이 오난듸 문필도 유여ᄒᆞ고 인물풍치 활달ᄒᆞ고 풍유속의 달통ᄒᆞ야 외입속이 넝넉ᄒᆞ되 한갓 흠이 셩졍 괴퍅한 즁의 샷징을 겸하야 혹시 실덕도 ᄒᆞ고 외결 ᄒᆞ난 이리 간다 고로 셰상의 안는 사람은 다 고집불통이라 하것다

再說數月之后，朝廷派下了新任的南園使道。此人非他，乃兩班紫霞洞的卞學道是也。為人文采有余，道德不足。刁鈷怪癖，刻薄尖酸。通曉風流之事，愛作狹邪之

26) <한반도 남북영상 중의 춘향전> 張秋紅

游。原是個失德的小人，常斷些無情的冤案。他那‘頑固不化’的聲明，早已是四方通曉。27)

변학도는 소설에서 악당의 신분, 즉 봉건통치자의 신분으로 나온 것으로 그에 대한 묘사가 극도록 사악하여야 한 것이다. 원문에서도 나쁘다고 하지만 '문필이 좋고 활달하는' 긍정반 부정반의 형상이 나왔으나 중문판에서 '도덕이 부족하다' '성정 괴팍하고 각박하다' '품행이 나쁜 사람' '늘 무정한 오결이 많다' 등 완전 부정의 형상으로 나왔다. 이렇게 살짝 다른 느낌이어도 악세력인 통치계층에 대한 강한 증오감이 드러났다. 이렇게 표현함으로써 독자에게 처음부터 변학도에 대한 부정적인 인상을 갖게 하고 악세력인 통치계층에 대한 반항과 비판의 감정을 분명하게 심어준다.

사회주의사회의 주도권은 민중들에게 있다. 봉건사회에서 벗어날 때 주도권의 파악은 어느 계층에 있는지에 따라 사회제도의 성격을 결정한다. 중문판 <춘향전>을 번역한 시기는 이러한 예민한 시기의 과도기라고 할 수 있다. 문화대혁명이 일어난 무렵에 중국은 계급투쟁의 肅淸期라고 할 수 있다. 즉 구세력인 地主계층을 완전한 改造교육을 받고 계속 압박을 받은 농민층은 나라의 주인이 되는 시기이었다. 이러한 시기에서 나오는 문학작품들은 대부분 선악이 분명한 주제를 가져야 한다. 특히 민중의 意氣를 분발시킬 수 있는 적극적인 주제를 가진 소설을 唱導하였다. <춘향전>에서 표출된 주제는 이러한 자격을 갖추었기 때문에 중국민중에게 많은 호응을 얻었다. 그 중에서 변학도의 성격은 바로 악세력인 지배계층의 표방한 인물인데 지극히 악한 인물로 만드는 원인은 바로 여기에 속한다.

2) 신분차이의 비교

소설에서 이도령은 통치계층인 양반귀족이고 춘향의 일가는 천민이라는

27) 몇 달 뒤, 조정에서 새 남원사또를 파견하였다. 이 사람은 바로 양반 자하골의 변학도이다. 사람됨이 문필이 유여하나 도덕이 부족하다. 성정 괴팍하고 각박하다. 풍류속에 달통하여 邪症을 겸하다. 원래는 품행이 나쁜 사람이라 늘 무정한 오결이 많다. '고집불통'의 이름은 일찍 사방으로 퍼졌다.

각각의 신분을 지닌다. 이것은 중문판에서도 旣定의 내용으로 받아들였지만 인물들 간의 행동이나 대화에 많은 차이가 보인다.

이도령과 춘향이 처음 만날 때 하는 대화를 보면 '네 셩은 무어시면 나흔 몃 살니요?'라고 했는데 처음 만난 여인에게 반말을 했다. 이것은 이도령은 양반이고 춘향은 천민이라 당연한 일이지만 중문판의 내용을 보면 '不知小姐貴姓, 芳齡多少?(아씨의 귀한 성씨가 무엇이며 아름다운 나이는 몇 살인가)' 貴姓과 芳齡은 이름과 나이에 대한 존경적인 표현이고 이런 습관적인 말을 제외하더라도 일단 칭호는 小姐라고 불린 것은 계급차이가 보이지 않다. 또한 춘향모과 대화에서도 원문에서 이도령은 양반의 기세가 강하며 향모가 어른인데도 천민이라는 신분이어서 존경적인 표현을 하나도 쓰지 않았으나 중문판에서 절도 하고 예의 바른 대답과 행동 등에서 많은 차이가 드러났다.

이것은 교양이 있는 이도령에 대한 중문판의 재해석일 것이다. 이도령은 양반귀족이지만 천성이 선량하고 예의가 바르며 어린 여자에게도 존경하며 어른에게는 신분차이 없이 당연히 공경해야 할 것이라고 인식한 것이다. 따라서 이러한 표현은 명청의 화본소설에서도 많이 나온 바가 있다.

이러한 신분차이의식은 말과 행동으로 조선시대에 강하게 드러났지만 같은 시대의 중국에서는 많은 차이가 보이고 있다.

5. 결론

위에 제시한 내용을 다시 종합해 보면 크게 세 개의 분류로 중문판 <춘향전>을 살펴보았다.

첫째, 중문판 <춘향전>의 출현배경을 제시함으로써 <춘향전>은 중국으로 어떻게 전래되었는지 어떤 형태로 정착되었는지를 살펴보았다. 또한 <춘향전>에 대한 그 많은 이본 중에 <열녀춘향수절가>를 택한 이유도 제시했다. 아직 <춘향전>에 대한 인식이 미숙한 시기로서 중문판 소설 <춘향전>은 처음에 많은 주목을 받지 않았으나 극으로 재편성된 월극 <춘향전>은 오히려 많은 호응을 받았다. 이후로 많은 연구가 되어왔으나 아직 재검토가 필요할 것이다.

둘째, 중문판 <춘향전> 자체가 지니고 있는 여러 가지 특징들을 제시했다. 그 중에서 언어와 풍속 내지 사회제도의 차이가 있으므로 간혹 첨가하거나 삭제하는 부분이 있었다. 또한 완판에서도 명청 화본 소설의 특징을 많이 지니고 있으며 중문판에서 일부러 맞추려고 번역하는 의도가 보인다. 대개 허두나 많은 시구의 인용과 인물묘사의 순서 등이 있다. 그리고 불가피하게 오역한 부분이 간혹 들어가 있다.

셋째, 완판 <열녀춘향수절가>가 탄생한 시기는 조선사회의 봉건통치 시대로서 같은 시대의 중국과 신분제도와 통치계층에 대한 반항 등 많은 공통점을 지니고 있으나 사회주의 성격을 띠고 있는 중문판에서 많은 견해나 사상성이 세밀하게 字里行間에서 표현되고 있다.

참고문헌

서적

<春香傳> 冰蔚 張友鸞 作家出版社 1956

<춘향전> 송성욱 민음사

<춘향전> 정하영 신구문화사

程毅中<宋元話本>, 中華書局 1980

<≪春香传≫的创作及影响> 张朝柯 辽宁大学出版社

논문

「월극<춘향전>의 초탐」 양희석

<春香傳與中國話本小說> 顔宗祥

<한반도 남북영상 중의 춘향전> 張秋紅

<论≪春香传≫中的理想人格> 徐英淑, 陈艳玲

<≪春香传≫和≪杜十娘≫的比较>-<安徽文学(文教研究)> 2006年08期 韩霞, 付嫱